陈晓律／主编

英国研究

第 16 辑

上海人民出版社

目 录

英国政治史研究

英国的公共舆论、议会与非洲奴隶贸易的废除

［英］哈里·T.狄金森著　李兆鹏译　陈日华校 *

一、为非洲奴隶贸易辩护

在 18 世纪，西欧的主要国家，包括英国、法国、西班牙、葡萄牙以及荷兰共和国，都在美洲建立了殖民地。他们在当地建立种植园来栽种利润丰厚的作物，比如蔗糖、烟草、咖啡以及后来的棉花。他们认为必须要从非洲进口黑奴，因为他们无法从北美原住民或欧洲人中获得足够的雇佣劳工，这些劳工需要能够忍受长时间、高强度的劳动，炎热潮湿的气候以及当地的疾病。随着这些作物在欧洲日益流行，获利也越来越丰厚，一个从非洲掠夺黑奴的庞大的大西洋贸易体系也随之形成。在 18 世纪后期，英国成了向美洲输送非洲奴隶的最大供货方，紧随其后的是葡萄牙、法国和荷兰共和国。英国从非洲向美洲输送了约三百万黑奴，这一数字比法国的两倍还要多。布里斯托尔、伦敦、利物浦和格拉斯哥成了英国运奴船最重要的母港。尽管要面临巨大风险，而且很多奴隶，甚至一些英国船员都命丧于跨越大西洋的航行途中，然而成功的航行仍能带来极高的利润。这些利润都流入了美洲种植园主以及控制奴隶贸易的商人们的腰包。奴隶贸易路线呈三角形，在三角形之三边上进行的每一趟贸易都能获得丰厚的利润。贩奴者们将英国的制成品（manufactured goods）和印度的纺织品出口到非洲，用这些商品在非洲

---

* ［英］哈里·T.狄金森（Harry T. Dickinson），爱丁堡大学历史、古典与考古学院教授。李兆鹏，南京大学历史学院硕士研究生。陈日华，南京大学历史学院副教授。

换取价值更高的黑人劳工，这些黑人劳工们已经被当地非洲统治者或阿拉伯商人所奴役。接下来，这些奴隶被运抵欧洲人在美洲建立的很多殖民地，不仅是英属西印度群岛的殖民地和英属北美殖民地的南部地区。非洲奴隶在美洲被售出，卖得的钱被用于购买蔗糖、烟草、咖啡和棉花等利润丰厚的美洲作物。这些货物随后被带回英国并以高价卖出，或者被转运给那些翘首以盼等待进货的欧洲买主。如此一来，这种三角贸易中的每一段都能为英国的贩奴者们带来更高的利润率。这种利润丰厚的贸易促进了英国港口和造船工业的建设，同时还为英国的武装商船（merchant navy）和皇家海军提供了老练的水手，进而增强了英国对全世界海洋的控制。奴隶贸易的形成和种植园的兴建还需要巨大的投资，这些投资需求进而推动了英国银行、信用体系以及一系列金融机构的建立，帮助伦敦成长为全世界最重要的金融中心。奴隶贸易还为英国方兴未艾的工业革命提供了助力，因为富裕的种植园主和贩奴者们握有大量资金可以投入新型工业，而且他们要向非洲和美洲出口大量制成品，同时还要把美洲作物转运至很多欧洲国家。[①] 有不少家族在奴隶贸易中发了大财，他们利用这些财富进入了下议院，甚至还获得了贵族头衔。奴隶贸易扩张带来的海关关税提高了英国政府的财税收入，如此一来不只是种植园主和贩奴者，整个英国都从这种不断扩大的奴隶贸易中获利甚多。

尽管长久以来英国一直存在批判奴隶贸易不道德的声音，而且在18世纪后期对奴隶贸易的谴责显著增多，可是也有很多在英国举足轻重的人物通过演说和印刷品为奴隶贸易以及奴隶制本身辩护。有些作家指出，奴隶制自有历史记录以来就在世界各地长期存在。有些基督教牧师甚至坚信在圣经中就有支持奴隶制的证据。还有些奴隶贸易的捍卫者辩称，英国商人并没有亲自奴役非洲黑人，他们只不过买下了在非洲已经遭到奴役的非洲人并将他们带往美洲，让这些人享受到比在非洲更加美好的生活。大部分奴隶贸易捍卫者都坚信，这些黑奴对于生产利润丰厚的美洲作物是不可或缺的，而这些作物对整个英国经济的发展大有裨益。更重要的是，英国在生产这些利润丰厚的作物以及提供所需的黑奴时都处于同其他欧洲强国的竞争中，因此英国在

---

① Joseph E. Inikori, *Africans and the Industrial Revolution in England: A Study in International Trade and Economic Development,* Cambridge: Cambridge University Press, 2002.

成为世界上首屈一指的奴隶贸易国的同时，也从奴隶贸易中获得了重要的战略利益，英国的贸易水平、海军实力、帝国实力和财税收入也都因此而有所增益。一旦英国政府试图叫停奴隶贸易，就会遭到干涉商业活动、侵犯英国种植园主个人财产的指责。支撑这些经济论争的是一种广为流传的信念，即非洲黑人是人类之中一个低等的异教徒分支，与欧洲的白人基督徒相比，他们更野蛮、更原始，智力水平和文明程度也更低下。[1]

在英国，对奴隶贸易的公开辩护主要来自能从贸易中获得经济利益之人。富有的种植园主们——特别是西印度的种植园主——在英国国内雇佣代理人，向议员们（尤其是那些代表英国主要奴隶贸易港口的议员）展开游说，或者在退休回国后亲自进入议会。他们自发地组织起来，发动支持奴隶贸易的宣传活动，签署反对终止奴隶贸易的请愿书，在议会中出现任何阻止这种人口贸易的企图时立即发表演说进行回击。他们把论点聚焦于英国整体的经济和战略收益层面，而不仅仅强调他们自己的经济利益。当受到支持不道德贸易的指控时，他们常常会强调说，奴隶在美洲的基督徒主人那里的生活要比在非洲蛮族暴君或穆斯林主人控制下好得多。从奴隶贸易面临猛烈抨击之时算起，他们相当成功地将这项贸易的废除延后了近三十年。[2]

二、1787 年前对奴隶贸易的批评

当非洲黑人被英国贩奴者买下之后，他们就要任凭贩奴者摆布，遭受非人的对待。他们被成百成百地塞进狭小的运奴船中并被镣铐锁住，这样一来想要逃跑就会异常艰难。很多黑人在这些船上肮脏的环境中染病而亡，也

---

[1] 有关英国对这项骇人贸易所作的辩护，学界的论述之一参见 Paula E. Dumas, *Proslavery Britain: Fighting for Slavery in an Era of Abolition,* London: Palgrave MacMillan, 2016。该文作者通过对这一问题的研究取得了爱丁堡大学哲学博士学位（Ph. D）。有关在牙买加受奴役的非洲黑人的一项尤为偏颇的时人评论，参见 Edward Long, *The History of Jamaica,* 3 vols, London, 1774, especially I, p.336, pp.351—383。

[2] Lillian M. Penson, "The London West India Interest in the Eighteenth Century", *English Historical Review,* 36 (1921), pp.373—392; Andrew J. O'shaughnessy, "The Formation of a Commercial Lobby: The West India Interest, British Colonial Policy and the American Revolution", *Historical Journal,* 40 (1997), pp.71—95; James J. Rawley, "London's Defence of the Slave Trade, 1787—1807", *Slavery and Abolition,* 14 (1993), pp.48—69.

有许多人由于试图逃跑或者可能在船上传播疾病而被杀或溺亡于海中。[1] 还有人死于营养不良，或是在漫长艰苦的跨大西洋航行中因船只失事而丧命。在 1781 年一次可怕的航行中，一个运奴船船长为了多挣钱而把 130 多名奴隶推入大海，这样他就能靠这些奴隶的丧生骗取保险费。[2] 当这些奴隶在美洲被出售时，他们又变成了种植园主的财产，被正式剥夺了一切政治权利和法律权利。大多数奴隶都要长时间在户外从事令人精疲力竭的工作（back-breaking work），收割蔗糖、烟草以及后来的棉花。他们从很小的年纪就要开始劳作，至死方休。有少数幸运的奴隶会在主人返回英国时，被当作仆人或劳工，但即便如此，这些人也明白，美洲的法律是允许其主人使用一整套恐怖措施来维持他们的奴役状态。奴隶们可以被任意买卖而无需本人同意，由于买主不同而导致妻离子散的情况相当常见。很多女奴惨遭白人买主强奸。[3] 混血儿在西印度群岛极为普遍，因为很少有白人妇女在当地种植园中生活。这些由于强奸而出世的孩子们中，只有极少数能从白人父亲那里获得自由。奴隶主可以对不服管教、企图逃跑或反抗的奴隶施以极刑。法律允许奴隶主或奴隶主雇佣的种植园管理人对奴隶处以鞭刑，允许他们用滚烫的铁条给奴隶上烙刑，允许他们折磨甚至处死奴隶。大部分英国人都并未目睹运奴船跨大西洋航行的骇人情景，也没有看到美洲种植园里奴隶遭受的残忍虐待。由于大多数英国人对这些非洲黑人经历的可怕境遇一无所知，抵制奴隶贸易和奴隶制本身的反对意见也就很难获得多少支持。在更多英国人了解到这些黑奴经受的悲惨遭遇之前，强有力的反奴隶贸易运动无法形成。

在 18 世纪早期，英国已经出现了越来越多的反奴隶贸易者，他们开始从宗教、哲学、道德和实践的角度抨击奴隶贸易，同时以更隐晦的方式反

---

[1] 有关跨大西洋运奴船上骇人场景的细节，参见 Marcus Rediker, *The Slave Ship: A Human History*, London: Penguin Publishing Group, 2007；及 James Walvin, *Crossings: Africa, the Americas and the Atlantic Slave Trade*, London: Reaktion Books, 2013。

[2] James Walvin, *The Zong: A Massacre, the Law and the End of Slavery*, New Haven: Yale University Press, 2011.

[3] 一个令人震惊的白人男性在牙买加虐待黑人女奴案例，参见 Douglas Hall, *In Miserable Slavery: Thomas Thistlewood in Jamaica 1750—1886*, London: MacMillan, 1989；及 Trevor Burnard, *Mastery, Tyranny, and Desire: Thomas Thistlewood and His Slaves in the Anglo-Jamaican World*, Chapel Hill, NC: University of North Carolina Press, 2004。

对奴隶制本身，不过这些反对者人数有限。法国哲人（philosopher）孟德斯鸠（Montesquieu）对奴隶制大加批判，法国历史学家雷纳尔（the Abbé Raynal）也在他关于欧洲的西印度殖民地的历史研究中持类似观点，他们的观点在18世纪六七十年代对乔治·华莱士、亚当·弗格森、亚当·斯密以及理查德·普莱斯等英国启蒙学者（enlightened Britons）产生了很大的影响。在费城（Philadelphia），法国籍的教友会（the Society of Friends）——或者用"贵格会"（Quakers）这一更常见的称呼——成员安东尼·贝尼泽特（Anthony Benezet）开始印制一系列声讨奴隶制和奴隶贸易的小册子。[①] 美国的贵格会教徒在18世纪60年代坚决主张既不能蓄养奴隶，也不要参与奴隶贸易。他们还敦促英格兰的贵格会教徒效仿他们的做法，与这些反人道的罪行作斗争。贝尼泽特的努力也影响了约翰·卫斯理，这位英国国教会牧师（a Church of England minister）刚刚掀起一场卫理公会派运动（Methodist movement），这场运动最终使卫斯理宗从英国国教中脱身而出。卫斯理在1774年出版了《关于奴隶贸易的几点想法》一书，努力说服他的追随者反对这项罪恶的贸易。以"福音派"（Evangelicals）著称的另一派英国国教坚定信徒，同样受到强烈的宗教信念感召而反对奴隶贸易。1784年，曾在西印度群岛当过一段时间外科医生的詹姆斯·拉姆塞，在《论蔗糖群岛非洲奴隶的待遇与皈依》一书中抨击奴隶制，此外他也在另一本书《关于在英国蔗糖群岛终止非洲奴隶贸易并解放奴隶之影响的调查》中谴责奴隶贸易。1785年，一位虔诚的英国国教徒托马斯·克拉克森用拉丁语写就一文，在文中他建议剑桥大学设置一项奖金，以"违背他人意愿而奴役他人是否合理"为主题征文。他在未同其他奴隶贸易批评者取得个人联系的情况下，写成了此文。然而到了1786年，伦敦一位重要的贵格会出版商詹姆斯·菲利普斯将克拉克森的论文译成英文，以《论奴隶制及对人的贸易，尤其是对非洲人的贸易》

---

① Maurice Jackson, *Let This Voice Be Heard: Anthony Benezet, Father of Atlantic Abolitionism*, Philadelphia: University of Pennsylvania Press, 2009; Maurice Jackman, "Anthony Benezet: Working the Antislavery Cause Inside and Outside of 'The Society'", in Brycchan Carey and Geoffrey Plank eds., *Quakers and Abolition*, Urbana: University of Illinois Press, 2018, pp.106—119.

为题出版。这一事件改变了克拉克森的一生。[1]

　　还有一些批评者以违背英国法律及英国臣民之自由（the liberties of British subjects）这一点为基础，抨击奴隶制和奴隶贸易的残酷不仁，这些批评者中最典型的是另一位虔诚的福音派教徒格伦威尔·夏普。[2]夏普在1769年写作了《论述容忍奴隶制的不公正与危险倾向》一书，并开始帮助那些他在伦敦发现受到虐待的贫苦非洲黑人。他十分震惊地了解到，一名前来英格兰游览的奴隶主可以宣称自己受到法律许可，对随他前来的任何奴隶保有绝对控制权，即便奴隶本人想要逃出苦海并拒绝随主人返回美洲也仍是如此。夏普相信，一旦这样的说法能在英格兰的法庭上得到支持，那英格兰国民之自由也将丧失殆尽。[3]夏普于1772年在英格兰法庭上声援詹姆斯·萨默赛特的上诉案，这位黑奴离开了自己的主人并且压根不想随主人一道回美洲。当这一案件上诉至伦敦受审时，首席大法官曼斯菲尔德伯爵（the Lord Chief Justice，the Earl of Mansfield）只做出了一项模棱两可的裁决。他承认奴隶主在美洲有权让奴隶为他效劳，但在英格兰，奴隶主无权把自己的意志强加给一名去意已决的奴隶。一名奴隶在美洲仍然是其主人的财产，但在英格兰，主人无权对一名去意已决的奴隶坚持施行财产权。尽管曼斯菲尔德很小心地避免否认奴隶制在英属美洲与西印度殖民地的合法性，然而他的判决还是让奴隶主很难在英格兰境内宣称对奴隶拥有绝对控制权。[4]曼斯菲尔德的判决迅速被全英国以及殖民地的各家报纸登载，人们很快就相信曼斯菲尔德已经从实践层面在英格兰废除了奴隶制。而在苏格兰，一位名叫约瑟夫·奈

---

[1]　关于克拉克森的内容，参见其新版自传 *The History of the Rise, Progress, and Accomplishment of the Abolition of the Slave-Trade by the British Parliament,* Teddington, Middlesex, The Echo Library, 2006；及 Charles Leslie Griggs, *Thomas Clarkson: The Friend of the Slaves,* London: George Allen and Unwin, 1936; Eileen Gibson Wilson, *Thomas Clarkson: A Biography,* New York: St. Martin's Press, 1990。

[2]　Edward C. P. Lascelles, *Granville Sharp and the Freedom of the Slaves in England,* London: Humphrey Milford/Oxford University Press, 1928.

[3]　关于夏普如何借英格兰法庭抨击奴隶制，参见 Andrew Lyall, *Granville Sharp's Cases on Slavery,* Oxford: Hart Publishing, 2017。

[4]　William R. Cotter, "The Somerset Case and the Abolition of Slavery in England", *History,* Vol.79, No.255 (1994), pp.31—56; Steven M. Wise, *Though the Heavens May Fall: The Landmark Trial That Led to the End of Human Slavery,* Cambridge, MA: Da Capo Press, 2005; Hester Grant, *The Good Sharps: The Brothers and Sisters Who Remade Their World,* London: Chatto and Windus, 2020, pp.161—172.

特的奴隶不想随主人回牙买加，于是他决定效仿詹姆斯·萨默赛特的榜样，通过长期的司法斗争而在苏格兰获得了自由。在 1778 年举行于爱丁堡的一次审判中，法官奥金莱克勋爵申明："难道黑人就注定为奴吗？不。他也是我们的同胞兄弟；尽管和我们肤色不同但他仍是一个人；他正身处一片自由的土地，……就让他留下来。"①

这一判决同样在出版界引起了热烈反响。②因此到 18 世纪 80 年代初，已有不少人在英国以个人身份对奴隶贸易和奴隶制进行了谴责，他们的观点也能印成铅字广泛传播，不过他们还没能将各自的努力化为合力，也尚未找到调动公共舆论的途径来改变政府、议会以及民众的观点。约翰·卫斯理甚至害怕诉诸公共舆论，担心这样做会引起社会动荡，疏远精英统治阶层。③然而在 1783 年 6 月，一小群贵格会教徒组建了一个小型委员会，通过向议会请愿的方式争取废除奴隶贸易。他们的论据来自安东尼·贝尼泽特最新写成的小册子《我们受压迫的非洲同胞之境况，由贵格会人士提请大不列颠立法机构慎重思量》。詹姆斯·菲利普斯将这本小册子印制了 11000 份，将其分发到了皇室成员、上下两院议员以及全国各地的很多地方法官和牧师手中。下议院接受了这一请愿，不过没有哪位政客对其表示赞同。批评请愿的人们指出，如果英国废除奴隶贸易，其他欧洲强国就会接手这项利润丰厚的贸易。这些回应迫使贵格会教徒付出更大的努力来宣传造势，联合其他的奴隶贸易反对者。④

不过直到 1787 年，对英国参与奴隶贸易的各方批评者才下定决心，要把他们反对这种不人道贸易的个人活动转变成一种全国性的政治斗争，利用公众的压力迫使议会从法律上废止奴隶贸易。在 1787 年初，一小群贵格会

---

① Iain Whyte, *Scotland and the Abolition of Black Slavery, 1756—1838,* Edinburgh: Edinburgh University Press, 2006, p.9; 也可参见 John W. Cairns, "After Somerset: The Scottish Experience", *Journal of Legal History,* Vol.33, No.3 (2012), pp.291—312. 毕业于爱丁堡大学历史学专业的詹姆斯·罗伯特森（James Robertson）以这位奴隶的生平为蓝本，出版了一部获奖小说；*Joseph Knight,* London: HarperCollins, 2003。

② 参见如：*the Caledonian Mercury,* 17 January 1778。

③ John Wesley, *Thoughts on Slavery,* London, 1774, p.43.

④ James Walvin, "The Slave Trade, Quakers, and the Early Days of British Abolition", in Brycchan Carey and Geoffrey Plank eds., *Quakers and Abolition,* Champaign: University of Illinois Press, pp.165—172.

教徒与国教会中的福音派教徒成立了"废除奴隶贸易协进会"(the Society for Effecting the Abolition of the Slave Trade),这一组织通常也被称作"伦敦委员会"(the London Committee),其宗旨在于发动广大群众抵制奴隶贸易。他们的壮举在很短的时间内,就把废除奴隶贸易问题带入了议会的视野,不过在议会中这一问题仍然在政客们之间引发了分歧,直到1807年的议会法案最终废除这一罪恶的贸易为止。

三、解读废除奴隶贸易之呼吁

(一)宗教和经济影响

对于少数启蒙学者和虔诚的基督徒而言,他们对奴隶制和奴隶贸易的反对是很好解释的,因为奴隶制和奴隶贸易的残酷性显而易见,不过若要解释为何反对活动能在议会中开展,以及为何这些反对活动最终能获得巨大的公众支持并取得成功,就没那么容易了。在1807年废除奴隶贸易后不久,人们用上帝的支持以及一小群虔诚基督徒所作的努力来解释这一成就。对于托马斯·克拉克森和威廉·威尔伯福斯 [1] 两人中,究竟谁才是废奴斗争的主要领导人或许还尚存争议,但在数十年时间里对于成功废除奴隶贸易的解释,都以研究少数宗教信仰虔诚的个人的努力为基础。

然而在1944年,埃里克·威廉姆斯出版了《资本主义与奴隶制》一书,他在书中表示,废奴运动中的宗教领袖并没有对黑奴遭遇的悲惨境况表现出真诚的关切,对于增进英国白人贫民的政治权利与经济利益也不感兴趣。 [2] 威廉姆斯把英国主要的废奴主义者们视作伪君子,认为他们的行为动机并非宗教或人道,而是经济利益。在他看来,西印度蔗糖群岛当时已经日

---

[1] 1808年版的托马斯·克拉克森自传(前文已有提及)明显强调了他本人在议会之外扮演的角色。威廉·威尔伯福斯则领导了在议会下院内的斗争,他本人去世后他的三个儿子也在1838年出版的五卷本威尔伯福斯生平传记 *The Life of William Wilberforce* 中强调了其父生前的重要影响。当代已有多部威尔伯福斯传记面世,其中尤其值得关注的是 William Hague, *William Wilberforce: The Life of the Great Anti-Slave Campaigner,* London: HarperCollins, 2007。

[2] Eric Williams, *Capitalism and Slavery,* Chapel Hill: University of North Carolina Press, 1944。该书后来在20世纪60年代出版的版本引起了读者更大的兴趣。

渐衰落，蔗糖种植园对奴隶工作的需求减少，在这种情况下自由的雇佣劳工（wage labour）比奴隶劳工更加实惠，因为奴隶还需要奴隶主提供住处、衣服和伙食，与此同时英国还能从法属西印度群岛进口更便宜的蔗糖。只是在这种情境下这些人才开始倡导废奴活动。

在洛厄尔·约瑟夫·拉加茨提供的统计数据的巨大影响下，[①]威廉姆斯在这些批评的基础上，又提出一个宏大乐观的理论，试图将工业革命早期英国发生的经济变动与英属西印度殖民地的经济衰退联系起来，此二者共同促使英国决定废止奴隶贸易（并在不久之后解放奴隶）。威廉姆斯试图展现出英国的工业革命加剧了英属西印度殖民地面临的经济困境。这些殖民地当时正在经历一些严重的经济问题，例如地力枯竭、白人人口减少，以及其他欧洲国家殖民地过量生产导致的蔗糖价格下跌，这些情况导致很多英国种植园主负债累累甚至直接破产。自从英国制造业利益集团要求放弃重商主义的保护性贸易政策，支持国际自由贸易与自由放任资本主义之时起，英属西印度就开始无可挽回地走向衰退了。英国政府和议会也是因此而支持废除奴隶贸易（并在不久后支持解放西印度奴隶），而非继续坚持保护主义政策，它们认为要维持保护主义政策不仅代价高昂，而且还会损害英国制造业者的经济利益，增加英国工人阶级的生活成本。

威廉姆斯的衰退理论在 20 世纪六七十年代很有分量，不过其他学者对此理论进行改进，他们认为奴隶贸易的废除要归功于英国工业化经济中出现的变化，这些变化导致原本的重商主义英帝国转变成一个崭新的、由国际自由贸易和自由放任资本主义原则为理论基础的帝国。以大卫·布里翁·戴维斯为例，他坚持认为，正在工业化的英国国内蓬勃兴起的资产阶级需要加入全球贸易，而不希望继续被经济衰落的英属西印度殖民地所束缚。戴维斯相信，废奴主义者们都希望保持社会等级，促进一个自由但受到纪律规训的劳工阶层形成。积极的废奴主义者可以通过终结奴隶贸易和解放奴隶，而非赋予英国工人阶级更大的政治权利的方式，来展示他们的道德观念，表明他们的基督教信仰，而此时工人们已经开始向有权有势之人的政治影响发起

---

① Lowell Joseph Ragatz, *The Fall of the Planter Class in the Caribbean, 1763—1833: A Study in Social and Economic History,* New York: Century Company, 1928.

挑战。①

　　威廉姆斯提出的衰退理论在 20 世纪 70 年代的历史学界颇具影响力，时至今日该理论在世界上一些对英帝国主义持批判态度的地区仍是一种主流话语。② 不过近些年来该理论也受到了很多批评。在其广受好评的有关废除奴隶贸易的研究中，罗杰·安斯蒂对威廉姆斯的部分论据提出了质疑，他指出威廉姆斯的这些论据不足以支撑其理论，而且威廉姆斯所依赖的主要是观点而非实证材料。在安斯蒂看来，废奴法案通过之时英国仍然能从奴隶贸易中获利颇丰，而且更重要的是，他坚称西印度的衰落与其说是废奴法案的原因，不如说是其造成的后果。英国单方面决定退出奴隶贸易给英国在欧洲的竞争对手们带来的好处，要比英国通过这一决定而取得的经济收益更多。③ 安斯蒂的观点还从西摩·德雷舍尔那杰出的统计调查中得到了有力支持，这些统计结果撼动了威廉姆斯衰退理论的根基。西摩·德雷舍尔则动摇了威廉姆斯衰落理论提出的所有基本论断。他指出，没有证据表明自由放任资本主义及其对国际自由贸易的兴趣已经取代了重商主义及其对保护英国贸易免受外国竞争影响的强调，成为议会内外各大利益集团所支持的主流经济理论。并无证据能够说明美洲的自由劳工比奴隶劳工的生产效率更高，也没有证据表明那些种植园能获得足够多的自由劳工来维持生产。德雷舍尔已经证实，所有主要的殖民地产品仍能维持很高的产量，而且都相当有利可图。对于奴隶的需求，特别是在巴西和古巴快速扩张的种植园中对于奴隶的需求，仍然居高不下。当废奴法案通过时，英国仍在种植园产业中领先世界并且控制着非洲与美洲间的黑奴贩运。英国在西印度群岛的庞大殖民地（由于新近从敌对欧洲强国手中夺来的领地而进一步增加），依然是英国国内制成品的重要进口方，也是向英国出口主要热带产品的供货人，同时还是英国财政收入的

①　David Brion Davis, *The Problem of Slavery in the Age of Revolution, 1770—1823,* Ithaca, NY: Cornell University Press, 1975; David Eltis, *Economic Growth and the Ending of the Transatlantic Slave Trade,* Oxford: Oxford University Press, 1987, pp.3—16.

②　参见如：Barbara Lewis Solow and Stanley L. Engerland eds., *British Capitalism and Caribbean Slavery: The Legacy of Eric Williams,* Cambridge: Cambridge University Press, 1988。

③　Roger A. Anstey, "Capitalism and Slavery: A Critique", *Economic History Review (New Series),* Vol.21, No.2 (1968), pp.307—320; Roger Anstey, *The Atlantic Slave Trade and British Abolition 1760—1810,* London: MacMillan, 1975.

重要税源。西印度群岛面临的绝大多数经济问题都是在废奴法案通过之后才出现的，而不是在此之前。议会中围绕该法案的辩论，也很少论及产量过剩或当前的蔗糖市价这些问题。由于存在中立船只——尤其是美利坚合众国船只——的贩运活动，议会此时也不敢保证能够彻底终结奴隶贸易，不过议会坚信英国应当退出这项罪恶的贸易。[①]

（二）革命的影响

将废奴主义与美法两国革命期间为争取更多政治自由而进行的政治斗争联系起来，是一条行之有效的研究路径。这两次革命中都包含了社会中层甚至下层以天赋的、普世的和不可剥夺之人权为基础，为争取政治自由而进行的斗争。英国人对这些政治原则已不陌生，自18世纪60年代末起英国就出现了要求政治改革的激进主义运动，不过毫无疑问的是，美国和法国的革命对英国改革者的观念产生了巨大冲击。有一部分废奴主义领袖——包括威尔伯福斯、卫斯理和汉纳·莫尔——都反对议会改革和赋予所有人投票权。不过格伦威尔·夏普和托马斯·克拉克森等另外一些废奴主义者的确是支持议会改革的。同样重要的是，在18世纪80年代和90年代早期，几场政治改革运动的领导人，包括约克郡协会（Yorkshire Association）、宪法知识会（the Society for Constitutional Information）、伦敦通讯社（the London Corresponding Society）以及曼彻斯特宪法协会（the Manchester Constitutional Society）中积极评价美国和法国革命的突出成员们，同时也是英国国内废奴运动的积极支持者。这些年中主要的理性反对者（the Rational Dissenters），即那些以理性而非神启作为宗教观念基础的人，他们也都参与

[①] Seymour Drescher, *Econocide: British Slavery in the Era of Abolition,* Chapel Hill: University of North Carolina Press, 1977; Seymour Drescher, *Capitalism and Antislavery: British Mobilization in Comparative Perspective,* Basingstoke: MacMillan, 1986, chapter 8; Seymour Drescher, "Capitalism and Abolition: Values and Forces in Britain, 1783—1814", in Roger T. Anstey and P. E. H. Hair eds., *Liverpool, the African Slave Trade and Abolition,* Liverpool: Liverpool University Press, 1976, pp.167—195; Seymour Drescher, "The Decline Thesis of British Slavery since Econocide", *Slavery and Abolition,* Vol.7, No.1 (1986), pp.3—24；也可参见 Howard Temperley, "Capitalism, Slavery and Ideology", *Past and Present,* No.75 (1977), pp.94—118；及 David Richardson, "The Ending of the British Slave Trade in 1807: The Economic Context", in Stephen Farrell, Melanie Unwin and James Walvin eds., *The British Slave Trade: Abolition, Parliament and People,* Edinburgh: Edinburgh University Press, 2007, pp.127—140。

到包括废奴运动在内的各项改革活动中。理查德·普莱斯、约瑟夫·普利斯特利、约翰·卡特赖特、托马斯·库珀、托马斯·沃克、安德鲁·奇皮斯（Andrew Kippis）以及威廉·罗斯科都属于这一类人。然而，他们对这些改革活动的支持，不仅仅是出于宗教信仰、哲学观念和人权原则方面的考量。从某种程度上说，利己之心也是他们投身改革的原因，因为他们希望限制统治精英在教会和国家中的权力和特权，确保像他们这样的人能够拥有更大的影响力。[①] 托马斯·哈迪既是 18 世纪 90 年代早期激进的伦敦通讯社创始人兼书记，又是一名普通鞋匠。他曾以这样的话语来宣扬普遍性的自然权利："人之权利并不局限于这个小小的岛国，而是扩及全体人类——无分黑人白人，无关高矮胖瘦，无论富裕贫穷。"[②]

另一项近期的研究强调，废奴主义之所以从 18 世纪 80 年代末开始促成了一场如此重大的公共运动，是因为从 18 世纪 60 年代持续到 80 年代的整个美国革命危机，迫使许多英国人重新审视他们对自由与奴役的看法以及对英帝国的态度。为了反对威斯敏斯特议会在整个帝国中的绝对权威，北美爱国者们在其 1776 年《独立宣言》中宣称"人人生而平等"。这样的声明引来了英国议会主权支持者们的反驳，他们指出在这些发出虚伪声明的人中间，还生活着五十万被剥夺了公民自由和一切政治话语权的黑奴。[③] 这些英国人坚信，由于英国国内没有制度化的奴隶制，所以英国实际上要比新生的美利坚合众国更自由。当美国人赢得独立时，英国提出他们已经解放了所有仍由他们控制的北美领地中的黑奴，后来格伦威尔·夏普和约翰·克拉克森等废奴主义者，还帮助这些已获自由身的黑奴在塞拉利昂安家。[④]

---

① 参见 James Walvin, *England, Slaves and Freedom, 1778—1838,* Basingstoke: MacMillan, 1986; James Walvin, *Slavery and British Society 1776—1846,* London: MacMillan, 1982；及 Christine Bolt and Seymour Drescher eds., *Anti-Slavery, Religion and Reform,* Folkestone, Kent: Dawson, 1980。

② James Walvin, *England, Slaves and Freedom, 1778—1838,* 1986, p.113.

③ 塞缪尔·约翰逊博士（Dr. Samuel Johnson）在其著名的小册子中谴责北美"爱国者"们（The American Patriots）是虚伪的奴隶监工而非真正热爱自由之人："我们能从那些黑奴监工们中间听到最响亮的自由呼声——多么讽刺。"（"how is it that we hear the loudest yelps of liberty among the drivers of negroes."）参见 *Taxation No Tyranny: An Answer to the Resolution and Address of the American Congress,* London, 1775, p.89。

④ Simon Schama, *Rough Crossings: Britain, the Slaves, and the American Revolution,* London: BBC Books, 2005；及 Ellen Clarkson, *John Clarkson and the African Adventure,* London: MacMillan, 1980。约翰·克拉克森是更著名的托马斯·克拉克森的兄弟。

英美两国时评人之间的争论，还引发了有关谁对帮助美洲黑奴贡献更大的争执。面对英国人指责他们是奴隶主的批评，北美爱国者们坚决回应称，美国之所以会有这么多黑奴都要归咎于英国商人，是他们为了中饱私囊和增强英国经济实力，而将这些黑人从非洲送到了这里。与之相反，恰恰是美国人发起了终止奴隶贸易乃至废除奴隶制本身的斗争。正是安东尼·贝尼泽特以及他在宾夕法尼亚州的贵格会教友们率先发起了废奴活动。到了 1788 年，美国有 6 个新独立的州终止了奴隶贸易，还有 2 个州将此问题暂时搁置了下来。然而，英国在对美国的批评中仍然辩称，真正尽心竭力为增进黑奴自由的是英国，而不是美国。如此一来，这些批评对于废除奴隶贸易和奴隶制的影响力也增强了，因为废奴运动能显示出英国在道德上比美利坚合众国更加优越。①

北美殖民地的丧失引发了对英国政治体制的批评，同时也引发了对民族道德品性的怀疑和对国家堕落沦丧的忧惧。这些担忧在福音派基督徒中间影响尤甚，他们相信如能更加虔诚地践行他们的宗教信条，他们就可以在国内发起一次道德改良。因此他们开始在不与政治精英权力直接对抗、避免引发动荡的前提下，与英国社会中的一切腐败、不公和不道德现象展开斗争，他们想用这样的方式，劝说英国人相信他们的赤诚之心。他们支持教育、监狱、医院和疯人院等领域的改良；在国内促进戒酒运动，在国外推广传教工作；还努力劝说政治精英们以更高的道德标准约束个人行为。在 18 世纪 80 年代晚期，威廉·威尔伯福斯等一批最虔诚的福音派教徒认为，他们所能谴责和终结的最大道德罪恶之一就是大西洋奴隶贸易。他们开始相信，只有发动一场积极的运动，争取获得议会对于终结这项残酷不仁的贸易的支持，才能证明他们是真诚的道德改良者，证明他们既希望终结对人类同胞的可怕压迫，又没有颠覆英国政治体制的意图。②不过，他们的任务还是要在公众中间谋求足够多对于终止奴隶贸易的支持，以迫使议会接受这些福音派废奴主

---

① 美国革命对理查德·普莱斯等英国废奴主义领军人物所产生的影响，是克里斯托弗·莱斯利·布朗（Christopher Leslie Brown）的杰出论著：*Moral Capital: Foundations of British Abolitionism,* Chapel Hill, NC: North Carolina Press, 2006 中的一个关键主题。
② 这是另一个贯穿布朗的道德资本主义理论体系的关键主题。

义者们提出的改革建议。

四、汇聚民众支持，反对奴隶贸易

（一）伦敦委员会与废奴主义宣传

争取民众支持废除奴隶贸易的活动始于 1787 年，贵格会和福音派中的主要废奴主义者在这一年开始共事，形成了一个政治压力集团。1787 年 5 月 22 日，詹姆斯·菲利普斯、格伦威尔·夏普、托马斯·克拉克森，以及不久之后加入的威廉·威尔伯福斯——他是一名议员，而且是时任首相小威廉·皮特的好友——等少数几位最坚定的废奴主义者一致同意，决定成立"废除奴隶贸易协进会"。该协会通常也被称作"伦敦委员会"，为了能说服议会将英国人参与奴隶贸易的行为判为非法，协会中为数不多的活动家们都付出了英勇的努力来争取大众支持。[①] 这些人都对美洲的蓄奴制度持批判态度，不过他们认为英国的奴隶贸易支持者要比在美洲支持奴隶制本身的人更少，因此奴隶贸易才应当是首要的打击目标。更重要的是，议会可以动用皇家海军的力量来终止英国的跨大西洋奴隶贸易，但议会无权管辖已获独立的美利坚合众国，而且他们也不希望在西印度种植园主中间再树新敌，因为这些种植园主很有可能也会仿效北美爱国者的榜样，从英帝国中脱身而去。停止供应新的奴隶或许能说服西印度的种植园主甚至是美国的种植园主放弃奴隶制。退一步来讲，停止向美洲输送新的奴隶，至少可以使奴隶在西印度和美洲种植园主们那里受到的待遇比当时改善一些。

伦敦委员会迅速将贵格会和福音派遍及全国的教徒网络利用起来，为了印制宣传读物以及向各地的潜在支持者们展开废奴主义宣传而筹集捐款。委员会任命托马斯·克拉克森担任全职代理人，让他前往英国各地——特别是布里斯托尔和利物浦的贩奴港口及其周围的城镇——收集反映奴隶贸易残酷本质的证据。他通过发表演说甚至组织宗教布道仪式这些方式，来激发人们对废奴活动的兴趣，还鼓励组建地方性的协会，吸引越来越多的活动家参与

---

① J. R. Oldfield, *Popular Politics and British Anti-Slavery*, Manchester: Manchester University Press, 1995, pp.41—64.

到支持废奴运动的定期会晤当中。在 1787 年到 1794 年间，克拉克森进行了七次全国性的宣讲与搜证巡游，总旅程达 35000 英里，而且大部分行程都是在夜间走完的。他在英国各地都成为了废奴活动的公开代言人，有时能吸引大批追随者，而且经常能让当地神职人员和中产阶层在他走后的很长一段时间里仍然关注废奴活动。[①] 在 1792 年，伦敦委员会又雇佣了威廉·迪克森，请他效仿克拉克森的模式到苏格兰各城镇巡游。迪克森曾在巴巴多斯工作多年，对西印度种植园奴隶制的罪恶有着切身体会。回到英国后他曾写过抨击奴隶制的文章，还加入了伦敦委员会，并在 1792 年 1 月到 3 月间前往苏格兰巡游，在近 50 个不同城镇中向当地神职人员、市民领袖、教师、其他受教育阶层人士以及更多赞成废除奴隶贸易的团体发表宣讲。[②] 伦敦委员会还在国外寻求对废奴运动的支持，以此来表明一旦英国停止奴隶贸易，其他国家也不会愿意填补英国留下的贸易空缺。他们在美国和法国都得到了支持，特别是在法国已经出现了由布里索（Brissot）、孔多塞、米拉波和拉法耶特等激进主义者组建于 1788 年的 "黑人之友" 协会（La Sociétédes Amis des Noirs，The Society of the Friends of the Blacks）。[③] 布里索于 1789 年 1 月拜访了伦敦委员会，克拉克森也前往法国进行了为期数月的回访，游说法国制宪会议（French Constituent Assembly）的成员支持废奴活动。

伦敦委员会还为其宣传活动开列了潜在资助者的名单，并募集到数千英镑资金来印制大量关于废除奴隶贸易的不同宣传册。像托马斯·克拉克森的《概观奴隶贸易及其废止可能带来的后果》（1787 年出版于伦敦）和《论奴隶贸易之失》（1788 年出版于伦敦）、詹姆斯·拉姆塞的《有关终止奴隶贸易之答复》（1788 年出版于伦敦）、约翰·纽顿的《对非洲奴隶贸易之思考》（1788 年出版于伦敦），以及威廉·罗斯科的《非洲奴隶贸易概览，揭示其

---

① Thomas Clarkson, *The History of the Rise, Progress and Accomplishment of the Abolition of the Slave-Trade by the British Parliament,* pp.116—376.

② Iain Whyte, *Scotland and the Abolition of Black Slavery, 1756—1838,* pp.75—93, pp.137—140。我已在线上 "牛津国家传记词典"（*The Oxford Dictionary of National Biography*）中为迪克森编写了一个词条，具体可见：https://doiorg.ezproxy.is.ed.ac.uk/10.1093/ref: odnb/109796。

③ 有关法国的废奴主义者团体，参见 Marcel Dovigny, *La Société des Amis des Noirs, 1788—1799,* Paris: Éditions UNESCO, 1998；及 Daniel P. Resnick, "The Sociétédes Amis des Noirs and the Abolition of Slavery", *French Historical Studies,* Vol.7, No.4 (1972), pp.558—569。

中的不公与失当：兼论废除此贸易之议案》（1788 年出版于伦敦）等，这些新作都迅速得以印刷面世，并在全国范围内广泛传播。在威廉·威尔伯福斯的鼓舞下，托马斯·克拉克森、威廉·迪克森等人为议会提供了大量证据，向立法机关证明终结奴隶贸易的必要性。随后他们还编写了《1790—1791 年呈下议院特别委员会之证据摘要》（1791 年出版）和《证据节录》（1792 年出版），这两部文集都由詹姆斯·菲利普斯在伦敦首先出版，并被英国其他很多地区的出版商再版重印。在其成立的第一个年头中，伦敦委员会总共为废奴运动印发了 26000 份议会辩论报告和明细，出版了超过 51000 册的书籍和宣传册，总花费超过 2000 镑。还有很多地方性协会也印刷或重印了废奴主义的宣传品。伦敦委员会和很多地方协会还都将他们的会议、辩论、决议、公告等消息，刊登在全英各地的报纸上。①

　　废奴主义观点还通过其他途径得到了宣传和推广。在印刷版布道辞、诗歌、歌曲、戏剧甚至是少儿故事中，都出现了抨击奴隶贸易的内容。②约翰·纽顿曾在一艘运奴船上工作多年，不过后来他加入英国国教会做了牧师，他在 1772 年赋诗一首，题为《奇异恩典》（Amazing Grace），描述自己心路历程的转变。这首诗在 1779 年成为了正式的基督教赞美诗（直到现在仍有很多记录显示该诗非常受欢迎）。女性废奴主义者汉娜·莫尔创作的戏剧《不屈的俘虏》（The Inflexible Captive）在 1775 年于布里斯托尔首演。莫尔还在 1788 年创作了她最著名的诗歌《奴役》（Slavery），在 1795 年写作了《扬巴之痛，或一位黑人妇女的悲叹》（The Sorrows of Yamba; Or the Negro Woman's Lamentation）。威廉·布莱克在出版于 1789 年的诗集《天真之歌》（Songs of Innocence）中收录了自己的诗作《黑人小男孩》（The Little Black Boy）。那些曾经为奴但现居于伦敦，对奴隶贸易与奴隶制的罪恶有切身经历

---

① J. R. Oldfield, *Popular Politics and British Anti-Slavery,* Hove: Psychology Press, 1998, pp.41—64.

② 有关奴隶贸易写奴隶制的诗歌，参见 James G. Basker, *Amazing Grace: An Anthology of Poems about Slavery 1660—1810,* New Haven, CT: Yale University Press, 2002; Joan Baum, *Mind Forg'd Manacles: Slavery and the English Romantic Poets,* New Haven, CT: Archon Books, 1994; 及 Brycchan Carey, *British Abolition and the Rhetoric of Sensibility: Writing, Sentiment and Slavery 1760—1807,* London: Palgrave MacMillan, 2005。有关奴隶制写奴隶贸易的广泛作品，参见 Peter Kitson et al. eds., *Slavery, Abolition and Emancipation: Writings in the British Romantic Period,* London: Pickering and Chatto, 1999。

的人们，将自己的往事付诸笔端，创作出一批广受关注，影响深远的作品。在 1787 年，奥托巴·库瓜诺（Ottobah Cuguano）创作了《对奴隶贩运与人口贸易之邪恶不仁的思考与感悟》(Thoughts and Sentiments on the Evil and Wicked Traffic of Slavery and Commerce of the Human Species)，欧洛达·易奎亚诺（Olaudah Equiano）则在 1791 年出版了《非洲人欧洛达·易奎亚诺——又名古斯塔夫·瓦萨——的生平轶事》(Interesting Narrative of the Life of Olaudah Equiano, or Gustavus Vassa, the African) 一书，他还花了几个月的时间游历英伦三岛，在各地发表演说并推销这部自传。[①] 伦敦委员会于 1789 年春季制作了一幅图画，展示一艘真实运奴船——利物浦的"布鲁克斯"号（Brookes）——的载货方案，生动地展现出奴隶们在这些船上的生活环境之拥挤是多么骇人。这幅图画的副本被装订成宣传册的形式，有上千份该手册的副本被投放到全国各地的小酒吧和咖啡屋中。[②] 威廉·威尔伯福斯还有一个该船的木质仿真模型，当他在下议院中汇报跨大西洋航行的罪恶时就拿这个模型来辅助说明。托马斯·克拉克森在布里斯托尔和利物浦等贩奴港口巡游的过程中，给震惊的观众们展示了很多物件，这些物件里有跨洋运输中束缚奴隶的镣铐，也有在奴隶反抗白人看守时拷打奴隶的刑具。这些东西也被带入下议院中展示。还有一些手艺高超的雕版师傅制作了揭露被捕的非洲黑人在英国运奴船上悲惨遭遇的版画。以詹姆斯·吉尔雷为例，他绘制了一幅题为"西印度的野蛮人"（Barbarities in the West Indies）的画作（1791 年 4 月 23 日），描绘了一名运奴船船长殴打船上一名女奴的场景。[③] 其他的批判性画作还包括艾萨克·克鲁克香克所作的"奴隶贸易的废止"（The Abolition of the Slave Trade）（1792 年 4 月 10 日），以及威廉·布莱克为斯特德曼的著作《镇压苏里南起义黑人的五年远征记》（Narrative of a Five Years Expedition against the Revolted Negroes of Surinam）（1796 年出版于伦敦）绘制的多幅插

---

① J. R. Oldfield, *Popular Politics and British Anti-Slavery*, pp.70—95；上述作品均已出版了现代平装版。有关易奎亚诺的内容，参见 Vincent Carretta, *Equiano the African: Biography of a Self-Made Man*, Athens, GA: University of Georgia Press, 2005；及 James Walvin, *An African Life: The Life and Times of Olaudah Equiano, 1745—1797*, London: Continuum, 1998。

② J. R. Oldfield, *Popular Politics and British Anti-Slavery*, p.51, pp.163—166.

③ Ibid., pp.174—175.

图。①乔治·莫兰德于 1788 年在皇家艺术学会（Royal Academy）中展出了一幅题为"万恶的人口贩运"（*Execrable Human Traffic*）的画作，约翰·拉斐尔·史密斯则在 1791 年 2 月将该作品制成版画并更名为"奴隶贸易"（*The Slave Trade*），这幅版画作为国民公会（National Convention）通过决议废除法国奴隶贸易的标志，于 1794 年在法国出版。②废奴主义者们应用最广、影响力最大的图画作品，可能当数那副带枷的跪姿黑奴像，这幅画中的黑奴双手紧抱，仿佛是在恳求宽恕，在他身边还配有一句插话："难道我不是一个人，不是你的同胞兄弟吗？"这幅画出自英国顶尖的瓷器匠约西亚·韦奇伍德之手，本是为用作伦敦委员会的徽记或印章而绘，而韦奇伍德也是委员会成员之一。起初这幅画是以印刷的形式出现在伦敦委员会的许多出版物中，不过后来这幅画还以精美的玉雕和瓷像形式出现，不仅被广泛用于制作奖章、吊坠和胸针，还出现在各式手镯、袖扣、发簪、指环、手杖头和鼻烟壶上，甚至被印到了贸易券上。有成千上万件带有此图像的商品在全国各地出售或展示。③

（二）请愿和抗议

伦敦委员会的工作不仅限于生产印刷品和宣传画。很快它还表现出为废奴活动争取积极支持的兴趣。1788 年 1 月 15 日，委员会发表了第一份活动报告，报告声称委员会在奴隶贸易问题上"恳请所有人的帮助，让我们的立法机关意识到有必要进行严肃的调查。"尽管威廉·威尔伯福斯并不支持建立公众性的地方组织来向议会施压，但伦敦委员会依然决定效仿曼彻斯特协会在废除奴隶贸易活动中的先例，支持向议会派出反对奴隶贸易的请愿团体。截至 1787 年 12 月，曼彻斯特的废奴主义者们已经为其递交下议院的请愿书征集到约 11000 个签名，此时他们的行动才刚刚开始数周。这意味着该市约有 20% 的居民支持这一请愿，而且这些人中包含了该市的大部分成年男性。④全国各地的大部分报纸都报道了这次请愿，曼彻斯特的废奴主义者

---

① J. R. Oldfield, *Popular Politics and British Anti-Slavery,* pp.175—177.

② Ibid., p.171.

③ Ibid., pp.156—163.

④ Ibid., pp.49—50；及 Seymour Drescher, *Capitalism and Slavery: British Mobilization in Comparative Perspective,* Oxford: Oxford University Press, 1987, p.70。

们呼吁在其他全国地区也发动类似的活动。全国各地至少出现了 27 次公众集会，在伦敦以及埃克赛特、赫尔、伯明翰、谢菲尔德、约克、普利茅斯、南安普顿和北安普顿等城镇都有大批民众到请愿书上留名。[1] 递交给议会的请愿不仅出自地方废奴者协会之手，还出自市政当局、大学、贸易公会以及地方宗教会议等组织。甚至在布里斯托尔和利物浦这样的主要奴隶贸易港也出现了对请愿的支持。总的来看，截至 1788 年 5 月，递交下议院的请愿总数已超过 100 项，在请愿书上签名的人数约有 6 万。

按照托马斯·克拉克森的建议，威廉·福克斯在 1791 年撰写了《告大不列颠人民书——关于节用西印度蔗糖和朗姆酒之影响》(*Address to the People of Great Britain, on the Utility of Refraining from the Use of West India Sugar and Rum*)。这份小册子呼吁抵制购买产自西印度的蔗糖，其售价仅为每册 1 便士（亦可花 30 便士批发 50 册），在接下来十年里该书共有 25 个版本在伦敦发售，其他城镇中也各有不同的版本面世。伦敦委员会在短短 4 个月内就分发了约 7 万册该书。这份小册子的出现又引出了另外几份宣传册，例如托马斯·库珀的《奴隶贸易与西印度产品消费之思考》(*Considerations on the Slave Trade; and the Consumption of West India Produce*)（1791 年出版于伦敦）。最终，这些小册子引发了对西印度蔗糖的全国性抵制行动，据称有超过 30 万户家庭参与其中。詹姆斯·吉尔雷甚至还绘制了一幅题为"反对蔗糖，或曰约翰牛及其家人不再食用蔗糖"（1792 年）的版画，这幅画描绘了代表英国人民的乔治三世国王，正敦促他满心不情愿的女儿们加入这次抵制行动。[2] 这次抵制行动鼓舞了妇女们发表对奴隶贸易的反对意见。尽管妇女们因为不能在议会选举中投票，而不被鼓励在议会请愿书上签名，但仍有少数妇女在请愿书上留下了名字，此外还有更多妇女投身于散文和诗歌等废奴主义宣传品的创作，给伦敦委员会和地方性废奴主义协会寄钱，并在公

---

[1] Seymour Drescher, *Capitalism and Slavery: British Mobilization in Comparative Perspective,* p.70, pp.73—76.

[2] 艾萨克·克鲁克尚克（Issac Cruikshank）在其讽刺漫画 "The Gradual Abolition of the Slave Trade, in Leaving of Sugar (15 April 1792)" 中，描绘了乔治三世很难说服他的两个女儿以及两位女性廷臣（courtiers）在饮茶时不放糖的场景。

共集会上发言揭露奴隶贸易之惨状。不少妇女自豪地将韦奇伍德的浮雕饰品佩戴在身，而且还有很多妇女参与了抵制蔗糖的活动。作为回应，议会压低了蔗糖价格，抵制行动也很快就不了了之，不过这次抵制活动带来的兴奋之情依然有助于英国公众为下一波请愿浪潮做好准备。①

1792 年，废奴主义者组织了一场声势更为浩大的请愿活动。这一次是伦敦委员会率先行动，他们派出托马斯·克拉克森到英格兰各地巡游，同时委派威廉·迪克森前往苏格兰寻求支援。这一次伦敦委员会已不再仅从拥有议会选举投票权的男性中间寻求支持。它宣称"所有通情达理、心存善念之人"都应当支持废除这种残酷的贸易。② 委员会的努力是卓有成效的。递交给下议院的请愿书多达 519 份，议会还是头一回在单次会期内收到如此之多的请愿。在请愿书上签名的人数据估计约有 40 万，这一数字比当时有资格参与议会选举投票的选民总数还要多。每个郡都提交了请愿书，不过大部分请愿书还是来自英格兰北部以及苏格兰的城镇。来自曼彻斯特的请愿书上附有近 20000 名居民的签名，在谢菲尔德的请愿书上签名的人数也超过 8000，还有约 11000 人在爱丁堡的请愿书上留名。在伦敦通讯社递交的请愿书上，有 10000 名这一激进劳工阶级联合会的支持者签名。这些请愿在城市中产阶层和熟练工匠阶层中间，获得了压倒性的支持率。市政当局、教会组织、大学以及贸易组织也都提交了请愿。③ 当针对这些请愿的批评对于在请愿书上签名之人的社会地位和经济地位过低提出指责时，一份伦敦报纸《日记报》（*The Diarist*）给出了如下回应："这能说明什么？不正是说明出身各异、境况有别、年龄不同的所有人，大家不分老少，无论学识深浅，不管地位高低、财富多少，所有已经醒悟和正在觉醒中的人们都已经团结起来，万众一心地想要推翻这一令人生厌而又毫无根据（的制度）吗？"④

① Clare Midgley, *Women Against Slavery: The British Campaigns 1780—1870,* London: Routledge, 1992, pp.18—19.

② Judith Jennings, *The Business of Abolishing the British Slave Trade 1783—1807,* London: Frank Cass, 1997, p.68.

③ J. R. Oldfield, *Popular Politics and British Anti-Slavery,* pp.105—110, pp.113—115; Seymour Drescher, *Capitalism and Slavery: British Mobilization in Comparative Perspective,* pp.82—85.

④ Stephen Farrell, Melanie Unwin and James Walvin eds., *The British Slave Trade: Abolition, Parliament and People,* Edinburgh: Edinburgh University Press, 2007, p.56.

奴隶贸易的捍卫者仍在驳斥终止这项贸易的提案，批评那些要求废除奴隶贸易的请愿者是不真诚、不人道和不明智的，然而连他们也无法否认这些请愿获得了巨大的支持。他们试图组织支持奴隶贸易的请愿，然而他们也不得不承认自己得到的支持要比其对手弱得多。废奴运动得到的支持令这些人瞠目结舌，心灰意冷。塞缪尔·罗米利指出："所有人——甚至连西印度的种植园主和商人也是——似乎一致认为这项贸易已经撑不了多久了。"① 显然，此时大部分选民以及消息灵通的民众都对非洲奴隶贸易深恶痛绝，伦敦委员会已能成功地确保废除奴隶贸易一事进入议会的议事日程之中。尽管如此，他们的反对者在议会中依然能获得更多支持，特别是上议院中的王室子弟（the king's sons）都反对废奴。想要依靠公众压力争取到议会中大多数人对废奴运动的支持，依然任重道远。

五、议会中的拉锯战

（一）法国大革命带来的早期挫折

伦敦委员会意识到，必须要通过议会法案废除奴隶贸易。为了打赢这场议会中的攻坚战，废奴主义者们非常倚重威廉·威尔伯福斯的努力，因为他不仅是议员和虔诚的教友会教徒，而且和首相小威廉·皮特私交甚笃。尽管威尔伯福斯在组织下院议员方面不算出色，但大家都公认他不仅有着极为虔诚的宗教信仰，而且在辩论中常有精彩表现。他被视为最有希望将废奴问题带到下院之中，争取普通议员们支持废奴运动的人选。然而与施压或是请愿活动相比，奴隶贸易支持者们在议会中向废奴主义观点发起的反击更为强力。受上下两院议员们在西印度的利益驱使，他们可以既维护全国数以千计从奴隶贸易中获利之人的商业利益，同时又宣称是在为捍卫国家的经济、金融、海军、帝国以及战略利益而发声。由于法国大革命正在暴力和动荡的方向上越走越远，而且革命还在欧洲引发战争并将英法之间的矛盾扩散到西印度，所以议会中的保守主义思潮在 18 世纪 90 年代初日益加强，这对废奴主

---

① Samuel Romilly, *Memoirs of the Life of Sir Samuel Romilly,* Vol.3, London: John Murray, 1840, II, pp.2—3.

义者们而言实属不幸。正是这些形势变化，打断了威尔伯福斯及其支持者们在议会中刚刚取得的进展。[1] 早在 2 月 11 日时，就已经有一份皇家枢密院令（Royal Order in Council）要求秘密委员调查奴隶贸易，而伦敦委员会也开始向委员会提供证据。小皮特首相在 1789 年 4 月 25 日向下议院提交了秘密委员会的工作报告，还在 5 月 9 日向下议院通报称，有证据表明全国大批民众已准备就绪，将要发起请愿反对该贸易。[2] 小皮特不敢保证国王和他的内阁同僚们会支持废奴活动，可是在这一问题上他已经争取到了查尔斯·詹姆斯·福克斯以及埃德蒙·伯克等下院反对派领袖的支持。[3] 在 5 月 12 日，威尔伯福斯又递交了 12 份支持废除奴隶贸易的请愿书，然而到了 5 月 21 日，下议院决定亲自对奴隶贸易展开调查，并以此为由推迟了请愿进程。这次调查是由下议院选派的一个委员会进行的，他们花了好几个月来收集证据，听取有关非洲奴隶贸易实践的目击证词。他们在 1791 年 4 月向下议院汇报了调查结果。正当威尔伯福斯将自己草拟的废除奴隶贸易提案上交议会之时，在法国最重要的西印度殖民地圣多明各爆发了一场声势浩大的奴隶起义，很多人都害怕在英国的西印度殖民地中也会出现狂暴的奴隶起义。[4] 这场起义中对白人奴隶主的屠杀，给了英国的西印度利益集团可乘之机，他们顺势宣称英国废奴主义者们都期盼着"不再区分白人和黑人、主人和苦工，弃绝社

---

[1]　有关 1791—1792 年间议会的争议，参见 Judith Jennings, *The Business of Abolishing the British Slave Trade 1783—1807,* pp.65—79。

[2]　William Cobbett ed., *Parliamentary History of England,* Vol.36, London, 1806—1820, XXVII, column 495.

[3]　Judith Jennings, *The Business of Abolishing the British Slave Trade 1783—1807,* p.55。许多围绕奴隶贸易问题所作的紧张而漫长的辩论，参见科贝特（Cobbett）《议会史》中该问题相关的第 34 卷，及之后他编纂的：*The Parliamentary Debates from the Year 1803 to the Present Time,* London, 1803—1807, Vol.3—9。

[4]　这次奴隶起义一直持续到 1804 年。黑人革命者们成功挫败了法国、西班牙以及英国镇压起义的军事行动，这次起义催生了首个由过去为奴之人所建立的现代国家——海地（Haiti），参见 C. L. R James, *The Black Jacobins: Toussaint L'Ouverture and the San Domingo Revolution,* London: Secker & Warburg, 1938。自 1938 年以来该书还出版了数个不同的平装版本。有关这次奴隶起义对英国人观念的影响，参见 David Geggus, "British Opinion and the Emergence of Haiti, 1791—1805", in James Walvin ed., *Slavery and British Society 1776—1846,* pp.123—149; Raphael Hörmann, "Thinking the 'Unthinkable'? Representations of the Haitian Revolution in British Discourse, 1791 to 1805", in Michael Hörmann and Gesa Mackenthum eds., *Human Bondage in the Cultural Contact Zone: Transdisciplinary Perspectives on Slavery and Its Discourses,* Münster: Waxmann, pp.2—10, pp.137—170。

会中的一切智慧、喜乐与社会利益，而将所有人类拉回到同一水平线"①。尽管有皮特、福克斯和伯克的支持，但威尔伯福斯的提案还是在 4 月 19 日惨遭驳回。

在这次失败的刺激下，议会外的废奴主义者们又展开了新的行动，向众议院提交了上百份请愿书。在 1792 年早些时候，威尔伯福斯又在下议院就奴隶贸易问题发起了一场辩论，不过这一次他败在了内政大臣（the Home Secretary）亨利·邓达斯的手下，邓达斯成功地将立即废除奴隶贸易的方案变成了逐步废除。当时的提议是在 1796 年的某一时间落实该方案。可是轮到上议院讨论废奴问题时，上议员们投票决定由他们再组织一轮对奴隶贸易的调查。等到上议院准备认真考虑废奴问题时已经是 1793 年 4 月了，此时英国同处于革命期间的法国之间的战争已是箭在弦上，而且英国有产精英阶层也对法国革命原则在欧洲和西印度的扩散提高了警惕。1793 年 4 月 11 日，阿宾顿伯爵指责伦敦委员会与法国的奴隶贸易批评者之间有瓜葛："说到底，废除奴隶贸易不就意味着自由和平等吗？不就象征着人权吗？至于人权，不正是这些（法国）新哲学中的愚蠢原则吗……看看圣多明各的殖民地吧，看看自由、平等和人权都干了些什么？"②

废奴法案没能在上议院通过，威尔伯福斯的又一次努力也在 1794 年 2 月被上议院驳回。法国大革命以及英法战争——包括英国对法国西印度殖民地的攻击——在议会内甚至在民众当中引发的保守主义反弹都是如此强烈，以至于伦敦委员会从 1794 年 4 月起暂停了例行会议，在 1797 年到 1803 年间再也没有召开任何会议。尽管威尔伯福斯在 1795 年至 1798 年间一直在提交废奴法案，可在此之后连他也不再提交有关废除奴隶贸易的法案了。不过废奴主义者也不是一无所获，因为小皮特政府在 1799 年通过了奴隶运输法案，这一法案上调了运奴船甲板间的最低高度标准，让奴隶们在始于非洲的航程中更安全些了。这一法案既使得未来贩运过程中的奴隶死亡率有所下降，同时也削减了贩奴者们未来的贸易利润。

① David Turley, *The Culture of English Antislavery, 1780—1860,* London: Routledge, 1991, p.176.
② William Cobbett ed., *Parliamentary History of England,* XXX, columns 654—655.

（二）终获成功

直到 1804 年之前，废奴运动在议会内外的斗争始终偃旗息鼓。这一运动得以再度兴起是因为法国放弃了他们最激进的观点。拿破仑·波拿巴在执掌法国大权后，于 1802 年恢复了法国殖民地中的奴隶制。温和的英国改革家们终于可以再度宣称，真正的自由之乡是英国而非法国。在吸纳了扎卡里·麦考利和亨利·布鲁厄姆等新成员后，伦敦委员会也于 1804 年 5 月 23 日起重新召开会议，同时还开始出版新的废奴主义宣传品，例如乔治·哈里森的《基于英伦三岛现状对奴隶贸易所作之说明》(*Notices on the Slave Trade in Reference to the Present State of the British Isles*)（ 1804 年出版于伦敦）。威尔伯福斯在 1804 年的 5、6 月份成功说服下议院通过了一项废奴法案，但上议院再次搁置了对该法案的讨论。有鉴于此，伦敦委员会又一次开始对议会外的公共舆论发起游说攻势，托马斯·克拉克森也重启了他在各地的巡游，为废奴运动争取支持。在他到访的很多城镇中，克拉克森仍然在中产阶级男性中间获得了普遍支持。1805 年 8 月 15 日，一份皇家枢密院令将英国船只向法国蔗糖群岛殖民地（French sugar colonies）运送奴隶之举定为非法。在首相小威廉·皮特离世、新政府组建起来之后，这个由乔治·格伦威尔勋爵和查尔斯·詹姆斯·福克斯（此二人皆为废奴主义者）领导的新政府，向议会提交了一项法案，禁止向西印度的所有外国殖民地运送奴隶。奴隶贸易的支持者们组织了一次反对该提案的请愿，并征集到了 439 个签名，然而托马斯·克拉克森也发起了一项支持该法案的请愿作为反击，在短短几个小时内，就有 2354 名曼彻斯特居民在这份支持该法案的请愿书上签字。[①] 奴隶贸易支持者的行动过于迟缓，部分原因在于他们还没能意识到此项外国奴隶贸易法案将为英国大约三分之二的奴隶贸易画上句号，因为此时大部分英国运奴船都是为外国殖民地，而不是为英国殖民地运送奴隶。[②]

新政府对奴隶贸易的攻击还没有结束。它告知议会将在下一会期内拟定

---

① Seymour Drescher, "Whose Abolition? Popular Pressure and the Ending of the British Slave Trade", *Past and Present,* No.143 (May 1994), pp.142—144.

② Roger Anstey, *The Atlantic Slave Trade and British Abolition 1760—1810,* London: MacMillan, 1975, pp.365—368.

一项法案。在下一会期开始之前有一次大规模改选，这为伦敦委员会提供了一次绝佳的时机来推选支持废除奴隶贸易的候选人，反对仍为奴隶贸易辩护的候选人。奴隶贸易事宜在约克郡、坎伯兰、威斯特摩兰、达勒姆和北安普顿等多个郡的很多选区中都是焦点问题。[①] 威廉·罗斯科，这位奴隶贸易的长期批评者，还在主要的运奴船母港利物浦成功当选为议员。在这次大规模改选之后，本博·加斯科因——他是另一位在利物浦当选的下议员，同时也是奴隶贸易的坚定支持者——在下议院中抗议称，利物浦的废奴主义者们不遗余力地为废奴活动争取利物浦选民的选票，他们把报纸、教会甚至剧院都利用起来了。他还宣称"（废奴主义者）投入了大量精力，来制造普遍的偏见和强烈的要求，使（奴隶）贸易变成了一件人人喊打的事情"[②]。

格伦威尔勋爵决定，在奴隶贸易问题上废奴法案应首先提交到上议院而非下议院。在他的暗中引导下，该法案于 1807 年 2 月在上议院得以通过。这次胜利也使得下议院中的绝大多数议员转而支持该法案，只有一位新当选的议员仍坚持认为该法案是"那些野蛮的改革计划之一，这些改革计划源于现代的博爱精神（也就是法国大革命的原则），文明世界不久后就将目睹其恐怖后果"[③]。1807 年 3 月，废奴法案最终以 283 票赞成，16 票反对的压倒性多数获得通过。英王于 1807 年 3 月 25 日正式批准该法案，自 1808 年 1 月 1 日起，英国商人将黑奴从非洲贩运至全世界任何地方皆为非法。[④] 尽管格伦威尔政府在国王不情愿地批准法案当天就宣布解散，但法案的通过依然受到伦敦委员会以及全国各地成百上千的废奴主义者们的热烈欢迎。有几份出版物声称，该法案能够通过全赖公共舆论的力量，而非格伦威尔的支持者们在议会中的努力。1807 年 4 月的《爱丁堡评论》杂志表示，"是国民之意愿将废奴运动强加到统治者的头上"。尽管这一说法有几分可取之处，不过若不是议会将奴隶贸易判为非法，这一贸易也是无法终止的。

① Roger Anstey, *The Atlantic Slave Trade and British Abolition 1760—1810,* pp.143—148.

② William Cobbett ed., *Parliamentary Debates,* VIII, columns 718—719.

③ Ibid., VIII, columns 980—981.

④ 有关废奴法案获得通过的内容有一段精彩的论述，参见 Roger Anstey, *The Atlantic Slave Trade and British Abolition 1760—1810,* pp.364—402。

六、1807年以后英国废止奴隶贸易的努力

废奴法案的通过并没有立即终结奴隶贸易，甚至连英国商人也仍在进行贩奴活动，因为部分运奴船船主为了继续参与这项有可能大赚一笔的贸易而做好了以身试法的准备。尽管丹麦早在1802年就不再参加奴隶贸易，美利坚合众国也仿效英国的先例，同意于1808年叫停本国商人的贩奴活动，然而这些国家都不具备强制推行其政策的海军实力。此外，英国的废奴法案也没有赋予英国以合法权利去干预法国、葡萄牙以及西班牙进行的大量奴隶贸易。根据国际法，除战争时期外英国无权在公海或外国港口中拘捕外国运奴船。通过外交施压以及财政诱导手段，英国与大多数奴隶贸易国展开了经贸条约的磋商，确保这些国家能协助英国释放被扣押运奴船上的奴隶并扣押这些船只。可是当1814年英法议和时，英国又和复辟的波旁王朝达成一致，同意法国在接下来的至少五年时间里继续进行奴隶贸易。这一举动使废止奴隶贸易的活动更难以有效开展了。出乎英国政府意料的是，对法国的这一让步在英国全国引发了大量抗议。威尔伯福斯在下议院中激烈抨击这一让步，并与克拉克森一道呼吁俄国沙皇和普鲁士国王不要赞同英国政府的决议。泰晤士报的一位通讯记者表示，"让英国民众的呼声一吐为快吧，非洲奴隶贸易必须全面停止"[1]。地方性报纸也很快被公众抗议集会的报道所充斥。一份报纸上登载了如下声明："多年以来，还没有什么事件能像停战条约中允许法国在接下来五年中继续进行万恶的奴隶贸易这一条款那般，在民众中引发如此之多的关注并遭到如此广泛的谴责。"[2]

为议会请愿收集签名，谴责对法国这一让步的行动中凝结了大量的努力。递交给下议院的请愿多达近800份，包含了大约150万个签名。[3]塞缪尔·惠特布雷德评论称："这个国家过去从未——恐怕将来也不再会——像

---

[1][2]　Seymour Drescher, "Whose Abolition? Popular Pressure and the Ending of the British Slave Trade", p.162.

[3]　*Journals of the House of Commons,* Vol.69, p.450.

奴隶贸易问题这样，表达出如此一致的感受。"[1] 英国政府意识到了自己的失策，力图撤回之前与法国达成的共识。威灵顿公爵第一次代表英国前往巴黎，花了六个月的时间试图重新敲定围绕奴隶贸易与法国达成的共识。[2] 当拿破仑在 1815 年短暂复辟时宣布废除法国的奴隶贸易，想要以此来离间英国及其欧洲盟友。等到拿破仑在滑铁卢一役中彻底失败之后，英国再次开始向复辟的波旁王室施压，同时还逼迫西班牙和葡萄牙放弃奴隶贸易。英国以不再向西葡两国发放财政贷款为威胁，要求他们在该问题上做出让步。英国外务大臣卡斯尔雷勋爵向英国驻马德里大使发出指示："你必须让西班牙政府切实感受到压力……对于此事（英国）国民已是万众一心。我相信已找不到还有哪个村子未曾就此事组织集会、发起请愿；上下两院都已承诺把此事推进到底；诸内阁成员也都必须将此事纳入自己的施政方针。"[3]

作为一名通常对公共舆论不屑一顾的保守派政治家，卡斯尔雷对英国公共舆论之重要性作出的这番评论不可谓不强烈。因此在有效制止奴隶贸易这件事上，公共舆论很显然对英国议会和英国政府都产生了极为有力的影响。托马斯·克拉克森在 1814 年 9 月对请愿斗争的评价无疑是公正的："我时不时地想起这一点，那就是我们一定要对请愿活动中展现出的能量心怀感激。除此之外再也没有恰当的理由能够解释，为何我们的行政机关在条约初定之时对此事如此冷漠，可到后来却又如此关心。"[4]

英国对法国以及其他参与奴隶贸易的欧洲国家施加的外交压力收效一般。波旁王室于 1815 年再度复辟时，法国在 1815 年 9 月签订的第二次巴黎条约中同意放弃奴隶贸易。西班牙和葡萄牙也在 1817 年同意限制其在赤道以南非洲进行的奴隶贸易。[5] 不过由于外国政府对英国的威压心怀不满，这

[1] F. D. Cartwright ed., *The Life and Correspondence of Major Cartwright,* 2 vols, London, 1816, II, p.64.

[2] 参见 Paul Michael Kielstra, *The Politics of Slave Trade Suppression in Britain and France, 1814—1848: Diplomacy, Morality and Economics,* Basingstoke: MacMillan, 2000, pp.22—55。

[3] Seymour Drescher, "Whose Abolition? Popular Pressure and the Ending of the British Slave Trade", p.164.

[4] Christine Bolt and Seymour Drescher eds., *Anti-Slavery, Religion and Reform,* p.153.

[5] 关于英国如何持续通过外交手段向其他欧洲国家施压，以及英国公共舆论中对这些措施的支持，参见 Jerome Reich, "The Slave Trade and the Congress of Vienna—A Study in English Public Opinion", *Journal of Negro History,* Vol.53, No.2 (1968), pp.129—143；及 Betty Fladeland, "Abolitionist Pressures and the Concert of Europe, 1814—1822", *Journal of Modern History,* Vol.38, No.4 (1966), pp.355—373。

些协定并不总能得到有效落实，在作为运奴船卸货点的美洲港口中，当权者常因收受贿赂而对非法贸易睁一只眼闭一只眼。欧洲的奴隶贸易并未被彻底终结，仍有大量非洲奴隶被西班牙和葡萄牙输送到古巴和巴西。英国废奴主义者仍在不屈不挠地敦促终止一切奴隶贸易。在1822年，托马斯·克拉克森创作了《非洲向欧洲人发出的呼喊》(*The Cries of Africa to the Inhabitants of Europe*)(出版于伦敦)一书，同年贵格会在伦敦召开的年度大会上还印发了《关于奴隶贸易之罪恶致欧洲人的公开信》(*An Address to the Inhabitants of Europe on the Iniquity of the Slave Trade*)。这些材料都被译成欧洲各种主要语言并广泛传播。为了促成奴隶贸易的终结，英国试图动用其强大的皇家海军来限制其他欧洲奴隶贸易国的活动，这些海军行动虽有成效但仍未完全取得成功；与此同时英国还借助其海军统治力来限制本国及其他欧洲国家的运奴船活动，尽管英国对于是否应当在1812年战争后与美国再度决裂仍然举棋不定。[①] 在1807年议会通过废除奴隶贸易法案之后的60年中，英国政府每年都要在西非海岸派驻3至36艘不等的皇家海军舰艇，这些派遣的总花费高达1200多万英镑（这在当时已是天文数字）。这些海军舰只成功解救了超过16万名本要被运往大洋彼岸的非洲奴隶。[②] 然而，由于古巴和巴西收益巨大的蔗糖种植园中对奴隶工作的需求飞速增长，因此根本不可能阻止所有运奴船抵达这些殖民地。[③] 这些殖民地能够利用价格优势把市场压力——尤其是蔗糖市场的压力——都转移到英国自己的西印度殖民地头上，这让英国相当恼火。巴西直到1851年才正式放弃奴隶贸易，此后英国不惜以违背国

---

① 有关英国皇家海军查禁跨大西洋奴隶贸易的行动，参见 David Eltis, *Economic Growth and the Ending of the Transatlantic Slave Trade*; David Eltis, "The Impact of Abolition on the Atlantic Slave Trade", in David Eltis and James Walvin eds., *The Abolition of the Atlantic Slave Trade: Origins and Effects in Europe, Africa and the Americas,* Madison: University of Wisconsin Press, 1981, pp.155—176; Bernard Edwards, *The Royal Navy versus the Slave Traders: Enforcing Abolition at Sea 1808—1898,* Barnsley, Yorkshire: Pen & Sword Books, 2007; Christopher Lloyd, *The Navy and the Slave Trade: The Suppression of the Slave Trade in the Nineteenth Century,* London: Longmans, 1949; Sian Rees, *Sweet Water and Bitter: The Ships that Stopped the Slave Trade,* London: Chatto and Windus, 2009; Robert Burroughs and Richard Huzzey eds., *Britain's War Against the Slave Trade,* Manchester: Manchester University Press, 2018；及 Anthony Sullivan, *Britain's War Against the Slave Trade: The Operations of the Royal Navy's West Africa Squadron 1807—1867,* Barnsley, Yorkshire: Pen and Sword Books, 2020。
② David Eltis, *Economic Growth and the Ending of the Transatlantic Slave Trade,* pp.7—8, pp.138—141.
③ Marika Sherwood, *After Abolition: Britain and the Slave Trade since 1807,* London: I. B. Tauris, 2007, pp.83—110.

际法为代价，对多个巴西港口内的运奴船发动袭击。[①] 当美国各蓄奴州在内战中败下阵来以后，古巴要承受来自英美两国的外交压力，加上古巴正力图从西班牙的统治下争取独立，最终古巴在 1867 年放弃了奴隶贸易。据估计，在 1811 年到 1860 年这 50 年间有 225 万名奴隶被强制运往美洲。[②] 他们的遭遇通常比之前更加悲惨，因为走私者都想把运奴船塞得满满当当，而且一心只想着赶紧抵达目的地。[③]

据了解，从 1808 年至 1867 年间，约有 7750 艘运奴船参与了大西洋奴隶贸易，其中有 1635 艘留下了因非法行为而被扣押的记录，不过这些扣押并非全部由英国完成，而且也有船只是在把奴隶运抵目的地之后才被抓获的。[④] 这已经是相当了不起的成就，可是即便如此，在英国通过废除奴隶贸易法案后的至少 60 年间，仍有约 200 万非洲黑人要忍受横渡大西洋航行途中的可怕遭遇，被送往美洲种植园中劳作。

[①]　Tâmis Parron, "The British Empire and the Suppression of the Slave Trade to Brazil: A Global History Analysis", *Journal of World History,* Vol.29, No.1 (2018), pp.1—36.

[②]　David Brion Davis, *Inhuman Bondage: The Rise and Fall of Slavery in the New World,* Oxford: Oxford University Press, 2006, p.244.

[③]　David Eltis, *Economic Growth and the Ending of the Transatlantic Slave Trade,* pp.125—136.

[④]　Ibid., p.97.

18 世纪末英国的启蒙、反启蒙与保守主义

梁跃天*

引 言

罗伊·波特（Roy Porter）从 18 世纪欧洲大陆人的眼中发现了他们启蒙之光的发源地——英格兰。尼古拉斯·菲利普森用各种例证回答：为什么在"启蒙了的"世界看来苏格兰是现代的雅典。人们议论大不列颠启蒙思想时，他们关注的是这个岛上的实用主义、健康的利己思想、自由的市场经济、对人性的乐观精神及其对人、社会和历史孜孜不倦的探索精神，这一切造就了英国的繁荣和稳定，成为欧洲大陆啧啧称羡的模范民族。然而，描绘了英格兰的大好光景之后，波特来了个急转弯："法国革命的混乱、骚动让这个保守的社会完全抛弃了启蒙价值……伯克把'猪猡之众'这一诨名赠与民众之后就彻底放弃了启蒙。"[1]

我们可以从这个急转弯式的论断往前走几步。自从法国大革命和启蒙成为学术研究的对象，启蒙与革命、"旧制度"之间的关系就成为不可回避的论题，然而，启蒙与保守存在着怎样的承嬗离合的关系在既往的研究中却不甚明了。18 世纪的英国社会为阐明这一关系提供了极好的解读对象。在英国，保守的社会与启蒙价值之间究竟存在怎样的关系？面对法国大革命，作为英国保守主义集大成者的伯克能否凭一己之力断然放弃启蒙，将英国引入一条

---

* 梁跃天，江西师范大学马克思主义学院讲师。

[1] Roy Porter, "The Enlightenment in England", in Roy Porter and Mikulas Teich eds., *The Enlightenment in National Context,* Cambridge: Cambridge University Press, 1981, p.17.

反革命、反启蒙的道路？英国在这个时期是否存在反启蒙的思想，其具体内涵为何，是否"完全抛弃"启蒙价值？英国的保守主义在这一过程中发挥了怎样的影响？反启蒙的话语体系是如何建构的？它与启蒙、与保守主义有着怎样的关系？借由这些问题的解答是否可以看出英法两国在反启蒙方面的差异和归宿？笔者试就以上问题进行剖析。[①]

一、启蒙与反启蒙

18 世纪 90 年代伊始，英国的议会改革运动随着法国大革命的爆发掀起高潮。这次民众改革运动的思想渊源不仅有传统意义上"生而自由的英国人"的思想，也受到法国大革命的影响。

法国大革命爆发前的 1788 年是英国"光荣革命"百年纪念。"光荣革命"为立宪君主制确立了基础，《权利法案》继《大宪章》成为英国自由的象征。英国的宪政思想和实践成为其启蒙的代表，这集中体现在议会制度、《人身保护法》保护下的个人自由、宗教宽容制度、陪审团制度，没有出版审查制度，没有严厉的经济制约手段，没有严格的社会等级制度等方面。这一切给访英的异邦人留下了深刻的印象，成为他们回国后念念不忘并孜孜以求的启蒙精神和价值。法国大革命爆发之初，英国舆论普遍为这一重大事件欢呼，认为这是法国的"光荣革命"，相信它将朝着君主立宪制方向发展。改革派看到了法国民众斗争的力量，也纷纷组织政治团体和俱乐部，呼吁议会选举制度改革。

英国的改革者一般不使用"旧制度"（Ancien Régime），而是用"长久的腐败"（Old Corruption）指称改革的矛头所指——议会下院。其用意是，承认英国宪政的古老和权威，为改革下院的选举制度寻求合法性前提。他们认为英国宪政是优良的制度，只是下院议员的选举出现了问题，选举受到国王和贵族的干涉。他们并不主张推翻整个宪政框架，进行政治重建，而是在君主立宪制基础上朝民主的方向再推进一步，因而提出成年男子普选权及年度

[①] 笔者认同陈乐民先生对"启蒙"的理解，即认为其是一种在欧洲社会从萌芽而扩展到社会上的精神现象和社会现象，而非某种运动。参见陈乐民：《敬畏思想家》，上海三联书店 2014 年版，第 155—157 页。

选举等改革方案，使下院成为人民真正的代表。法国大革命，从贵族革命到平民革命，其过程是不断地走向激进与极端，要求冲破绝对君主制和等级社会的所有束缚，重建新的政治框架和社会秩序。可见，"旧制度"与"长久的腐败"这两种政治话语，说明了英法两个民族对启蒙有着不同的寄予和目标。

尽管如此，英国改革派还是视法国革命者为效仿的榜样。伦敦宪法知识会在向法国国民公会致辞中提出："有法国为榜样，革命的科学将更易实施，理智的进步将会加快。我们预计，用不了多久，祝辞将跨越海峡抵达英格兰的国民公会。"①工人阶级改革组织伦敦通讯社指出，其目标是"启蒙人民，向人民表明他们所有痛苦的根源"②。他们希望建立"人民的议会"，以此解劳动人民在经济上的倒悬之苦。他们相信"这个国家的人民不是如伯克先生所言的一群猪猡，而是理性的人，比他多些诚实而少些诡诈，更有资格厘清真理与谬误"③。他们坚信理性之光，相信知识的力量，矢志于为政治、身份地位和崇拜"祛魅"，恢复人之所以为人的尊严。改革者主张，既然所有人天生自由平等，就应该享有普选权，而不论其社会地位或经济状况如何。约翰·卡特莱特认为"所有人天生自由，天生平等；自由意味着选择，平等排除自由方面的差异。因此所有平民拥有平等的选举权，可以选择那些保护其生命和自由的人"④。他主张，政治权利应建立在平等的基础上。潘恩视选举权为保护个人天赋权利的前提，"选举代表的权利是保护其他权利的基础。剥夺这一权利无异于将一个人降为奴役的状态"⑤。在他看来，无差等的选举权是保护其他权利的前提，是自由的基础。改革者希望通过政治领域的"一变"引发政治、社会、经济领域的"万变"。通过政治权利实现和保护经济权利，这正是改革者看到的民主的力量所在。在英国的改革派看来，英国自

---

① *A Complete Collection of State Trials,* compiled by T. B. Howell and Thomas Jones Howell, London: Longman, etc., 1818, Vol.24, c.530.

② 转引自 Roy Porter, "The Enlightenment in England", p.16.

③ *A Complete Collection of State Trials,* Vol.25, c.136.

④ John Cartwright, *The Legislative Rights of the Commonalty Vindicated, or, Take Your Choice,* 2nd edition, London: J. Almon, 1777, pp.21—22.

⑤ Thomas Paine, *The Complete Writings of Thomas Paine,* Philip S. Foner ed., New York: The Citedal Press, 1945, p.579.

身传统中不乏自由（权利）的观念，但缺少平等、理性这样的启蒙价值，法国革命将启蒙推向了一个新的高度，似乎已然走到了英国的前面，英国理应奋力急追。

埃德蒙·伯克却给沐浴在启蒙之光中的英国公众浇了一盆冷水，他抛出《法国革命论》一书，驳斥改革派领导人物理查德·普莱斯和法国大革命，表明自己"宁愿留在无知和迷信之中，也不愿脱离法律和自然正义的诸多重要原则，去接受启蒙和净化"①。1792 年法国的"八月革命"和九月屠杀成为转折点，英国的有产阶层开始扭转对法国大革命的态度，启蒙成为遮蔽太阳光芒的阴霾。爱德华·吉本给朋友的信中写道："（法军在欧洲大陆逐渐取得优势后）整个地平线如此黑暗，我开始为英国感到担忧，英国是自由和法律的最后庇护所……如果英国竟然被诱惑吃了虚伪自由这个苹果，我们必定会被驱赶出我们所享有的乐园。"②阿瑟·扬曾对法国革命的进程持观望态度，他说"在这个启蒙的时代里，世人拭目以待"看法国究竟是朝着英国模式发展还是闭门造车。如果说他在法国亲身经历革命时用"启蒙了的乌合之众"③来表达其对革命又惊又喜的双重感受，那么，"八月革命"后的他，却是坚决摒弃法国的启蒙思想——"我们不需要嫉妒那些乘坐空气球的哲人们，就让他们去空中飞行或者装上不会着火的翅膀吧"④。扬在其畅销作品《法国之覆，英国之鉴》中告诫英国人，放弃法国人的启蒙幻想——不仅要在思想上杜绝启蒙，还要在行动上反对英国的改革运动。

1791 年夏天伯明翰爆发了"普莱斯特利骚乱"，专门针对具有改革者和非国教徒身份的约瑟夫·普莱斯特利，其住宅和书房被毁；曼彻斯特等地成

---

① ［英］埃德蒙·伯克：《自由与传统》，蒋庆等译，译林出版社 2012 年版，第 45 页，译文参考下书有所改动："Edmund Burke to Captain Mercer, London, Feb. 26, 1790", in Charles William and Sir Richard Burke eds., *Correspondence of the Right Honourable Edmund Burke,* Vol.III, London: Francis & John Rivington, 1844, p.145。

② Edward Gibbon, *Private Letters of Edward Gibbon,* R. Prothero ed., Vol.2, London: John Murray, 1896, p.333, "Edward Gibbon to Lord Sheffield, Nov. 10th, 1792"。

③ Arthur Young, *Travels During the Years 1787, 1788 and 1789, Undertaken More Particularly with a View of Ascertaining the Cultivation, Wealth, Resources, and National Prosperity of the Kingdom of France,* Dublin: Printed for Messrs. R. Cross, etc., 1793, p.293, p.328.

④ Arthur Young, *The Example of France a Warning to Britain,* 4th edition, London: Printed for W. Richardson, 1794, p.21.

立"教会与国王俱乐部",打击改革派和争取宗教自由的非国教徒;1792年11月,以阻遏议会改革运动为目标,约翰·里夫斯等人在伦敦发起建立反改革联合会,至1793年3月全国成立近两千个以其为母会的联合会组织,形成运动之势。这些联合会组织召开公众集会,发表效忠国王与宪政的宣言和决议,征集支持者签名,破坏改革派的宣传网络,压缩改革活动的公共空间,鼓励揭发告密,威胁改革者人身安全,通过文字和街头活动宣传反改革思想。在短短的几个月里,改革运动受到极大冲击,中等阶层整体退出改革运动,下等阶层改革组织的发展势头受到影响。改革运动与之前如火如荼的态势相比甚为黯淡。接着各地组建自愿兵团,用以抵抗法国可能的入侵,然而由于入侵并未成为现实,事实上它成为一种对付改革派的宣传手段,使得"不忠的思想难以为继,煽动的行为则引火上身,暴动造反几乎不可能"①。1795年至1817年汉娜·莫尔成立"道德与宗教廉价小册子会",以下等阶层为宣传对象,向他们发放宗教和强调效忠与服从的小册子。普通民众针对改革派的公开暴力活动持续影响着英格兰西北部制造业和矿业地区的政治生态。1794—1795年,1798—1801年政府两度暂停《人身保护法》,并拘捕审判改革派领导人物,1795年政府颁布《叛逆和煽动行为法》和《煽动叛乱集会法》两项法令,钳制言论出版自由和集会自由,实质上是破坏改革运动存在的合法性基础。改革运动在18世纪最后十年受到这一系列反改革运动的打击。

特别值得注意的是,这些活动均得到普通民众的支持和参与。改革派甘当民众的政治启蒙者,为伸张民众积极的政治权利而奔走呼吁,他们希望通过政治选举权保证民众可以选择代表其利益的人士参与国家的政治生活。然而让他们不曾料到的是,很多民众站到了他们的对立面,成为反改革运动的力量。曼彻斯特的改革者托马斯·沃克不禁感叹"为什么广大群众,贫困阶层,伯克先生轻蔑称呼的猪猡一般的群众普遍对他们的朋友充满敌意,轻易地被他们的压迫者蒙蔽?"②其改革道路上的同志托马斯·库帕被牢狱和审判

---

① 转引自 J. R. Western, "The Volunteer Movement as an Anti-Revolutionary Force, 1793—1802", *English Historical Review*, LXXI, (1956), p.613。

② Thomas Walker, *A Review of Some of the Political Events Which Have Occurred in Manchester, During the Last Five Years*, London: J. Johnson, 1794, pp.124—127.

弄得疲惫不堪，他表示"沃克和我都没有任何想法再一次主动为自由事业努力了"[①]。工人阶级改革派组织伦敦通讯社领导者之一的弗兰西斯·普雷斯后来回忆，两项法令颁布后，"尽管这些法令低劣无耻，却是得到大众接受的措施。人民——啊，可以说那些店主和工人群众不明就里就赞成。他们害怕法国的弑君和民主，害怕'王座和圣坛'被破坏，害怕失去'我们神圣的宗教'"[②]。因此研究民众政治和改革运动的历史学家基本上承认这类反改革活动是保守主义的体现。[③]他们的研究关注这类民众运动的具体内容和形式，然而对其保守主义的思想内涵及其与启蒙思想的关系则多语焉不详。关键的问题是，为什么有那么多普通民众会起而反对为他们争取积极政治权利的改革者？这需要去探求保守主义与启蒙、反启蒙的关系。

二、启蒙与权利

E. P. 汤普森在分析英法两国的启蒙时指出——"在法国，正统派和启蒙派正面对抗……启蒙在英国的进展不似涨潮时的潮水，汹涌地攻击溃散中的堤坝，而似港湾中的潮水，一点点渗进受到侵蚀的海滨、泥滩和小港，港湾的斜坡已经准备接受潮水"[④]。陈乐民先生也有过类似的看法，启蒙在法国和德国有"异军突起"的味道，"在英国则是细水长流，水到渠成"[⑤]。笔者试

[①] 转引自 Alan Booth, *Reform, Repression and Revolution: Radicalism and Loyalism in the North-West of England, 1789—1803,* University of Lancaster PhD theses, 1979, p.159。

[②] 转引自 George Stead Veitch, *The Genesis of Parliamentary Reform,* London: Constable, 1964, p.327。

[③] R. B. Rose, "The Priestley Riots of 1791", *Past & Present,* No.18 (Nov., 1960), pp.68—88; Alan Booth, "Popular Loyalism and Public Violence in the North-West of England, 1790—1800", *Social History,* Vol.8, No.3 (Oct., 1983), pp.295—313; Austin Mitchell, "The Association Movement of 1792—3", *The Historical Journal,* Vol.4, No.1 (1961), p.57, p.61; David Eastwood, "Patriotism and the English State in the 1790s", in Mark Philp ed., *The French Revolution and British Popular Politics,* Cambridge: Cambridge University Press, 1991, p.155; Mark Philp, "Vulgar Conservatism, 1792—3", *The English Historical Review,* Vol.110, No.435 (Feb., 1995), p.44, p.68; Harry T. Dickinson, "Popular Loyalism in Britain in the 1790s", in Eckhart Hellmuth ed., *The Transformation of Political Culture: England and Germany in the Late Eighteenth Century,* Oxford: Oxford University Press, 1990, pp.503—533; Harry T. Dickinson, "Popular Conservatism and Militant Loyalism", *The Politics of the People in Eighteenth-Century Britain,* New York: St. Martin's Press, 1995, pp.255—286.

[④] 转引自 Roy Porter, "The Enlightenment in England", p.7。

[⑤] 陈乐民：《敬畏思想家》，第 173 页。

从二位先贤的论断推展出去，寻找启蒙在 18 世纪的英国民众政治中的具体表现。

18 世纪"生而自由的英国人"这一观念涉及言论与出版自由、集会自由、请愿自由、迁徙自由、陪审团制度等，并且与英国民众的生活息息相关，涉及政治、经济、宗教、社会各方面的权利。自由就是权利，成为启蒙的基本价值。

英国的议会选举权和地方选举权资格尽管五花八门，却使不少中下等阶层民众成为合法选民，特别是那些以同业公会会员、户主、自由民身份等为选举资格的地方。选民可以从与议员或候选人之间的互惠关系中获得某些物质利益，以至于"选民们认为这是一种与生俱来的权利"①。选民在竞选期间可以得到饮食娱乐的招待，或直接的金钱贿赂，也可以将选票集体出售给竞价最高的候选人，或者以订购地方产品为支持条件，他们还可以获得诸如工作、贷款、救济等长期利益。在利物浦这样的市镇中，具有地方选举权的自由民每年选举市长及低级市政官，也享有免除市政税、停泊税和一半市场税的特权。很多地方的自由民还可以享有慈善捐款或捐赠、使用公地、贷款、子弟免费入学等权利。正是基于这些物质利益，选举权被视作财产权利，18 世纪法学家威廉·布莱克斯通认为这类无形财产权"与自由是同义词"②。特许公司和公会享有行业和经济的专营权，也成为某种特权和自由的保有者，如蜡烛制造、面包糕点、马具、手套、铁匠、刀具、衣帽等公会中包含很多中下等阶层成员。另外还存在着劳工组成的公会，如伦敦城的搬运工公会，其会员专事负责在泰晤士河与城内市场间搬运及过磅煤、谷物、盐、苹果、梨、洋葱等商品。这类排他性的非技术工人并非临时工，而是在市政当局监护下保有特权地位。可见，排他性政治和经济特权并不专属于政治和社会上层，中下等阶层中一部分人也拥有各类专属权利。

对于曼彻斯特、谢菲尔德这类等新兴的制造业市镇而言，议会选举权和

---

① Thomas Hinton Burley Oldfiled, *An Entire and Complete History, Political and Personal, of the Boroughs of Great Britain,* London: Printed for G. Riley, 1792, Vol.III, p.254.
② William Blackstone, *Commentaries on the Laws of England,* 12th edition, Vol.2, London: T. Cadell, 1794, p.37.

地方选举权不仅不是"自由",反而是其自由发展经济的障碍。这些市镇是在不受市政团束缚的乡村地区自由地发展起来的,确立市政团的法律地位和选举权利的特许状对这些市镇的制造业而言无异于桎梏。曼彻斯特的詹姆斯·奥格登总结该城的发展之道时指出:"此地行业的发展在于各行各业劳工的自由出入,对所有人开放,他们贡献着他们的聪明才智;曼彻斯特只是一个交易市镇,由治安官管理,不受市政团任何规章制度束缚,市政团只青睐自由民,将外来人拒之门外;如果曼彻斯特成立市政团并选举议会代表,没有什么比这对行业利益更致命的了。"① 伯明翰地方史著者在 1783 年也认为"没有特许状的城镇是一个没有手铐脚链的城镇"②。自由市场和自由主义经济正是从这样的城镇走向世界。

普通民众特别是下等阶层民众深知如何运用抗议权,他们依靠骚乱和示威向地方精英和统治阶层施加政治压力,以此表明他们不会屈服于专横权力和压迫行为,但这类抗议并不挑战地方权力的安排和秩序。统治阶层也很清楚,他们的权力是有一定限度的,在没有职业警察和常备军的情况下,必须学会在普通民众施压时低头。这正是 E. P. 汤普森所强调的道德经济学的思想和传统,民众"采用其统治者的宪政主义修辞,倔强地捍卫其合法权利及享有便宜的白面包与麦芽酒的权利。平民清楚地知道,统治阶层在声称其合法性以习惯和法律为基础的同时几乎没有任何权威可以否认平民的权利与乡规民俗(customs)"③。民众对粮食价格、工钱等方面不满时,就会采取集体行动维护其利益。如果粮食价格高于民众所能承受的范围,他们会采取行动将粮食强行拉到市场,按照其认为合理的价格销售,并将销售所得交还粮食商。这些传统的集体行动提醒地方当局,应当履行对民众应尽的责任,这是权利意识的表现方式。其性质是一种以捍卫自身权利为目的的体制外(extra-institutional)行动,而非革命性的反体制(anti-institutional)行为。④ 18 世

---

① James Ogden, *A Description of Manchester,* Manchester: Printed by C. Wheeler, for M. Falkner, 1783, pp.93—94.

② W. Hutton, *History of Birmingham,* 2nd edition, Birmingham: Thomas Pearson, 1783, p.328.

③ E. P. Thompson, *Customs in Common,* New York: The New Press, 1991, p.74.

④ John Bohstedt, *Riots and Community Politics in England and Wales, 1790—1810,* Cambridge: Harvard University Press, 1983, p.5.

纪充满了此类捍卫权利和习惯的骚乱。

宗教宽容政策不仅保证国教会在宗教领域的优势地位，也为非国教派提供了生长的空间。非国教派的影响力主要在中等阶层中的商人、制造业者和下等阶层中。他们在某些选邑拥有相当大的政治影响力，成为与国教派控制的市政团相抗衡的力量，甚至在某些市镇控制了市政团。由于他们在地方的影响力，因而经常成为怀柔的对象。[1]这得益于非国教派的经济实力，也受益于1729年以来几乎每年审议通过的《免除法》(Indemnity Act)。该法案让非国教徒绕过《宣誓法》与《市政团法》设置的障碍，合法当选地方官，事实上给予非国教徒参与地方政治的条件。这一年审法案对国教派和非国教派都很重要：对国教派而言，《宣誓法》和《市政团法》保证其优势地位得以续存；对非国教派而言，《免除法》给予他们一定的政治空间，在一定范围内享有被剥夺的公民政治权。[2]国教派明白这样一个道理：完全打压非国教派的生存空间必然颠覆国教会的优势地位，因而宗教冲突在英国不再是一个根本性问题。这也是英国启蒙的一个重要特色。

庇护和依附在古罗马时期指贵族和受到贵族保护的平民之间的关系，这种关系也反映出18世纪英国社会的现实。乡村的经济和社会生活都是围绕着"猎苑中的大宅邸运转"[3]。乡绅与贵族领导的民团，其民兵主要是租赁他们土地的佃耕农，正如一位伯爵被告知的那样——这些佃耕农加入民团是"出于效力于您而非国家"[4]。城镇中等阶层的生计与贵族乡绅的日常生活息息相关，如威斯敏斯特的圣詹姆斯教区是当时贵族和富人居住比较集中的地

---

[1] 格伦维尔勋爵1828年回忆18世纪80年代的白金汉郡："我常能意识到非国教徒在本郡的力量，并且费了很大劲去安抚笼络他们"。转引自James E. Bradley, "Whigs and Nonconformists: 'Slumbering Radicalism'in English Politics, 1739—89", *Eighteenth-Century Studies,* Vol.9, No.1 (Autumn, 1975), p.17, "Lord Grenville to Thomas Grenville, 6 March 1828"。

[2] 1827年3月在审议该年《免除法》议会辩论中，伦敦非国教派代表大会主席威廉·史密斯指责之前的《免除法》只不过是打猎时"猎人用以接近猎物的掩蔽马（stalking horse），因为它的存在，《宣誓法》和《市政团法》得以延续一个世纪。如果这个议案不是每年通过，这两项压迫性的法案早就废除了"。*The Parliamentary Debates,* (March 23—July 2, 1827), London: T. C. Hansard, 1828, 2nd Ser. Vol.17, c. 12。

[3] E. P. Thompson, *Customs in Common,* p.20.

[4] 转引自Roger Wells, "English Society and Revolutionary Politics in the 1790s: the Case for Insurrection", in Mark Philp ed., *The French Revolution and British Popular Politics,* Cambridge: Cambridge University Press, 1991, pp.210—211。

区，为富人提供日常生活和奢侈品消费的制造业者、商人、店主和仆人也依伴着杂处其间，这样的教区构成了伦敦乃至英国社会的缩影，只要和有钱的主顾建立了紧密的关系，挣钱是不愁的，因此该教区的教区委员会大部分是由商人组成。在时人看来，体现庇护和依附关系的社会等级制符合自然秩序的格局，是上帝创造的"伟大的存在之链"在社会领域的投射。接受庇护，成为依附者当然的权利。

综上所述，对于英国民众而言，权利、财产和自由是密不可分的，权利，特别是民众感受到并实践运用的权利，具体而非抽象的权利，正是英国启蒙价值最直接的体现。这也是坎特伯雷一位教士所说的意思——"国王相继不得不承认人民的某些特权"[1]。这些权利是活跃的民众政治在贵族乡绅控制的政治体制中发挥影响力的保证。这些权利的获得及其影响力主要是地方性质的，与地方政治有着密切的联系。对于民众来说，18世纪的政治就是他们生活的地方的政治。议会主权的价值及实用意义不仅仅在于维持光荣革命后的政体和秩序，也在于尊重人民的权利，尊重代表民意的公共舆论。[2] 宪政与民众的自由休戚相关，宪政是民众权利的保障，保存宪政就是保存民众的权利。这一观念经统治阶层不断宣传逐渐成为民众共同追求和维护的价值。议会权力与臣民自由之间的平衡关注权力与权利各自受法律制约，法律保护个人权利与社会整体的秩序和安全不受权力侵害。民众权利是这一体制中不可缺少的一环，因而被称作"不列颠人的宪政权利"[3]。统治阶层——地方精英——普通民众在"力场"（field of force）[4] 中维护"支配——服从"的共生关系，共生关系的续存得益于支配但不压迫，服从但不盲从的互惠互利关系，得益于相互宽容，有益的紧张关系及对压力的及时反应，因此哈利·T.狄金森教授认为英国1832年议会改革前的政体"既是贵族上层人物

---

① John Jones, *The Reason of Man: With Strictures on Paine's Rights of Man and Some Other of his Writings,* 3ʳᵈ edition, Canterbury: Simmons, Kirkby and Jones, 1793, p.17.

② H. T. Dickinson, "The Eighteenth-Century Debate on the Sovereignty of Parliament", *Transactions of the Royal Historical Society,* 5ᵗʰ Ser. Vol.26, London: Offices of the Royal Historical Society, 1976, pp.209—210.

③ Association for Preserving Liberty and Property Against Republicans and Levellers, *Association Papers,* London: J. Sewell, 1793, Proceedings, Number II, p.5.

④ E. P. Thompson, *Customs in Common,* p.73.

也是人民群众造就的"①。这正是英国启蒙"润物细无声"的影响力，这些权利是其具体体现。

三、保守主义与反启蒙

值得注意的是，在自由与平等的问题上，英国人更看重前者而不是后者。由前文可知，英国民众政治的核心是权利政治。权利即自由，这是"生而自由的英国人"的核心观念。权利、自由与英国的启蒙为同义词。当然，英国历史上从来不缺平等的观念和诉求，从17世纪英国革命时期普特尼辩论中的平等派到18世纪末的议会改革派，他们都主张扩大选举权，实现政治平等。然而这平等的主张湮没在对自由的膜拜和守护中，因为在大多数普通民众看来，政治权利只是诸多权利中的一种，也就是说，普通民众关注的自由和权利比改革派强调的政治权利要宽泛得多。不仅如此，反改革派向普通民众宣传：政治改革派不仅会影响他们既有的现实利益，也是法国大革命中出现的骚乱和动荡的始作俑者；政治、经济和社会的不平等现实，体现了所有人在"伟大的存在之链"中处于不同位置。有关法国混乱局面的传闻日增，面对不可知的变革，民众中天然的守旧思想也不断地发酵。对英国人来说，"古老的""旧的"并非不合时宜的、需要扬弃的僵化物，而是通往智慧的必由之路。②

对选民而言，参与反改革运动与参加选举，都是其权利意识的表现。选民对现有的选举制度与他们的切身利益的关系有着直接认识，他们认为参加反改革运动和反对法国革命是捍卫其特权的一种政治行为。如伦敦城内的大圣巴塞洛缪教区拥有地方选举权的选民在其反改革宣言中强调："我们作为特权的既得利益者，我们在本教区要小心警觉，尽全力维持和平、秩序与安定。"③伦敦城各公会会员和劳工发表效忠致辞时按照市长的要求重新诵读入

---

① ［英］哈里·T. 狄金森：《18世纪英国的人民政治》，《英国政治经济和社会现代化》，王觉非编，南京大学出版社1989年版，第273页。
② ［英］J. C. D. 克拉克：《1660～1832年的英国社会》，姜德福译，商务印书馆2014年版，第27页。
③ British Library, Add MSS 16929, ff.4—5, *St. Barholomew the Great London, A General Meeting of the Proprietors of Lands and Tenements Housekeepers and Inhabitants within the Said Parish*, 21 Dec., 1792.

会誓言："作为伦敦城自由民，受到《忠诚誓言》的约束，因此将尽全力实施国王公告。"① 巴斯城全部 326 名轿夫发表了一个效忠致辞："作为巴斯城的轿夫，我们认为有责任以自愿的方式，在我们微薄的能力范围内支持贵联合会的宗旨。我们清楚地认识到，我们的生活，我们自己及家人的幸福完全依赖于王国的繁荣与安定，特别是本城的繁荣与安定。"② 格拉斯哥织工公会在其效忠宣言中提出"本会很遗憾看到煽动性作品在本城的流布，旨在引起有害的结果，并将颠覆本会的贸易、制造及特许的权利"③。他们发誓效忠国王，一方面是向地方当局积极表态，另一方面他们意识到其稳定收入及排他性的劳动权利有赖于市政团的保护，不改变现有的制度安排也就保证了他们的营作垄断权。

无选举权，却怀有庆幸的态度，这在非选邑制造业城镇中非常流行，因为居民们担心选举活动造成地方分裂，派别林立，造成制造业主与工人之间的矛盾。他们认为，地方政治稳定及没有市政团束缚的"自由"对生产和贸易至为重要。改革者则认为，选举权不仅有利于社会全体的利益，而且"有助于改革事业的最终成功"，因此他们建议这些非选邑城镇积极投身改革运动，然而他们没有得到任何积极的回应，只能感叹这些市镇对改革事业"缺乏热忱"。④ 如果说这些市镇对改革者的冷漠态度说明他们对议会改革运动持消极的态度，那么他们参与反改革运动就是以积极的态度表明反对改革，捍卫其"自由"发展经济的权利，认为不变比变更重要。因此，曼彻斯特联合会会议公告首先指出，要保护现存的"权利和自由"，防止它们被颠覆。⑤ 发

---

① British Library, Add MSS 16929, ff.80—81, *Fellowship Porters Hall,* Dec. 6, 1792 及 *St. James Chronicle,* 1—4 Dec. 1792, p.1. 伦敦市长要求各选区成立联合会的决议中提出，在各选区加强自由民的《自由民宣誓》教育，尤其是宣言中的第一、二款及最后一款。

② *Bath Chronicle,* 21 Dec. 1792, p.1, Meeting of the Committee Held on 14 Dec。轿夫一直以来是这座旅游疗养城市重要的出行助手，1708年议会确认巴斯城市政团有权颁发执照给轿夫，规范轿夫的管理，自此轿夫需每年缴纳 3 先令的执照费用（包含印花税），未经颁发执照的轿椅将罚款 13 先令 4 便士。见 Trevor Fawcett, "Chair Transport in Bath: the Sedan Era", *Bath History,* Vol.2, p.115.

③ *Caledonian Mercury,* 20 Dec. 1792, p.4.

④ Christopher Wyvill, *Political Papers,* York: L. Lund, 1806, Vol.IV, Number xxxiii, Paper 15, p.204, "Letter from William Belchamp, Esq. to the Rev. C. Wyvill, Bedford, Nov.25, 1782"; pp.460—461, "Letter from the Rev. C. Wyvill to M. Boulton, Esq. of Birmingham, Berot's Hotel, Jan. 31, 1785".

⑤ *Newcastle Courant,* 22 Dec. 1792, p.3. 曼彻斯特联合会组织了庞大的委员会，由 126 人组成，当地主要的制造业主、贸易商人、律师参加，还包括 6 名教士和 15 名绅士。

挥保险交易市场功能的劳埃德咖啡馆也持相同的观点。他们声明，贸易对其保险业交易市场的重要性："本咖啡馆从事保险交易，保险业是贸易的支撑和力量。我们作为本咖啡馆的投资人，对煽动性言论和思想近来的散播深感担忧，对这一商业国家带给我们的福祉深感幸福，我们愿意宣布我们对大不列颠宪政的敬意和支持。"

地方精英控制着当地的社会和经济。在反改革宣言中，他们特别指出其同时作为依附者与庇护者的角色优势："我们将在各自的生活状况中利用我们的影响力，真诚地让与我们有联系或者依附于我们的所有人牢记，对上帝虔敬、对国王效忠、诚意服从、行为举止符合国法。"[①] 商人们、制造业主、小乡绅、佃耕农及专业人士等中间等级与他们的庇护者之间的互惠关系，使得他们成为现有制度的支持者而非反对者。这种关系也与政治制度的认同有关，如一位匿名的作者声明，他一方面希望下院不受腐败干扰，保持一定的独立性，但另一方面也赞成国王和上院对其施加一定的影响。这种看似矛盾的观点很具代表性，因为在君主立宪制观念下，国王、上院和下院各自独立的状态违背了混合宪政的原则，不利于相互制约，而制约的一个途径就是通过庇护关系来施加影响。在此前提下，作者认为，腐败与影响（即接受庇护，形成依附关系）是不同的，"完全将判断力和良知屈服于某位大臣之手不同于依附和支持政府；秘密地受贿和公开地受人影响而获利（public beneficiary employment）是不同的"[②]。

对于广大劳工而言，参加反改革活动、高呼"国王与教会"与他们在粮食骚乱、罢工等活动中高唱《天佑吾王》时的目的是一致的，即通过行动捍卫其"自由"和权利。如果说抗议活动通常是权利受到侵害后的一种恢复权利的诉求，那么参加反改革活动则是以主动的姿态参与公共生活，因而在劳资冲突频发、粮食骚乱屡见不鲜的英格兰纺织业、矿业和棉织业集中地区，

---

① British Library, Add MSS 16929, f.7, *Inhabitants of Beaconsfield, Amersham, Chalfont, St. Giles, Chalson, St. Peter, Wooburn, Pen, and the Neighbourhoods thereof in the County of Bucks, Held at the Saracen's Head Inn, at Beaconsfield*, 27 Dec., 1792.

② Anon., *A Letter from a Magistrate to Mr. William Rose, of Whitehall on Mr. Paine's Rights of Man*, London, 1791, pp.84—85.

也是民众参与反改革联合会活动比较积极的地方。[1] 正如沃尔夫汉普顿的工匠、矿工和工厂工人告诉地方官的那样："他们认为保护国王和宪政是神圣的，然而在保护薄情寡义的压迫者的安全的同时，穷人却在社会繁荣富足中忍饥挨饿，这可从来不是他们所想的。"[2] 他们希望通过保护国王和宪政的行动提醒地方精英和政府也应肩负起对民众的责任。

国教会作为国家政治和行政力量主要在教区发挥作用，并与民众有很多交集。这些中下层教士广泛参与地方社会生活，有很大的影响力，是"国王与教会"关系最具体的体现。当改革者提出改革宪政体制，这些中下级教士担心其在国教会优势地位荫护下的特权会受到影响，因而在反改革活动中都有教士的身影。宗教宽容的制度保障了非国教徒享有一定的生存空间和"信仰自由"的权利。林肯郡新教非国教徒的效忠宣言是其中的代表："依照我们的教义，我们有责任和利益去服从政府及其法律，全能的上帝将我们置于其下；特别是当政府的法律保护和支持我们礼拜上帝的权利和自由时；我们永远视其为上帝对我们最大的恩赐。"[3] 教友派的一次季度会议决议充分体现了这种以保存为核心内容的保守思想："我们特别告诫我们所有成员，不要接受或传播对国王对政府不满的思想。我们在国王政府的庇佑下生活，享有很多特权和恩惠，作为臣民，我们理应感恩。"[4] 非国教派的主体对现存政治体制与宗教宽容政策的认可就建立在此类特权和恩惠上。

于是我们发现，在18世纪的英国，启蒙和保守互为表里，彼此兼容，并不矛盾，启蒙的价值现在成为了保守的对象。不仅如此，英国人传统的自由与权利还成为反启蒙和反改革运动的立足点。改革者提出"谁应该行使公共权力?"这一问题，主张人民应该参与和分享公共权力，然而，很多普通民众还看不到民主的力量，反而固守其既得的自由与权利。正是在这一前提下，反改革联合会提出"既不建立也不推翻，只是保存"（it was neither to set

---

[1] Nicholas Rogers, *Crowds, Culture, and Politics in Georgian Britain*, Oxford: Clarendon Press, 1998, p.204.

[2] 转引自 Linda Colley, "Whose Nation? Class and National Consciousness in Britain 1750—1830", *Past & Present*, No.113 (Nov., 1986), p.114。

[3] *Stanford Mercury*, 21 Dec. 1792, p.3.

[4] Rufus M. Jones, *The Later Periods of Quakerism*, Vol.1, London: MacMillan and Co., 1921, pp.314—315.

up nor put down; it was only to preserve）的口号。① 由于民众的广泛参与，反改革运动在 18 世纪最后十年发挥持续的影响力，打击了改革派和改革组织，冲击了改革运动的发展势头，破坏了原本自由宽松的社会和政治生态，将英国引入一条政治极端保守的死胡同。民众政治中的自由与权利是英国启蒙的产物，然而到此时，其本身成为了进一步启蒙（即平等与自由并重）的障碍。这正是保守主义对启蒙精神和价值的破坏。

四、反启蒙话语体系的构建

为了抵制改革、革命和法国启蒙思想，保守主义者建构出一套反启蒙的话语体系并宣传之，这套话语体系推动英国进入一个"反潮流"的浪漫主义时期。

反改革派以立宪君主制为出发点，讨论权力与权利（自由）之间的共生关系。首先，他们并不否认"生而自由的英国人"这一启蒙思想与事实，但是在确定"真正的自由是每一个人平等的不可侵犯的天生权利"的同时，他们强调"宪政就是人民极其宝贵的天生权利"，也就是说"对权利的理解只能以宪政的真精神为依据"，理解权利必须放在宪政这一框架中。其次，反改革派从恶的角度来分析权力：从古罗马时期到法国革命，权力的竞争与倾轧导致混乱和无序，因此最好的办法是将权力集中于君主，"主权集于一人之身，自由就成为所有人的事业，保证自由的法律就能得到所有阶层的支持"，权力与权利方能共生。再次，如果人民获得权力，多数人的暴政则不可避免。人民应独立于政府和权力，权力与权利的关系不是对立而是保护与制衡的关系。② 这契合伯克的保守主义思想。他认为，人民或民众是否成立取决于他们是否接受被统治者与统治者达成的契约。如果接受，人民是"一种约束契约的合法的强制性力量"，若不然则是"一群身份模糊、松散的个体，除此之外什么也不是"。在这种契约关系中，人民是权力的天然

① Association for Preserving Liberty and Property Against Republicans and Levellers, *Association Papers*, iv.

② Association for Preserving Liberty and Property Against Republicans and Levellers, *Association Papers*, "Publication", III, p.30, p.7; VIII, p.4, p.6, p.9, p.11.

制约者；"既行使权力又制约权力是自相矛盾和不可能的"，因此"积极权力"（active power）不能交给广大民众。[1] 在厘清权力与权利的关系后，反改革派指出，宪政的精华及权力运作的目的是保障社会自由，促进社会幸福，"混合宪政为民众的自由提供坚实永久的基石"，维护国王的地位及平衡宪政的框架故而成为保护权利的前提，理应成为全体臣民共同的事业。[2] 这一契约精神正是英国启蒙的结晶，如今在反改革派手里成了反启蒙的话语工具。

然而必须说明，这与法国的约瑟夫·德·迈斯特的反启蒙思想和保守主义还是不同的。英国的启蒙和反启蒙有一个共同的理念，即强调立宪君主制下的权力与权利均受到制约，启蒙和反启蒙都不否定权利，也不容许专横的权力，亦不对理性精神大加挞伐。反改革派在论证政治改革的危险时，提出人性缺陷论来支持反启蒙的主张。他们强调"理论是一回事，实践是另一回事"，"目标是一回事，实现目标的手段是另一回事"，又因为"人性的缺陷，实践一定无法达到理论那样的绝对完美"。以经验为重，但并不反理性，而是强调人性的不完美，这是英国反启蒙思想的一个重要特色。然而于迈斯特而言，由于人天生就是邪恶的自我毁灭的动物，只有"处在某些专横的精英——教会、国家或另一些在决策时不会征求意见的机构——持续的控制和严格的纪律之下，他们才有望生存和得救"[3]。在其反启蒙思想中，权力是专横的，不容置疑和讨论的，是对理性的不信任，因此其思想是对法国启蒙和革命的矫枉过正。

权利话语本身经反改革派转化利用成为打击改革派的利器。权利话语以公共领域和私人领域的分离为基础，因此个人可以免于公权力乃至其他人的侵害。家庭的私人空间及酒馆、咖啡馆等传统意义上的公共空间一直是英国"自由"的私人领域，不容侵犯，以至于查理二世时期关闭酒馆的努力以不得人心而告失败。爱德华·吉本感叹从未有哪个革命像法国革命那样"影响

---

[1] Edmund Burke, *An Appeal from the New to the Old Whigs,* 3rd edition, London: J. Dodsley, 1791, pp.97—98, p.103, p.109.

[2] Association for Preserving Liberty and Property Against Republicans and Levellers, *Association Papers,* "Publication", II, p.15.

[3] ［英］以赛亚·伯林：《反潮流：观念史论文集》，冯克利译，译林出版社 2002 年版，第 24—25 页。

到一个伟大国家如此多第一等人物的私人生活"①。革命在相当大程度上破坏了私人领域与公共领域之间的界限，个人被迫卷入社会公共领域和政治公共领域，私人空间受到公共权力的侵入，私人领域公共化的结果是公共权威易于变异为专制的手段。然而，让吉本没有想到的是，他担心的情况也出现在反改革和反革命的英国。反改革运动占据社会公共领域的话语权和控制权，并且以宪政赋予的"权利"为侵入私人领域的合法性基础。在英国这样一个不断宣传防止公共权力侵入私人领域，以"自由"为传统的启蒙社会中，私人领域的政治化和公共化不是来自公共权威，而是来自"权利"异化的结果。以保护公共权力和民众权利为名，行侵犯个人权利之实，权利走到自己的反面，变成与自己直接对立的东西。这是颇具英国特色的做法，因为压制或影响社会公共领域与公共舆论的力量不是国家权力，而是"自由"与权利，国家权力反倒隐身事后。当改革派指责反改革派动员普通民众大行告密之风，违背司法诉讼的传统做法时，反改革派以"权利"作为辩护词："依照事实来看，从古至今每一个人在其私人领域内并作为控告者（尽管是以国王的名义）有权对违法人士提起诉讼。依照法律来看，行使该权利是每一个人确定无疑的宪法特权。依照原则来看，这一权利与一个自由国家不可分离，法律是每一个人天生的权利，违法是对广大民众的伤害，因而每一个人都有权抗议。"②以维护公共利益为道德制高点及合法性凭据，也成为侵犯个人私密空间及代行诉讼的"权利"的合法性基础。

反改革派主张变革不应该发生在政治领域，而应该是个人经济和社会地位的改变——"改变，唯一理想的改变是我们境遇的逐步、渐进的改善，这是勤奋的自然结果"③。这正是英国启蒙价值中市场经济的"自由"。这一观点与改革派针锋相对：改革派主张改革是为了让人民分享国家的治理，从而实现经济解放和自主，反改革派提出开放社会（open society）的观念，为自由主义政治经济学说与宪政思想的沟通架构了一座桥梁。这一观念认为，英国

---

① Edward Gibbon, *Private Letters of Edward Gibbon,* p.333, "to Lord Sheffiled, Nov.10, 1792".

② Association for Preserving Liberty and Property Against Republicans and Levellers, *Association Papers,* "Publications", Number IV, p.2.

③ Ibid., III, p.17, p.28, p.31; I, p.12; VII, p.4; V, p.2; VI, p.9.

不是一个层级封闭的社会，阶层间的流动性始终是社会活力的保证。宪政致力于改善人民的境况，让每一个人通过勤劳致富。自由与安定保证英国制造业的发展，使每一个人可以分享这种普遍的经济繁荣。[①] 财产是通向政治权利的阶梯，这成为宪政的优越性和实用性的体现："下院不仅代表土地财产，也与各种财产形式直接相关。它包含金融利益与商业利益选择的人……从选举权分布方式来看，选举权是对每一个靠自身努力晋升地位的人是开放的"；"通向荣誉、显贵和官职的道路对所有人开放"[②]。因此在反改革派的宣传中，借政治改革之路实现经济地位的改善无异于南辕北辙。他们的宣传品中经常出现这样"富有教育意义的讨论"，一位制造业主对他的雇工说："约翰，我和你一样来到城里……起初做搬运工，然后是文书，接着做合伙人。现在我五十岁了，拥有三万镑……我的情况也不是独特的，我的左邻右舍发财致富的经历和我差不多……在这个国家，我靠勤奋和节俭发家致富，和地主老爷一样富有，我举手投足像个国王……尽管我不可能成为老爷，但是我的孩子不是没有可能……（他们）口才出众，有能力，有热情，在各自领域名望出众，同样可以成为贵族。这就是所有人可能的造化，别人有这种造化，我儿子也有这种造化。如果你不去参加平等派会议，而是每天辛勤工作，你的儿子也能有这种造化……在这个国家，勤奋和节俭是一切的源泉，勤奋可以致富，节俭可以持富。不要一周工作五天，要工作六天；六年之后，如果你愿意，可以有足够的钱购买选票；一个最下贱的劳工坚持工作可以很快获得这一特权，最富有的人如果懒惰，挥霍财产，很快将丧失这一特权。"[③] 这就将改革派主张的政治面前人人平等转化为财产面前人人平等。阿瑟·扬向民众宣传说，温和改革派"图谋很多，但要求很少，他们知道如何从少许中得到很多——不要被欺骗了，抵制宪政中的所有变革，这个宪政提供你致富的手段，保护你享有的财富"，因此他号召各阶层各经济利益团结起来抵制改

---

① Association for Preserving Liberty and Property Against Republicans and Levellers, *Association Papers*, "Publications", I, p.3, p.12; IV, p.13.

② Ibid., I, p.10; II, p.9.

③ Association for Preserving Liberty and Property Against Republicans and Levellers, *Association Papers*, "Tracts", Number IV, pp.10—12.

革。① 反改革派在关上政治改革这道门的同时，指向了通往自由主义经济发展的那道门，是反启蒙将英国引向了一条经济自由主义与政治保守主义相结合的道路。

与法国一样，宗教在反启蒙中发挥了重要作用，无论是国教派还是非国教派都为反启蒙提供思想和制度支持。如兴起于 18 世纪中后期持续到 19 世纪中期的主日学校运动，是在国教派和非国教派合作的基础上建立起来的贫民儿童教育运动，以宗教教育为主。时人认为主日学校的目的是"防止罪恶，鼓励勤奋和道德，驱散无知的黑暗，传播知识的光明，让人心悦诚服地安分守己，遵守上帝的旨意，服从国家"，据 1786 年《曼彻斯特信报》报道，"开办主日学校的地方，已经取得良好的效果，在学校接受教育的年轻人行为端正得体，讲秩序"②。这类主日学校在下等阶层贫民中的青少年教育中占据了很大优势，因此很多研究认为该运动在工业化过程中作为一种社会控制手段发挥作用，对社会稳定发挥着一定影响。卫斯理宗和福音运动在普通民众中有很大的影响力，他们抓住每一个机会向信徒宣传屈从顺上的道理。卫斯理告诉其追随者通过虔诚的信仰和坚毅的忍耐获得道德感，达到与自己与世界的平和状态，因此对现世的世俗层面的革命没有兴趣。卫斯理本人曾写文章反对改革者普莱斯牧师，反对美洲殖民地革命，以后历届卫斯理宗大会都继承其创始人的这一政治态度，重申他们对国王和宪政的忠诚。卫斯理去世一年后（即 1792 年）制定的章程明确说明"任何人不得书写或发表对政府不敬的言论"。卫斯理相信宗教与社会生活紧密相关，也坚信社会进步和改进，但他将这种改进寄托在人性的改造上，而非社会和政治机制的改革，因此卫斯理宗的思想基础与潘恩派的社会改革者和革命者大相径庭，而与保守的政治态度相通。卫斯理宗注重组织的伙伴关系、社会关系、互助关系和归属感，这与革命中讲求突破既有的社会价值和体制并与传统决裂的态度也是格格不入的，这使得卫斯理宗成为潜在的保守势力。与卫斯理宗

---

① Arthur Young, *The Example of France, a Warning to Britain,* 4th edition, London: Printed for W. Richardson, 1794, pp.38—41.

② A. P. Wadsworth, "The First Manchester Sunday School", *Bulletin of the John Rylands Library,* XXXIII, 1950, p.229.

的策略不同，但同样达到维护社会稳定效果的是福音运动，该运动侧重争取统治阶层的支持，他们的目标是创建一个虔敬的世界，让每一个人接受引导，行为符合上帝的旨意。福音运动虽然在上层中寻求支持者，但他们的眼光却是看着下层的民众，这正如该运动两个重要的领导人物发挥的角色：威廉·威尔伯福斯和汉娜·莫尔。前者是议员，首相皮特的挚友与坚定的支持者，后者出身乡村教师家庭，是平民教育的开创者，主张用《圣经》和基督教教义教育民众。他们不仅主张宗教教育，还积极开展慈善活动，希望上等阶层慷慨解囊缓解贫民的生活困境，对维护整个社会的稳定发挥了一定作用。他们二人也是反改革运动的积极参与者。从这些层面上看，宗教构成社会稳定的力量，成为政治保守主义和反启蒙的基石。

五、余语

综上所述，英国启蒙的核心是权利，权利涉及权力、法治、经济、社会、宗教等各领域，且与民众生活有密切的交集，成为英国政治与社会稳定的基础。面对国内改革运动和法国大革命的激进转向，契约精神、权利意识和实践、自由经济和开放社会、宗教宽容、实用主义等启蒙价值在反改革派手里一转而成为反启蒙话语构建的基本材料。伯克和反改革派并没有完全抛弃启蒙，他们只是将其转换为保守主义的核心并为反启蒙服务。法国的反启蒙思想集中体现在迈斯特的保守主义思想中，他反思革命中的激情、混乱、暴力和反宗教，提出只有恢复秩序和威权才能对革命"拨乱反正"。1799年之后，面对内外形势，法国把权力交到了一个人物的手里，拿破仑说"唯我一人代表人民"也就成为反启蒙自然的结果。[1] 在英国则是另一番图景。从外在的形式看，英国没有发生革命，没有出现政治的断层和经济的破坏，在工业革命中保持了政治的平稳。尽管没有发生政治革命，但工业革命给社会造成的撕裂，其影响不亚于政治革命。普通民众被卷入越来越激烈的工业大潮中，当他们走上这条经济自由发展的道路时，却发现没有可资利用保护其

---

[1] ［法］乔治·勒菲弗尔：《拿破仑时代·上卷》，河北师范大学外语系译，商务印书馆1978年版，第88页。

经济权利的政治保障，甚至那些传统的权利也受到经济大潮的冲击而慢慢剥蚀不见了。因为工业资产阶级与土地贵族的合作，独立或半独立的劳工逐渐沦为对作为一个阶级的雇主（或工业的或农业的）的完全附庸。当政治改革的大门关闭后，普通民众在自由放任的经济发展中也失去了他们原本享有的传统的"自由"与权利。这一切有待他们在接下来的"资本的年代"里去争取、去奋斗。

失控的卫士

——20 世纪初英国警察工会与罢工运动研究

朱啸风 *

20 世纪初的英国社会动荡。英国内部工人运动此起彼伏，外部与其他帝国主义列强的矛盾不断激化。在 1911 年至 1914 年之间的"大动乱"中，矿工、铁路工人和海员进行了第一次全国性罢工。包括出租车司机在内的其他运输工人和建筑工人也采取了行动。第一次世界大战使英国国内形势更加恶化。俄国十月革命爆发的重要原因之一是战争的持续使得工人阶级的生活水平严重下降，这条理由对英国同样适用。食品价格的爆发式上涨的同时，工资却没有同步增长。但对资本家而言，利润却在猛增。英国的罢工次数从 1916 年的 276 次增加到 1918 年的 1116 次。为了维护社会秩序的稳定，警察扮演着愈发重要的角色，但容易忽视的是警察内部的不满情绪也在不断增长。在西方社会，按照阶级划分，警察是国家机器的组成部分。警察职业本身并不产生经济效益，但是却为正常的生产经营活动提供保障。严格意义上来说很难将警察归结为无产阶级，可是他们和后者存在诸多相似点。就像资本家与工人一样，警察和政府实质也是一种雇佣关系：政府支付警察工资，警察出卖自己的劳动为政府维持公共秩序。警察尤其是普通警员的薪资待遇也和工人阶级基本持平。除此之外，资本家与工人之间产生的各种劳资纠纷，在警察与政府之间同样会出现。尽管在传统观念中警察总是政府用于平

* 朱啸风，江苏警官学院马克思主义学院讲师。

息罢工等社会动荡的力量，但这股力量也会为了改善自身的境遇，组织工会甚至举行罢工。20世纪初的警察工会及罢工运动对警察与政府间劳资关系的革新起到了重大作用。

一、警察工会建立的背景

（一）警员的薪资问题

在相当长的一段时间里，英国警察的薪资水平较低。19世纪，英国警察部门是分散武装的集合，而不是一个完整的系统。因此在城市和自治市镇，警察的薪资和其他待遇由私人掌控的警备委员会自行决定。1889—1890年期间，随着"新工联主义"思想的盛行，下层警员对待遇愈发不满。为此，各地的警备委员会引入了新修订的薪级表。以代表全国警察薪资平均水平的利物浦为例，警官1891年平均每周工资是25先令，到12年后上升到31先令。① 随着城市规模的不断扩大，治安问题的增多，各城市对警察的需求也日益增加。然而，政府在招聘以及留下警员方面依然存在不少困难，其中最重要的是警员的退休问题。1903年，为了进一步的削减支出，一些地方的警备委员会将获得全额退休金（退休前工资的三分之二）工作年限由原来的26年延长到30年。这项措施吓跑了许多潜在的应征者。到了1912年，各行各业都在争夺劳动力。为了留住警员，不少地方的警备委员会开始实行加薪政策。比如利物浦警备委员会同意根据工龄，将警员的每周工资提高1到3先令，以减少警员的流失。② 在谢菲尔德，英格兰北部和中部各地区的警备委员会代表们召开了一次会议，考虑在这些地区采用更统一的薪金以防止待遇不同引起的不满。在这次会议之后，英格兰中北部的警员工资普遍从每周30先令涨到40先令。但是有些地区警员的住房补贴也被取消了。总体上来看，当时新入职的警员的薪资待遇与码头工人持平。

早在19世纪就已经出现了警察针对低薪进行的集体抗议。1872年11月6日，大都会区有179名警察拒绝上班。罢工仅持续了几个小时，但也算是

---

① Liverpool Courier, 11 September 1890.

② Liverpool City Council, Minutes of the Watch Committee, 29 January 1912.

取得了一些成果，因为警察的工资和工作条件得到了改善。1890 年 7 月，伦敦再次出现了警察罢工行动。动乱的中心是弓街警察局，在那 130 名警察拒绝到岗，直到警督答应为他们转达申诉为止。[①] 关于警员们意见最大的养老金问题，由于议会在几周内匆忙通过的《退休金法案》得到了部分解决。

一战期间，警员们对薪酬的不满情绪迅速蔓延。由于战争，大量的男性劳动力被投入战壕之中，导致企业严重缺乏劳动力，工资自然水涨船高。1917 年，伦敦劳工平均一周工资为 28 先令，熟练技工为 37 先令左右，但最高薪的警员包括战时生活费补贴也才有 28 先令的工资，为此一些警察多次上访要求适当增加工资。大都会警察专员爱德华·亨利爵士也亲自前往内政部请求将警察的工资提高一点点，但得到的回复是"不可能"[②]。在当时，公共部门的薪资调整被严格控制。内政部建议各地区的警备委员会即便增加工资，也要以一种临时性的、战争补贴式的形式，决不能增加长期性的养老金。内政部认为在战争结束后财政部会有大量的善后支出。如果各地的警备厅因增加警察支出而削减养老金等开支的话将会严重激化矛盾。[③] 但为了维持警察队伍的稳定，截止一战结束之时，各地都或多或少地以各种名义给警员发放了补贴。1918 年，在利物浦，所有的警员都获得了 12 先令的额外奖金，每个警员子女也能获得 2 先令 6 便士的津贴；在谢菲尔德，虽然没有子女津贴，但每个警员都获得了 19 先令的奖金；在伦敦大都会区和伯明翰，警员们可以重新获取租房补贴。地区与地区之间依然存在不小的差异，像利物浦较其他地区警员的待遇就较差，这也成为后来利物浦警察积极参与罢工运动的重要原因。

（二）高强度的工作任务

第一次世界大战的爆发使英国警察部队承担了更大的责任。战争开始的前几年，英国国内的治安并没有恶化，反而犯罪率有所降低。主要原因是很多罪犯被征召入伍前往海外作战。战争使政府加强了对外来人口的管制，其

---

① V. L. Allen, "The National Union of Police and Prison Officers", *The Economic History Review, New Series,* Vol.11, No.1 (1958), p.133.

② Sir William Nott-Bower, *Fifty-Two Years a Policeman,* London: Edward Arnold, 1926, p.284.

③ Letter from the Home Office, quoted in WC Minutes, 22 January 1918.

带动的相关产业也解决了相当一部分人的就业。战争期间政府还加强了对饮酒的管控，一定程度上减少了治安事件的发生。当然，还有一个更为重要的原因：由于战争，警察已经不再将一般的治安事件作为优先关注点了。政府为了维护战时秩序，分派了大量非常规任务给警察。从搜索间谍和黑市商人到巡视通货膨胀严重的城镇，从登记协约国来的难民到报告部队转移的情况都需要警察们躬身力行。警察还要平复由于食物短缺所引起的骚乱。最不受警察们欢迎的任务之一是检查在部队服役士兵们的妻子，看看她们是否把国家发给她们的津贴用来喝酒。当齐柏林飞艇袭击伦敦时，警察还要保护留在伦敦的德国人，防止他们被本地人袭击。一些英国本地居民还会掀起反犹运动，警员也得进行劝阻。另外，警察还要防止暴民在空袭期间洗劫肉铺和其他商店。对警察来说最为棘手的是兵痞问题。整个 19 世纪，酗酒、行为粗暴的士兵一直是让警察头疼的对象。逮捕行为会有大概率引起小范围的骚乱。一战期间，英国军队的规模空前庞大。虽然这段时间酗酒的问题得到了控制，但是大量士兵生活的驻扎地却让妓女们发掘出了生意。比如在圣尼茨，市民对光天化日大街上士兵和妓女有伤风化的举动纷纷侧目而视。惩治士兵和妓女这一吃力不讨好的工作再一次落到警察队伍的肩上。

第一次世界大战是一场工业化的战争，维护工业生产的正常运行是警察的重要任务。战争的动员不仅仅涉及士兵，更牵涉到军工产业的工人。为了保证战争用品的供应，政府部门必须尽一切努力使工人们在岗位上进行生产工作。对于罢工这类严重阻碍生产的活动，当局总是特别敏感。相对于间谍的活动来说，反战和罢工运动对战争的妨害更加明显。当然，没几个反战人士是真的想要推翻政府，其中甚至还有一些议员。当局也没有给这些人扣上"反政府者"的帽子。但是，喜欢挑头闹事、散发反战传单的人员已经被警方严密监控。不断更新的反战人士名单在内政部制定好后被发放给各巡视区的警长。警员们将严密监视这些人的一举一动。在某些场合，警官们可以根据战时管制法规及时采取强制措施，以防止罢工或其他骚乱行为的蔓延。[①]在伯明翰，如果一些军工产业工人旷工，警察就会去他们家中逮人，以执行

---

① Humberside PA East Riding Constabulary, Memorandum Book, 1916—1920, fol.10.

战时生产条例。^①在整个英国，可能会妨害士气的谣言或传闻只要一出现，就会立刻被封杀。约克郡赫尔地区的警长甚至授权便衣警察时不时登上火车以及进入酒吧等公共场所探听人们之间的谈话。这些惹人厌恶的工作使警察们承受了巨大的心理压力。

除了任务繁杂之外，警察在战时的工作时间也大为增加。首先是每周的休息日取消了。每周休息日制度是由1910年的议会法案通过的。战争开始后，什罗普郡的警员们一开始每14天尚有一天休息，但在1916年初减少到一个月内才有一天的假期；在赫尔，由于要求警员每周工作7天，首席警官将午休时间从20分钟延长至30分钟。但同时增加了很多附加条件：限警员在一个附近有电话的地方午休。吃午饭时应打电话给警局，然后在离开时应再次打电话。另一种方法是安排警员在有警局工作人员监督的地方吃午餐。在伦敦，警员则完全没有休息日。不仅如此，每天工作的时间也延长了，巡视的区域也扩大了。这些都引起了警员们极大的不满。

（三）警察工会的建立

19世纪，警察的罢工运动已经开始兴起，但并不是在工会的领导下进行的。在当时的警察罢工运动中，罢工者均会选举出一个委员会，与警察局长会晤。但比较悲惨的是，每次罢工的领导人都会被解聘。当时尚没有警察工会这样的组织，政府也没有建立任何固定的谈判机制来处置警察的不满。1893年，约翰·肯普斯特因对警察恶劣的工作条件感到震惊，创立并主编了《警察评论》杂志来宣传警察事务。第二年，他又成立了"警察和公民友好协会"，为他表达观点提供了进一步的平台。但是，该协会不是工会性质的。

在一战前夕，英国出现了一些建立警察工会的零星尝试，其中影响最大的要数约翰·塞姆事件。约翰·塞姆是伦敦大都市区的一位警长。1909年，因为一次在当局看来不恰当的办案行为，塞姆被调离岗位。在塞姆看来，这是一种不公的待遇。塞姆不断的抵制使他最终于1910年1月29日丢掉了工作。在此之后，塞姆开展了一系列活动试图使自己官复原职。他打破内政部和唐宁街10号首相官邸的窗户，威胁乔治五世、丘吉尔等人的生命

---

① Richard Shackleton, *Worlds of Labour: Essays in Birmingham Labour History,* Birmingham: Birmingham University Press, 1983, p.66.

安全、到处妨碍政府的征兵活动等等。由于这些不法行为，塞姆多次锒铛入狱。塞姆在狱中以绝食作抗争，逼迫当局不得不采用之前对付鼓吹妇女参政者的《猫鼠法》来应付他：一旦塞姆绝食到一定程度就将他释放，等他在外面吃饱喝足了再把他抓进来。[①] 以上行为充其量只能算是闹剧，塞姆真正对后世产生重大影响的行为是他 1913 年在《警察评论》杂志上呼吁成立大都市区警察联盟的提议，这成为后来全国警察和监狱职工联合会（The National Union of Police and Prison Officers，简称 NUPPO）的雏形。[②] 1913 年，尽管当局抱有严重的敌视情绪，全国警察和监狱职工联合会（下面简称警察工会）还是成立了。最初此工会组织仅限于伦敦，随后几年被推广到全国。警察工会的目标是使警员们免遭当局的暴政与不公、获得平等的晋升渠道、促使当局制定公平有效的规章制度、清除腐败等等。

警察工会在建立初期颇具保守性。虽然塞姆创立了警察工会并发展了两百多名会员，但是他拒绝将警察工会隶属于全国劳工联合会议（Trade Union Council，简称 TUC）。塞姆在一战期间被当局逮捕，这反而为警察工会的发展开辟了新的道路。在战争前夕，随着对警察需求的增多，很多具有工会经历的城市人口被吸纳到警察队伍中来。老会员们在这些新进警员的敦促下开始对警察工会进行改组。1917 年 5 月，塞姆被解除了秘书长的职位，在 2 月袭击事件中被当局解聘的稳健派欧内斯特·哈里森被选举为新的秘书长。哈里森倾向于与当局和解，在他的领导下警察工会的组织规章中加上了一条重要原则：不举行罢工。哈里森和他的同僚们认为，这有助于向世人展示警察工会的社会责任感。和塞姆一样，哈里森也反对和劳工联合会议建立联系，[③] 这主要是向当局彰显警察工会无意与政府作对。哈里森还和一些会员去游说议员，并派遣代表去内政部与官员进行谈判，但都徒劳无功。哈里森对会员们作了很多承诺，但他在任期间一条也没有实现。哈里森自己对此也感到十分失望，所以上任后不久就辞去了秘书长的职位。此后，巡警汤米·蒂尔

---

①　G. W. Reynolds, *The Night the Police Went on Strike,* London: Weidenfeld and Nicolson, 1968, p.16.

②　Iain Dalton, "Never Nerarer to Bolshevism", *The Police Strikes of 1918—19,* London: Leeds Socialist Party Pamphlet, 2018, p.15.

③　G. W. Reynolds, *The Night the Police Went on Strike,* p.32.

被任命为秘书长。在蒂尔的领导下，伦敦外围的警察工会组织有了很大的发展。曼彻斯特地区出现了号称有 300 名会员并隶属于曼彻斯特和索尔福德地区的劳工联合会；在伦敦地区，警察的工会运动也开始与劳工运动相结合。截止 1917 年 8 月，已经有 6 名警察工会会员在伦敦的劳工联合会中任职。

二、1918—1919 年的警察罢工运动及当局的应对

一战期间对工作待遇的普遍不满为警察工会招募会员提供了绝好的条件。工会规模的不断扩大和活动的开展使警局高层和政府官员愈发担忧，并想尽一切方法来遏制工会的发展。1917 年初，政府决定取消警察的免服兵役权。工会声称一些参加工会的警察被当局故意派往国外服兵役。对此，警察工会尚能容忍。但 1918 年 8 月，秘书长蒂尔因参加工会活动事泄被伦敦警察厅解雇，这才引发了第一次警察罢工。[1] 警察工会的管理层向当局提出了如下要求：1. 对于所有大都市区的警员，当局必须将战争补贴由原先的 12 先令每周提高到 1 镑每周（1 英镑等于 20 先令），这种补贴必须常态化；2. 立刻释放蒂尔，并且给予全国警察和监狱职工联合会合法地位。[2] 如果上述条件不能得到满足，工会将会删去之前"不举行罢工"的组织条款。在当时，管理伦敦警员的官员基本都在度假。管控警员的主要是一些中层官员。等高级官员回到伦敦的时候，他们发现对局势已经完全失去了控制。[3]

伦敦大都会区和伦敦金融城的 6000 名警察工会成员共同走上街道，极大地震惊了当局。罢工持续了不到一周时间就结束了，但罢工者获得了胜利。首相劳合·乔治在唐宁街 10 号会见了罢工领导人，承诺将警察的工资提高到每周 43 先令，并额外发放 2 先令的战争补贴以及为警察遗孀提供养老金；同时，内政部也保证不会将更多的警察遣往海外服役。作为引发这次罢工的当事人，蒂尔也恢复了原职，没有警察因为这次罢工丢掉工作。但是劳合·乔治对于警察工会合法性的结论是模棱两可的，很可能是故意为之。

---

[1] Clive Emsley, *The English Police: Political and Social History,* London: Routlege, 2014, p.132.

[2] G. W. Reynolds, *The Night the Police Went on Strike,* p.41.

[3] Iain Dalton, "Never Nerarer to Bolshevism", p.22.

劳合·乔治说，他无法在战时承认警察工会。罢工领导人离开的时候认为首相的声明意味着和平到来时工会能得到承认。从后来的历史来看，劳合·乔治其实从不打算承认警察工会。

英国当局在警察罢工后采取了一系列措施来稳定警察队伍。首先是领导层人事的变更。劳合·乔治将当时的大都会警察专员爱德华·亨利爵士罢免，由内维尔·麦克雷迪将军接任其位置。在麦克雷迪的领导下，警察的薪酬及保障条件等一些关键问题得到了解决。麦克雷迪在普通警员中很受欢迎，不少人认为这位新上司是与他们站在一条线上的。但是在承认警察工会的问题上，麦克雷迪一步也不退让。

其次是沟通机制的革新。1918年警察罢工凸显出的一个重要问题是普通警员与警局上层缺乏有效沟通。内政部官员亚瑟·迪克逊爵士认为常态化警员代表协商制度的缺失是导致警员们普遍不满情绪的重要原因之一。《警察评论》杂志甚至认为，缺乏沟通渠道是引发罢工的唯一原因。因为数十年来，警员们其实一直尝试着和警政上层沟通，但是从来得不到回应。[①] 在政府的同意下，警察代表大会建立起来，工会成员掌握了代表大会的领导权。[②] 麦克雷迪为了抵消工会成员在代表大会中的影响，于1919年1月向内政部提出了代表选举制度的修正案。麦克雷迪建议按照警衔将代表分为四个等级，分别为警员、警长、警督和警司。内政部赞同麦克雷迪的提案并宣布将会自4月1日起执行新的选举方案。工会的代表主要是警员阶层，如果执行麦克雷迪方案，那么工会会员的权力将会被严重削弱。

再次，是建立警察工会的替代机构。内政大臣爱德华·肖特于7月8日提出了一项建立警察联合会（Police Federation）的法案。与警察工会相比，警察联合会具有更强的官方性质，因而对政府无甚大的威胁。同时双方还成立了一个警察委员会作为协商机构，这项提案被写入后来1919年的新《警察法》。

最后，英国当局将提高待遇或保留职位作为制约普通警员的重要手段。

---

① Joanne Klein, Blue-Collar Job, "Blue-Collar Career: Policemen's Perplexing Struggle for a Voice in Birmingham, Liverpool, and Manchester, 1900—1919", *History & Societies,* 2002, Vol.6, No.1 (2002), p.19.

② V. L. Allen, "The National Union of Police and Prison Officers", p.137.

在工资的问题上，爱德华·肖特同意立即大幅提高警察薪资待遇，但是有一个前提条件：警察将永远被禁止加入工会。麦克雷迪则威胁警员们如果不退出工会则会被开除。

警察工会并不满足英国当局改革措施。警察工会成员于1月19日在阿尔伯特大厅召开大会，商讨工会事宜。来自伯明翰的代表认为："这不仅是警察的斗争，而且是维护公民权和自由的基本权利的努力。"[1] 会议决定写信给内政部，提出四大诉求：1. 当局公开承认警察工会的合法性；2. 进一步提高各等级警员的薪酬；3. 修改1918年警察养老金法案；4. 给三名被开除的铁路警察恢复职位。[2] 但是，1919年3月17日，内阁明确表态绝不承认警察工会的合法性。警察工会面临要么采取行动要么解散的境遇。工会要求全体成员投票，结果44359票赞成罢工，只有4324票反对。然而这并不意味着绝大多数非会员警员也有强烈的罢工意愿。

工会的一些领导者对于要不要真的罢工还是犹豫不决，因为他们知道政府有一项计划是使军队接管警察职能。他们还希望有机会与当时尚在巴黎参加和会的首相会面。这个空隙使麦克雷迪有时间游说他的下属并培育他们对长官的个人忠诚度。他力挺肖特建立警察联合会并以此为平台和警察厅协商的提议。不少警员对麦克雷迪的提议有所心动，开始期盼着涨工资后的美好生活了；另一方面，警察工会内部的领导层发现面见首相无望后决定于7月31日举行罢工。

这次行动是一场惨败。截止午夜，只有240个人参加了罢工。几个小时后，麦克雷迪发布了一项特别命令，警告说所有未到岗的警员将被立即解雇，退休金等应享权利将被剥夺。在伦敦总共超过19000名警员中，只有1056名大都会区的警察上街示威。伯明翰有近120人在斗牛场商业中心举行了和平集会，根本算不上是罢工。很多地方警察工会成员在听到要罢工的指令后的第一反应是想弄清楚究竟发生了什么事。在谢菲尔德地区，366名警察中有346人都参加了警察工会，但他们对于是否罢工犹豫不决；在曼彻

---

[1]　Richard Shackleton, *Worlds of Labour: Essays in Birmingham Labour History,* p.72.

[2]　Iain Dalton, "Never Nerarer to Bolshevism", p.48.

斯特，500 名警察一致决定坚守自己的岗位，不参加罢工。默西塞德郡算是罢工人数比较多的地区，其中，利物浦有 954 人、伯肯黑德有 114 人、布特尔有 63 人参加了罢工。但即便是利物浦这种较为激进的地区，参与罢工人员内部也是极度分裂的。一些罢工者事后公开宣称后悔参加这样的活动并退出了警察工会。虽然这种卑微的忏悔没能帮他们保住工作，但的确使很多人放弃了罢工的想法。一些工会成员甚至将自己的工会卡牌给烧了。2350 名警察经过这次罢工后丢掉了工作。这些警员无论工龄多长、职位多高都未能逃脱被所在警局解聘的命运，并且再也没能复职。罢工期间，这些警察主要靠其他劳工组织以及一些未参加罢工的警员的捐款维持生计。罢工结束之后，这些捐款也很快停止了。利物浦地区有三名被解聘的警员加入了工党的阵营，其中两名成功地在 1919 年的选举中当选议员。

三、两次罢工一成一败的原因分析

1918 年与 1919 年的两次罢工结果截然不同，其背后存在着深刻的原因。1918 年警察罢工发生时，一战尚未结束。英国军队在西线正在进行最后一次绝望的、血腥的战斗，而政府必须维持国内法律和秩序的稳定。作为维护社会秩序的中坚力量，警察队伍如果不能保持稳定，则维稳的目标必然难以实现。从意识形态的角度来看，英国政府的一个重要职能就是要维护英国式的生活方式，使其免受外来思想的侵蚀。俄国十月革命爆发以后，对英国来说最危险的意识莫过于建立工人士兵政权的布尔什维克思想，独立工党的宣传也同样具有威胁性，罢工示威等无政府行为使英国当局特别感到恐惧。在当时，警察罢工者背后有公众舆论的支持。《泰晤士报》虽然将警察们的罢工称为暴动，但也认为情有可原。从罢工的组织来看，由于警察工会的存在，全国多地区尤其是伦敦地区的警员得以团结一致，形成对政府施压的合力，迫使政府不得不做出让步。英国当局低估了警察工会的号召能力，由于战争的继续，政府缺乏足够的力量对警察罢工进行镇压。从警察队伍本身来看，当时中低层警员的待遇的确偏低，巨大的生活压力成为罢工最为直接的动力。到了 1919 年，罢工的历史环境已经发生了重大的变化。其中最为重要的是，第一次世界大战已经结束。大量归国的军队完全可以成为警察的替代品，而上文也提到英国政府的确有这方面的计划。经过 1918 年的罢工，中央与各级地方政府逐步认识到与警员加强沟通的重要性，纷纷构建相应的机制，一定程度上抵消了警察工会的影响力。最为重要的是，经过 1918 年罢工，警员的薪资待遇获得了较大幅度的提高。警察队伍中的大多数人对 1918 年的加薪感到满意。对这些警员来说，加入警察工会的最主要目的无非是提高自己的待遇。既然目的已经基本实现，他们不愿意为了"承认警察工会"这种抽象的概念而放弃诸如工资、退休金乃至工作这样的现实利益。警察工会的领导人始终将警察队伍视为与劳工阶层不同的存在，一方面力求与当局和解，另一方面也总是与其他工会组织保持若即若离的状态。在 1919 年的罢工开始之前，警察工会曾经许诺罢工将会获得其他行业工会的支持，但实际上雷声大雨点小。警察虽然整体上来说与工人阶级同宗同源，但警察毕竟是对政府负责的。从另一个角度来看，绝大多数工人阶级的确将警察视为"天然的敌人"①。这在客观上增加了警察与工人阶级合作的难度。

四、工会与罢工运动的影响

警察工会与罢工运动对警员与当局之间劳资关系的影响是深远的。1919 年英国议会通过了新的《警察法》：罢工行为被严厉禁止，同时规定鼓动警察参加罢工是一种犯罪行为。但同时内政大臣爱德华·肖特提出的成立警察联合会的提案获得了议会的通过，被写入了新的法案。每一个警察，无论职位如何都会自动成为警察联合会的成员。警察联合会接受内政部的津贴（虽然很少）。警察代表大会制度也完全确定下来，其委员会分为全国和地方两个级别，代表则由三个等级的警员组成：警督、警佐和警士，每个等级的代表人数相同。② 这种结构是为了防止人数最多也是革命性最强的警士阶层掌控警察联合会。警察联合会的中央委员会有权代表全体警员与内政部协商相

---

① Ron Bean, "Police Unrest, Unionization and the 1919 Strike in Liverpool", *Journal of Contemporary History,* Vol.15, No.4 (1980), p.646.

② Clive Emsley, *The English Police: Political and Social History,* p.135.

关事务。警察联合会宣布，它将使警政当局和内政部关注到每个警察会员的福利和工作环境问题。从根本上来说，警察联合会的运行依然在英国当局的严格监控之下。[①]

警察罢工促进了中央与地方警务的整合。早在一战之前，全国性的劳工罢工运动风起云涌。以丘吉尔为首的一些政府领导人深感全国性的罢工应该有全国性的应对，而警察所发挥的职能则是其中极为重要的一环。英国历来有地方自治的传统。自1839年英国现代警察制度建立后不久就有官员提出要建立全国统一的警察领导机关，以解决警察组织各自独立和分散所引发的效能问题，但是未能得到议会及中央政府的认可。但一战期间以及战后初期此起彼伏的罢工运动以及对革命的恐惧倒逼中央政府与地方加强了合作。1919年2月至3月，一些地方的警务高级官员前往伦敦，与内政部共同协商如何应对煤矿和铁路工人的罢工；3月21日，内政部为这些官员制定出一份指导意见，包括在适当的时候可以寻求军方的协助、保障食物转移、定期向内政部汇报、通过飞机运送文件（原来是通过铁路运送）等内容。在接下来的一年，英国议会通过了《紧急权力法案》（*Emergency Power Bill*），允许行政部门本着维护公共秩序以及公共安全的目的采取必要的管控措施。法案授权内政大臣可以要求全国任何一支警察力量去协助另一区域的治安活动，支援数量不超过本地区警力的百分之十。除了内政大臣之外，内政部设立了一个专门的内政部警政司负责协调各地区的警务。与此同时，中央政府也加大了对地方警察的财政拨款。自此以后，中央政府将承担地方警察总费用开支的一半，而不是以前的仅承担工资和服装费用的一半。在1926年，这种经过整合的治安警务体系为平息罢工等骚乱发挥了重大作用。

① R. E. Harris, "The Police Federation in Britain", *Journal of Criminal Law and Criminology (1931—1951)*, Vol.36, No.2 (1945), p.122.

英国文化史研究

莎士比亚故乡朝圣之旅

傅广生 *

笔者在两次前往英国剑桥大学访学期间（2012 年 5 月至 8 月与 2015 年 9 月至 2016 年 9 月），曾经三次乘坐火车造访莎士比亚故乡，其中两次为早出晚归的一日游。

从剑桥出发前往莎士比亚故乡，需要先搭乘火车前往伦敦的国王十字火车站（King's Cross Railway Station），然后乘坐地铁到伦敦尤斯顿火车站（London Euston Station），转乘火车前往伯明翰新街火车站（Birmingham New Street Station），再步行到伯明翰摩尔街火车站（Birmingham Moor Street Station），最后搭乘火车直达斯特拉特福镇（Stratford）。如此多次辗转，整个旅程耗时约 4 小时 20 分钟。

一、引子

1564 年 4 月 23 日，威廉·莎士比亚出生在英国中部沃里克郡埃文河畔的斯特拉特福镇（Stratford-upon-Avon）；1616 年 4 月 23 日，这位享誉世界的语言巨匠与文学大师离开人世，享年 52 岁。

莎士比亚一共创作了 37 部剧作，154 首十四行诗，2 首长诗。他的作品是英国文艺复兴时期文学的巅峰之作。

---

* 傅广生，桂林理工大学外国语学院教授，博士。

莎士比亚是经典中的经典，其作品思想博大精深，为研究者提供了丰富的资料和不竭的学术源泉。全世界每年出版上百部莎士比亚研究专著。而每年发表的莎学研究论文则是不计其数。据对中国知网的统计，自 1934 年至 2018 年 85 年间由中国学者撰写的以莎士比亚为研究对象的学术论文总共约为 7500 篇，平均每年约 90 篇。

莎士比亚是文学史上的一座丰碑，以及人类语言史不朽的典范。更重要的是，他的作品如一座取之不尽的宝库，就像希腊神话和《圣经》故事一样，成为后世创作的源泉和灵感。

迄今为止，全世界的电影业把莎士比亚的 37 部戏剧全部进行了改编。依据英国学者曼威尔（Roger Manvell）的统计，莎士比亚的剧作总共拍摄了 600 多部电影，其中在无声电影时代一共被拍成 400 多部电影，① 而在有声电影时代被拍成 200 多部电影。

莎士比亚的许多作品甚至由不同的作曲家写出了各自的版本。它们包括以莎士比亚名义命名的专辑、歌曲与音乐，如英国男高音伊恩·波斯特里奇（Ian Bostridge）的专辑《莎士比亚之歌》（*Shakespeare Songs*）；以莎士比亚戏剧命名的歌曲与音乐，如柴可夫斯基（Tchaikovsky）、普罗科菲耶夫（Prokofiev）和柏辽兹（Berlioz）等作曲家把《罗密欧与朱丽叶》（*Romeo and Juliet*）分别写成了管弦乐曲或为芭蕾的配乐；以莎士比亚戏剧人物创作的歌曲与音乐，如威尔第（Verdi）与埃尔加（Elgar）为莎士比亚戏剧著名人物福斯塔夫创作的同名音乐《福斯塔夫》（*Falstaff*）；以及以近百首莎士比亚诗歌创作的歌曲等等。

在所有对莎士比亚的评价中，最为后人所称是的则是英国抒情诗人与剧作家本·琼生（Ben Johnson，1573—1637 年）的概括性评价话语："他不属于一个时代，而是属于世世代代。"（He was not of an age, but for all time.）

维多利亚时代苏格兰历史学家托马斯·卡莱尔（Thomas Carlyle）说过，宁肯失去整个印度，也不能失去莎士比亚。②

---

① ［英］罗吉·曼威尔：《莎士比亚与电影》，史正译，中国电影出版社 1985 年版，第 1 页。
② ［英］卡莱尔：《论英雄、英雄崇拜和历史上的英雄业绩》，周祖达译，商务印书馆 2005 年版，第 129—130 页。

莎士比亚在世界文化史上享有崇高的地位，与荷马和歌德一起被誉为欧洲的三大诗人；他的戏剧受到世界各国人们的普遍喜爱，是世界上出版最多、演出最多、改编拍成电影最多、流行最广的戏剧。莎士比亚也是世界各国学者研究得最多的作家，使得"莎学"成为世界上最有影响力的"显学"。

二、斯特拉特福镇

正因如此，莎翁的故乡自然拥有某种特殊的魅力。展现在游客眼前的斯特拉特福镇是英国人气最旺的观光景点之一，它因莎士比亚而名扬天下，同时它也是美国哈佛大学创始人哈佛的故乡。

这是一个宁静古朴、风景如画、引人入胜的迷人小镇，树木苍翠，绿草茵茵，花团锦簇，景象万千。北面是古木苍天的阿登森林，西面是连绵起伏、花开烂漫的丘陵，南面则是与农田交错的小块林地，四季常青，风景如画。

街道两旁大都保存着 16 世纪古老的风貌，中世纪的建筑保存完好；它们多为都铎（Tudor）式的建筑风格：尖顶的建筑，黑白相间的小木房。这些具有独特风格的老房子，在见证约 500 年的风风雨雨之后，依然挺立、迷人。也许它们一直是被刻意保护着，但还是让游客们不禁感到惊异与感叹。

小镇全然一番百花争艳、远近飘香的景象。每家门口有花坛，每座房子的房檐下与窗口都装饰着精巧的花盆和花篮，五颜六色，五彩缤纷，姹紫嫣红，给小镇添色不少。整个小镇全都是花的海洋。

碧波荡漾的埃文河，日日夜夜从城东自北向南流淌着，洁白的天鹅漫游其上。

走在小镇的街上，身边不时有马车经过，车夫穿着古代服装，让人感觉似乎穿越了时空，好像回到了中世纪，有一种奇妙、特别的感觉。

徜徉于斯特拉特福镇上，呼吸到的是一种既古老厚重又清新怡人的气息。

图 1   斯特拉特福镇街景

转入莎士比亚出生地的街口，蓦然映入眼帘的是一尊莎翁戏剧中的小丑铜像，模样俏皮，雕像底座四面分别刻着《哈姆雷特》(*Hamlet*)、《皆大欢喜》(*As You Like It*)、《第十二夜》(*The Twelfth Night*) 等莎翁剧作中的语录。

虽然小镇只有 2 万多常住人口，然而每年来自国内外的游客却高达 150 万人。

三、莎士比亚故居

莎士比亚故居实际上由莎士比亚的出生地（Shakespeare's Birthplace）、莎士比亚母亲的农舍（Mary Arden's Farm）、莎士比亚妻子的茅舍（Anne Hathaway's Cottage）、莎士比亚女婿荷尔的宅院（Hall's Croft）、纳什老屋和莎士比亚新居（Nash's House and New Place）等组成。

（一）莎士比亚出生地（Shakespeare's Birthplace）

莎士比亚故居，即家庭老房子，也是莎士比亚出生地（Shakespeare's Birthplace），坐落于亨利街（Henley Street）上，坐北朝南，为一座典型的都铎风格的黑白相间的两层楼木屋，古雅、简朴、沧桑而庄重；由于年代久远，略显棕褐色，散发着古老味道。在这座半橡木结构石灰质地的房子屋前，种满了鲜花。莎士比亚就在这里出生、长大成人、娶妻，直至去伦敦。

图 2　莎士比亚出生地

这座房子历经近 500 年的沧桑，除了风雨的侵蚀，期间还遭遇过一次火灾，1874 年重新修建恢复原状。莎士比亚故居屋子内部是按照它在 16 世纪 70 年代的样子布置的，以助于游客了解莎翁的童年生活，以及那个时期的英国生活风貌。

从莎翁故居右边的侧门首先进入的是客厅，如今已经用作莎翁纪念室，陈列着画册书籍、资料文献以及莎翁家庭的一些物品。从介绍牌上得知，仅仅在 19 世纪，英美文学史上的名家如约翰·济慈（John Keats，1795 年—1821 年）、查尔斯·狄更斯（Charles Dickens，1812 年—1870 年）、沃尔特·司各特（Walter Scott，1771 年—1832 年）、阿尔弗雷德·丁尼生（Alfred Tennyson，1809 年—1892 年）、拉尔夫·瓦尔多·爱默生（Ralph Waldo Emerson，1803 年—1882 年）、纳撒尼尔·霍桑（Nathaniel Hawthorne，1804 年—1864 年）、亨利·沃兹沃斯·朗费罗（Henry Wadsworth Longfellow，1807 年—1882 年）、托马斯·哈代（Thomas Hardy，1840 年—1928 年）、马克·吐温（Mark Twain，1835 年—1910 年）等都先后来到这里朝拜他们共同偶像的故居。

在 19 世纪初期，每年约有 700 位游客造访莎翁故居；到了 1850 年、1900 年与 1950 年，每年来访的游客分别达到约 2500 人、约 30000 人与超过 150000 人。如今每年的游客总数约为 150 万人次。

客厅旁的房间就是莎翁家庭成员一起用餐的场所。餐桌上按照典型的正餐式样摆放着器皿。宽大的壁炉内有烹饪器皿，还有一把用来烤肉的铁叉。室内哥特式风格的凳子、长椅等家具，都是 16 世纪的原物。

厨房建于 17 世纪初。敞开式的壁炉内有一个当时烧煤用的铁筐。隔壁的食品库房内陈列着当时莎士比亚可能食用的各种食物，还有用于存放食物的陶瓷器皿。它们既有原物也有复制品。

二楼的房间是家庭的卧房，不少地板呈现常年使用的塌陷状。第三个房间就是莎士比亚出生的卧室。这是一间与底楼客厅位置对应的房子，约 30 平方米，所铺的橡木地板据说也是 400 年前的原物，莎士比亚父母宽大的双人床、莎士比亚的摇篮等展品均保留 16 世纪 70 年代英格兰中等商人的家庭陈设。床上照例挂着绿褐相间的帐子，床上依然是红、绿、白的组合。1564年 4 月 23 日，莎士比亚的母亲就在这张床上生下了他。

卧室如今看起来依然十分温馨，室内的纺织品和墙布也都是 16 世纪的原物。摇篮、玩具、洗衣盆、婴儿褓褓都是莎士比亚时代的原物仿制品。宽大的床上铺着大红罩单，衬映着墙上的黑白花纹壁纸，莎士比亚于 1564 年 4 月 23 日呱呱降临在这张床上。床边不远处，有一个木制的摇篮，那是莎翁在婴儿时期睡过的。

大床底下是一个可拉出来的小轮床，需要的时候，可以把这个小床从大床底下拉出来。莎士比亚出生后，直至 5 岁前，就是睡在小床上。小床上面用十字穿插着麻绳，因为那时人们认为拉紧麻绳就可以保证孩童能够睡得安稳，英语 "sleep tight"（睡个好觉）由此而来。莎士比亚在这里一直住到他十八岁结婚才搬离。

楼上第二间卧室现在用来展示房屋的历史，其窗户玻璃上密密麻麻地刻满了前来朝拜者的名字，以示对莎翁的崇拜，以及"到此一游"。窗户是从莎士比亚出生的卧室移植过来的，上面记载最早的刻录名字是在 1806 年。

英美著名小说家查尔斯·狄更斯（Charles Dickens，1812年—1870年）与马克·吐温（Mark Twain，1835年—1910年）也在玻璃上刻下了他们的签名。查尔斯·狄更斯不仅来此朝拜，还竭尽所能地推动莎士比亚故居的保护工作。

在二楼的书房里，有莎士比亚的蜡像，他坐在一张书桌前，若有所思地凝神构思，桌上摆放着稿纸。正是在这间书房里，莎士比亚创作了《辛白林》《暴风雨》等精彩名作，也走完了人生的最后旅程。

在莎士比亚故居门前的小广场上，小剧团在不间断地表演莎士比亚剧作《罗密欧与朱丽叶》（*Romeo and Juliet*）、《仲夏夜之梦》（*A Midsummer Night's Dream*）等的片段。虽是露天演出，也没有舞台，但演员的表演依然那么自然、投入。他们十分敬业，一丝不苟，吸引着众多的游客。每当表演告一段落，围拢在四周的游客都会给予热烈的掌声，发出阵阵的叫好声。

静坐在莎士比亚出生地花园的长椅上，穿行于花草树木间，流连于角角落落，都似乎感受得到莎士比亚的智慧，以及莎士比亚对社会与人生的思考，还有对真善美的颂扬与对假恶丑的鞭挞。一切的一切，都不禁让人强烈地感觉到，我们是在与大师进行零距离接触，似乎触手可及。这种奇妙的感觉，使人不由自主地感叹，莎士比亚从来就没有离开过我们。

（二）安妮·海瑟薇茅舍（Anne Hathaway's Cottage）

安妮·海瑟薇茅舍是莎士比亚妻子安妮·海瑟薇少女时期的居住之处，距离莎士比亚住处大约有1.5英里，除了机动车道之外，还辟有专门的步行小道，以供游客寻觅莎士比亚当年爱情生活的印迹。

安妮·海瑟薇茅舍是一座掩映在绿树丛中的优雅山房，共有18个房间，为典型的自耕农家庭的住宅。茅舍最为特别的是其屋顶：它是用麦秆铺盖而成的，因此屋内常年温度适宜。安妮·海瑟薇茅舍一直被英国人当作乡村家居的样板。

茅舍前有一个古朴、靓丽的花园，里面种植着种类众多、眼花缭乱的花卉灌木绿植，被誉为斯特拉特福镇上最迷人、漂亮的花园之一。

茅舍的左边还有一个苹果园，这是莎士比亚时代所有农家所必备的果园。

茅舍房内布置尽量保持原有的模样。室内的厨房、开放式壁炉、面包烤炉等都保存完好。墙壁上为黑白相间的典型的英国农舍的装饰。在壁炉前，还保

图 3　安妮·海瑟薇茅舍

留着当年莎士比亚与海瑟薇互诉衷肠的长椅与莎士比亚求婚时所坐的椅子。

1582年，莎士比亚18岁，海瑟薇26岁。由于当时莎士比亚还没有成年，他是在取得安妮父亲的许可之下才获准与她结婚并举办婚礼的。结婚时安妮已怀有3个月的身孕。

（三）玛丽·雅顿农舍（Mary Arden's Farm）

玛丽·雅顿（Mary Arden）是罗伯特·雅顿（Robert Arden）的第八个女儿，她后来成了莎士比亚的母亲。玛丽·雅顿农舍（Mary Arden's Farm）位于距离斯特拉特福镇7英里的村庄温姆柯克（Wilmcote），可以到斯特拉特福镇火车站乘坐火车前往玛丽·雅顿农舍。

玛丽·雅顿农舍建于16世纪，原是莎士比亚母亲玛丽·雅顿年轻时生活的地方。其父是土地贵族，家里的土地来自征服者威廉（William the Conqueror）给予家庭祖先的赏赐，包括位于温姆柯克的这个大农场。玛丽·雅顿深受其父喜爱，在其父去世后，便继承了这个面积可观的农场。

玛丽·雅顿农舍是用本地的木头和石头建造的，这座迷人的都铎风格的木结构农舍保留完整，农舍保留着一些当年的建筑，如花园、围墙、谷仓、牛舍等。

现在玛丽·雅顿农舍已经成为一座展示都铎时期乡村生活与文化的博物院。它不仅展现了当时的农场风貌和田园美景，农舍内部的物品还再现了都铎时期的家庭生活。农舍保留着早期的农畜品种；农场里面的工作人员都穿着莎士比亚时期的服装进行劳动、生产与生活。

图 4 玛丽·雅顿农舍

农舍也是游人参观以及体验农场生活的绝佳去处。农场内设计与安排有多种与动物有关的表演活动，包括飞鹰表演、群鹅巡游等，以及铁匠铺展示、剪羊毛、手工制作、射箭等等，以展示农场文化。在这里，游人还可以观赏田园风光，逗玩动物，探秘林地，欣赏都铎时期的音乐舞蹈，或者品尝都铎时期的美食。

（四）莎士比亚女婿荷尔的宅院（Hall's Croft）

荷尔宅院（Hall's Croft）由莎士比亚的女儿苏珊娜（Susanna）和她的医生丈夫约翰·荷尔（John Hall）所拥有。它位于旧城路（Old Town Road）上，是一座装潢精美的詹姆士式房子，里面展示很多都铎王朝时期的家具和绘画。荷尔宅院的主要部分建于 1613 年，其后分别于 17 世纪中期与 19 世纪进行两次扩建，名字取自莎士比亚大女儿苏珊娜的丈夫约翰·荷尔。荷尔是名医生，他和苏珊娜于 1607 年结婚。

图 5　荷尔宅院花园

在浩瀚的莎士比亚作品中，其剧本涉及的不仅关乎人文社会科学知识，还关乎自然科学知识。根据统计，莎士比亚在剧本里描写了200多种植物和130多种动物。此外，其剧本还涉猎服装、烹饪、占星术、炼丹术以及军事战略战术。

宅院有着一个有围墙的面积很大的后花园。在这个美丽的大花园里，种植着一株已有300多年树龄的桑树，更是栽种着许多莎士比亚剧本里提到过的传统植物，包括药草、花卉等；绿草秀美，鲜花烂漫，香气袭人。

花园里各色各样的美丽花草树木，非常和谐地衬托着这栋古老的建筑。在夏季时节，也不时在这个迷人的花园里上演莎士比亚的戏剧，让游人穿越时空，亲临其境，零距离感受都铎时期的风情。

（五）纳什老屋和莎士比亚新居（Nash's House and New Place）

纳什老屋（Nash's House）和莎士比亚新居（New Place）是莎士比亚的另一处故居。纳什老屋由莎士比亚孙女婿托马斯·纳什（Thomas Nash）所有，曾经是镇上最大的建筑；隔壁的莎士比亚新居是镇子上第二大的房子，它围着院子而建，建筑材料以木料与砖块为主，院子里还挖了一口水井，新居有多达10个壁炉。这是莎士比亚于1597年从伦敦返回故乡斯特拉特福后买下作为退休养老的住所，并在此寿终正寝。

莎士比亚去世之后，依照他生前立下的遗嘱，他最钟爱的大女儿苏珊娜继承了这座大房子。苏珊娜去世后，把这栋房子留给了她的女儿伊丽莎白。伊丽莎白嫁给了一个姓纳什（Nash）的人，就住在隔壁，因此，纳什老屋和莎翁新居就成了邻居。

纳什老屋是一栋都铎时期的房子，至今保存完好，是镇上的历史文物博物馆。室内装饰也尽量保持着纳什夫妇居住的原有样子。

相比之下，莎士比亚新居却是命运多舛。莎翁的外孙女伊丽莎白去世后，家族中再无其他后裔，新居先是回到了房子最初的建筑商的手里，后来于 1753 年被牧师弗朗西斯·格斯特尔（Francis Gastrell）买下。由于源源不断的游客慕名前来拜谒，这位牧师难忍游人之扰，在愤恨之下毁掉了莎翁亲手栽种的桑树。后来，在与本地居民甚至当地政府的对抗中，这位牧师竟然一气之下就把房子拆了！最终牧师被赶出了镇子，可是莎翁新居也变成了一片废墟。

如今，在纳什老屋右边，只有一片空地，那就是被拆掉的莎翁新居的原址。自从维多利亚时代起，考古人员就一直在对莎翁新居的遗址进行挖掘、整理与保护，并试图进行部分的复原工作。

不过，莎翁新居那设计精致的后花园得以传承下来。游人需要从嵌在树墙上的一个隐秘的小入口穿越进入这座花园。花园的面积很大，中间是宽阔的草坪，四周为花圃和树墙。花草树木，叹为观止，园中小径，蜿蜒迂回，漫步其间，惊喜连连。整座花园，设计美观，精妙精巧。

花园里同样吸引眼球的就是那些展出的莎士比亚戏剧故事人物的雕像，它们是现代艺术家的杰作。

花园里引人瞩目的还有两块雕刻。一块是于 1871 年制作的一座浮雕。浮雕上，左边站立的是缪斯戏剧女神（Dramatic Muse），右边站立的是绘画守护女神（Genius of Painting），而莎士比亚就坐在她俩的中间。

另一块是位于莎士比亚戏剧故事人物雕像群后面的一块总结性雕刻，上面刻着《暴风雨》（*The Tempest*）中人物普洛斯彼罗（Prospero）所说的收场白（Epilogue）。《暴风雨》是莎士比亚的收官之作，也是他创作的最后一部

图 6　莎翁新居花园

完整的戏剧。普洛斯彼罗的收场白被视为莎士比亚告别舞台的话语。大多数批评家都认为《暴风雨》中的普洛斯彼罗就是莎士比亚本人的象征与化身。剧中的普洛斯彼罗在完成了神圣的使命之后就放下了他的魔杖，而莎士比亚本人在创作完这部戏剧之后也告别了舞台。

四、文法学校（Grammar School）

世界各地的游客，怀着虔诚与探究的心情，络绎不绝地前来拜谒斯特拉特福这座小镇，寻找大师点点滴滴的成长足迹，其中的必去之处就是镇上唯一的文法学校。

英国最早的文法学校可以追溯到 6 世纪，但当时不叫文法学校，直到 14 世纪才被称作文法学校，也称为拉丁文法学校（Latin grammar school）。之所以如此称谓，是因为最初的文法学校几乎都隶属于教堂或修道院，主要讲授拉丁文。尽管后来文法学校的课程扩展到逻辑、修辞、历史等，但拉丁文仍然是主要课程。这些课程的开设，主要目的是培养精确的思维，知识与真理的认知能力，以期培植及拓展心智。宗教改革后，为了帮助人们阅读《圣经》原文，文法学校开始把希腊语和希伯来语作为学习的课程。①

在 1902 年之前，文法学校一直是英国初级教育的主力军，与公立学校并驾齐驱；1902 年之后，文法学校升格为可以升大学和就业的学校，即提供中等教育的学校，称为 secondary school，high school 或 county-school。

小镇的文法学校位于教堂街（Church Street），是一栋中世纪的二层古老建筑，砖木结构，白色粉墙，屋顶由麦秆铺成。学校于 15 世纪初由该镇圣十字架公会建造，1482 年由公会中一位天主教牧师将它捐赠出来作为免费学校。1553 年被命名为爱德华六世文法学校（King Edward VI Grammar School）。到 1913 年时，文法学校更名为国王爱德华六世中学（King Edward VI School）。

图 7　莎士比亚就读的文法学校

莎士比亚七岁时就开始就读镇上的文法学校，一直读了七年，十四岁那年因父亲破产不得不中断学业。由于当时该校享有的地位与声望，学校得以吸引到不少好老师前来任教，其中有两位牛津大学的毕业生本·亨特（Ben Hunt）与托马斯·詹金斯（Thomas Jenkins），据信他俩就一直在教授莎士比

---

① 赵丁：《英国文法学校的四次变革（1944—2017）》，《外国中小学教育》2018 年第 3 期。

亚，直至他离开学校为止。

莎士比亚在这里学习拉丁文、逻辑、修辞、历史等课程，并对古典文学和写作表现出极大的兴趣与天分。在文法学校学习的经典作家作品极大地影响到莎士比亚的戏剧与诗歌创作。例如，莎士比亚在创作《罗密欧与朱丽叶》的剧情与人物时，在很大程度上受到奥维德在长诗《变形记》中所改写的古希腊爱情悲剧"皮拉摩斯和提斯比的故事"的启发。莎士比亚的作品也极大地受到古罗马剧作家泰伦斯（Terence）、普劳图斯（Plautus）等的剧本的影响。此外，古罗马历史知识也让莎士比亚受益匪浅。

文法学校一楼进门处为当年的法庭，现用作展览厅，用于介绍该法庭、小镇以及文法学校的历史变迁。紧挨着的是原来的账房（Counting Room），如今也配备了现代化设备，循环播放用来介绍莎士比亚在学校学习情况的录像。

沿着木制楼梯上到二楼，头一间房就是校长寝室。隔壁联通的即是约450年前莎士比亚上学的教室，地板、桌子、书桌、长条凳等都是原品，它们写满了岁月的沧桑，但是依旧十分结实。

教室讲台的上方挂着刻有校名以及历任校长名字的匾牌。装扮成1577年在任的托马斯·詹金斯（Thomas Jenkins）的校长在严肃认真地教授拉丁文，并且时时刻刻地不忘强调学习拉丁文对于通晓欧洲文化的重要意义，毕竟该校毕业生莎士比亚就是一个最有说服力的例子……

五、圣三一教堂（Holy Trinity Church）

矗立在小镇南端的圣三一教堂（Holy Trinity Church）紧靠埃文河边，雄伟的钟塔倒映在埃文河的粼粼波光中。圣三一教堂始建于13世纪，迄今已有近800年历史，是莎士比亚接受洗礼和长眠的地方。

莎士比亚热爱自己的家乡，因为正是小镇那秀丽的田园风光和自然景色，还有淳朴的民风，为莎士比亚源源不断的创作提供了肥沃的土壤和不竭的养分。莎士比亚死后葬在圣三一教堂。教堂保存有他接受洗礼和去世的记录。

圣三一教堂在周日上午固定安排星期天礼拜仪式；而其他时间也有可能

安排葬礼与婚礼活动（一般情况下每场活动时间控制在一个半小时左右），但是，绝大多数时间都会对游客开放。

笔者曾经三次造访圣三一教堂，其中尤以 2012 年 5 月 19 日那一次的经历令人记忆犹新。

当天下午，笔者随着众多游客匆匆走过菩提树林荫道，来到了圣三一教堂前，却吃了个闭门羹。当天圣三一教堂前的公告栏提示，教堂对游客开放时间为上午 8 时 30 分至下午 17 时 40 分，期间下午 2 时教堂里要举行一场婚礼，因而从 1 时 30 分开始到 3 时不对游客开放。

那个下午，笔者与其他游客们在等待教堂里的婚礼活动结束之后，才得以进入教堂参观。

尽管当时未能在第一时间进入教堂，却借机拍到新人乘坐的马车；而且在婚礼仪式结束后还拍下了新娘新郎与亲朋好友在紧靠埃文河教堂一侧的合影，也算是意外收获。

圣三一教堂不大。教堂圣坛内摆放着莎士比亚受洗的圣水盆，不远处摆放着记载莎士比亚受洗和下葬的教区登记本复印本。在教堂的尽头就是主祭坛，它是用汉白玉做成的方形高台，高可隐人。莎士比亚家族的墓地就位于高台之下，莎士比亚、他的妻子安妮·海瑟薇（Anne Hathaway）、大女儿苏珊娜（Susannah Hall）、大女婿霍尔医生（John Hall）、外孙女的第一任丈夫托马斯·纳什（Thomas Nash）均安息在此。那里摆满各种鲜花，莎士比亚的塑像就静静地躺着。相比之下，斯特拉特福德的坟墓大多散置在教堂外。

莎士比亚墓地立有一块与众不同的石碑，上面镌有据信是其亲笔所写的四行咒语。原文为中古英语，用现代英语表述则为：

Good friend，for Jesus sake，forbear

To dig the dust enclosed here.

Blessed be the man that spares these stones，

And cursed be he that moves my bones.

（朋友，看在上帝的份上，千万别掘此墓。动土者将受灾，保护者会得福。）

图 8　莎士比亚的墓地

如此，本·琼生在挽诗中赞誉为"埃文河上的俊美天鹅"（Sweet Swan of Avon），就以这样一种特有的方式，静静地安息在风光旖旎、秀美如画的埃文河畔，守望着他深深眷恋的那片土地。

六、莎士比亚辞世 400 周年游行活动

"来自斯特拉特福的人"（the man from Stratford），这是莎士比亚在世时，最能体现他的身份、与家乡关联的指代称呼。

埃文河畔的斯特拉特福原本是个普普通通、少有人问津的英国小镇。但是，500 年前随着英国文学史上最杰出的诗人、戏剧家莎士比亚生于斯逝于斯，而使其显得不同凡响，超群绝伦。小镇以莎士比亚而存在，以其诗歌戏剧为荣。在斯特拉特福，几乎每一个角落都保留着莎士比亚的痕迹，每一年人们像过节一样庆祝他的生日，同时也犹如缅怀老友亲朋一般铭记他的辞世日。他们以莎士比亚为豪，他们比世界其他地方的人更懂得莎士比亚。

2016 年 4 月 23 日是莎士比亚辞世 400 周年的纪念日，一个百年一遇的重大日子。英国自 2016 年 1 月开始就在全球 140 多个国家和地区举办贯穿

全年的"永恒的莎士比亚"系列纪念莎士比亚的活动，包括音乐会、电影展播、戏剧表演、展览、朗读会、座谈会、研讨会等等。当然，这其中最为吸引人的莫过于 2016 年 4 月 23 日在莎士比亚故乡斯特拉特福隆重举行的纪念莎士比亚辞世 400 周年游行活动。

图 9　莎士比亚辞世 400 周年游行活动

斯特拉特福镇上游人如织，大街小巷挂满了各式各样的彩旗，不少人穿着莎士比亚生活时代的服饰。纪念活动于上午 10 时 15 分拉开帷幕。伴随着圣三一教堂的钟声，4 名青年推着鲜花簇拥的莎士比亚"棺木"从市政厅缓缓出发，守候在大街两旁的人们，依据英国葬礼的习俗，纷纷向"棺木"小车投掷迷迭香枝条；人们脱下帽子，肃然地目送这位伟人的"灵车"离去。

几乎在同时，游行纪念活动开始了。当地以及英国各地各界人士组成的游行队伍陆续从小镇的各条大街出发，朝着镇中心进发。参加游行的自然也有来自全世界各地的纪念莎士比亚辞世 400 周年代表团，如印度、巴西、波兰、德国、俄罗斯、美国、澳大利亚、加拿大、中国等。

游行队伍途经的街道两旁，飘扬着各国国旗；挤满了当地居民以及来自世界各国的游人，人们戴着莎士比亚头像面具，高声向莎士比亚这位文坛巨匠欢呼致敬。

游行队伍以乐队开道，伴随着英国国歌，游行队伍缓缓前行。当地官员、荣誉人士、剧团、中小学生、幼儿园、舞蹈队、军警等团队依次亮相。

他们衣着都铎时期或是当代盛装，手持鲜花，高举纪念横幅，挥舞着莎士比亚经典语录牌，甚至载歌载舞，全然一派既恭敬虔诚又喜气洋洋的气氛。活动结束后，许多人手捧鲜花前往埋葬莎士比亚的圣三一教堂献花祈祷。

游行队伍中有一支打出"中国抚州纪念汤显祖逝世400周年"横幅的中国代表团，这是来自被誉为"中国的莎士比亚"的中国明代戏曲家、文学家汤显祖故乡，号称"华夏梦都、才子之乡"江西抚州的代表团。

除了参加游行纪念活动，抚州代表团还举办了一系列活动，其中包括在莎士比亚故居的二楼书房举办汤显祖图片展，主要介绍汤显祖生平、汤显祖艺术成就和汤显祖故里；在莎士比亚故居花园表演《牡丹亭》片段以及展演抚州民间艺术傩舞与手摇狮，等等。

下午在斯特拉特福镇圣三一教堂前偶遇代表英国王室前来参加莎士比亚辞世400周年纪念活动的查尔斯王子，可同时也让我们失去进入教堂参观的机会，不得不说留下一丝遗憾。

七、永远的莎士比亚

歌德把莎士比亚说成是"说不尽的莎士比亚"；被法国人称为"我们的莎士比亚"的法国文豪大仲马感叹说莎士比亚之所创为最多，仅仅次于上帝。

对莎士比亚进行的研究早已跨越语言（翻译）与文学研究的范畴，呈现出极强的跨学科性，拓展到诸多领域，可谓是视角众多，五彩缤纷。

莎士比亚被广泛认为是英语语言中最伟大的作家和世界上最伟大的剧作家。他的戏剧有各种主要语言的译本，它们的表演次数也远远超过其他任何戏剧家的作品。

在莎士比亚故乡斯特拉特福镇，时时处处都感受得到莎士比亚的存在。这里的每个人，不是莎士比亚及其家族历史的讲述者，就是专程前来朝圣的虔诚倾听的朝圣者。

在莎翁的故乡，有一座享誉世界的大剧院——"皇家莎士比亚剧院"（Royal Shakespeare Theatre），每天都在上演莎士比亚的剧作，年复一年，从不间断。每年慕名前往小镇的朝圣客、旅游观光者超过 150 万；因此，前往剧院观赏莎士比亚剧作的观众总是络绎不绝，川流不息。

图 10　斯特拉特福镇的皇家莎士比亚剧院

这里数十家大大小小的书店摆满了莎士比亚的生平介绍、作品、研究论著等书籍。在商品经济时代的今天，镇上的人们还以另一种方法来纪念与传播莎士比亚。斯特拉特福镇上的许多店铺餐馆或是用莎士比亚的名字、或是用其剧本乃至剧中人物、地点、动物、物品等的名称命名。甚至是埃文河上的游船也用莎剧男女主角的名字命名，如奥赛罗（Othello，《奥赛罗》）、奥菲利亚（Ophelia，《哈姆雷特》）、鲍西亚（Portia，《威尼斯商人》）、考狄利娅（Cordelia，《李尔王》）、克娄巴特拉（Cleopatra，《安东尼与克娄巴特拉》）等等。

传说莎士比亚之所以文思泉涌，下笔如神，与饮用埃文河的水不无关系。因此，小镇用埃文河水酿造的"斯特拉特福酒"闻名遐迩，并且随着英国海外殖民扩张而远销到世界各地。

莎士比亚故居所在的街道，两侧由很多家小店铺组成，里面除了有关莎士比亚的作品等书籍外，主要出售品种繁多、琳琅满目的纪念品，包括服装、食品、酒茶、玩具、文具、日用品、提袋、装饰用品、明信卡片、纪念徽章等等，令人目不暇接，眼花缭乱，别有一番感触。

莎士比亚生前肯定没有料到，他还会以这样一种方式给家乡人带来如此看得见、摸得着的实惠。

莎士比亚作品已被译成世界上 100 多种语言。莎士比亚的作品一直在不断地被人们所喜爱和以不同的方式传承。

在世界上的绝大多数国家，莎士比亚的作品已经进入教材与课堂。无论是语言文学专业，还是世界（外国）文学课程，莎士比亚都是常客，毋庸赘叙。

时至今日，莎士比亚的悲剧、喜剧、历史剧、传奇剧、长诗、十四行诗都已译成汉语，其剧本几乎全都被搬上了舞台。在中国，莎士比亚的名字可谓妇孺皆知，他创作的人物形象已为千百万中国人所熟知，他的富于哲理的语录被频频引用，他的人文主义的思想已经深入人心。

爱恨生死、友情、人生、真实、真理、自由、尊严、幸福、正义等等，这些从来就是人类永恒的命题，为此人们对此进行永不停息的思考。伊拉斯谟说，愚蠢是一种公共危害；但丁认为，在善和恶之间不作选择，这本身就是一种恶；莎士比亚借由笔下的人物哈姆雷特说道，"生存还是毁灭，这是一个问题"，这是对人存在的深刻思考和发问。

莎士比亚给我们留下的经典，不仅可以让我们了解古人的观点，而且能够启蒙我们思考当下的问题。一方面，莎士比亚经典具有一定的时代性，是莎翁对其所处时代的观察和记录；另一方面，他的经典却超越了时空的限制，拥有直达人心与人性深处的力量，让我们得以洞察生命的本质。这种深刻性和开放性，对于人类永恒命题的思考，正是莎士比亚作品之所以能历经漫长的时间洗礼，不被历史淹没，反而历久弥新、焕发生机的原因所在。

在如今这样一个庸俗、浮躁、娱乐化的时代，重拾这些严肃命题的思考，显得异常重要与不可或缺。这就是莎士比亚等人文大家的经典作品能够青春永驻、持久永恒的秘密。

埃文河畔的斯特拉特福镇，你是世界各地虔诚的朝圣者永远向往的神圣之地！

沃尔特·莱利公民人文主义的思想来源 *

袁梨梨 **

前　言

　　公民人文主义出现在 15 世纪早期意大利城邦。公民人文主义这个术语在汉斯·巴伦的开创性著作《意大利文艺复兴的危机》中流行起来，成为共和政府的悠久传统，被波考克（Pocock）和斯金纳（Skinner）和他们的门徒所进一步发展。公民人文主义是指把人文主义运用和表达到政治中。杰弗瑞·M. 安德森（Jeffrey M. Anderson）认为："公民人文主义生长于这种人文主义者传统中，起源于这样一种观念，即古典作品是一个人为了公共生活而准备直接服务于实践目的。"①

　　公民人文主义在英国的发展情况与欧洲大陆不同。英国公民人文主义产生于都铎王朝，这是英国近代转型时期，也是英国文艺复兴的繁盛期。英国中世纪与文艺复兴时期之间没有突然的断裂，而是呈现一种连续性，"这种连续性并不是一种稳定的延续，而是充满了大量逐渐的转变和累积的创新"②。英国公民人文主义具有它的独特性。杰弗瑞·M. 安德森在《公职的荣

---

　　*　本文系 2018 年江苏省高校哲学社会科学研究基金项目"廷臣与都铎绝对主义国家的形成"（2018SJA0129）；南京林业大学 2020 年青年科技创新基金项目"近代早期都铎人文主义运动研究"。

　　**　袁梨梨，南京林业大学马克思主义学院讲师。

　　①　Jeffrey M. Anderson, *The Honorable Burden of Public Office: The Rise of English Civic Humanism in the Sixteenth Century,* B. A. Illinois Wesleenth University, M. A. Syracuse University, UMI, 2002, p.v.

　　②　［美］保罗·克里斯特勒：《意大利文艺复兴的八个哲学家》，姚鹏、陶建平译，广西美术出版社 2017 年版，第 180 页。

誉负担：16世纪公民人文主义的崛起》①中指出16世纪的英国政治生活有两个特征："首先，正如当前使用和理解的，它（公民人文主义）还没有很好地以英国的情形为特征进行考察；第二，它是时代错置的。"②但不能否定的是，在亨利八世统治所处的16世纪前半期呈现了一些新要素，而这对于英国人文主义者来说非常棘手。在这个特定的历史环境下，英国的政治正在孕育新的因素。16世纪中叶开始英格兰进入伊丽莎白一世统治时期，公民人文主义逐渐发展。成为一个公民人文主义者意味着坚持这些古典思想，并运用到他的公共生活或 / 和私人生活中。

莱利的公民人文主义思想和政治实践是分析英格兰政治思想的重要案例。沃尔特·莱利爵士（Sir Walter Raleigh，约1552—1618年10月29日）是近代早期英国重要的人文主义者、政治思想家。本文从莱利的著作出发，探讨其公民人文主义思想的来源。在文艺复兴时期，人文主义运动伴随着宗教改革和国家政治改革，人文主义内涵变得非常广泛，涉及各种哲学、政治思想、宗教信仰和法律习俗等方面的内容。英国人文主义政治思想的接受是一个历史过程。公民人文主义意味着同化，并将古典思想运用到16世纪的英国政治生活中，并且通过教育和其他政治和文化手段宣传了古典思想。而"16世纪是光芒四射成就彰显的传统社会之顶峰"③。在英格兰，人文主义与亚里士多德主义、柏拉图主义、基督教等交织在一起。詹姆斯·汉金斯④认为意大利公民人文主义对英国产生了影响。罗伯特·韦斯《意大利人文主义的传播》⑤认为巴洛萨·卡斯提利奥内（Balesar Castiglione）创作的《廷臣论》在英国传播甚广。英国吸收了其思想。韦伯在《〈廷臣论〉的命运》⑥中详细回溯了卡斯蒂利奥内的《廷臣论》从欧洲传播到英国的接受过程以及《廷臣论》对英格兰廷臣的思想产生的重要影响。莱利身后留下一些政论文

① Jeffrey M. Anderson, *The Honorable Burden of Public Office: The Rise of English Civic Humanism in the Sixteenth Century*.

② Ibid., p.v.

③ 许洁明：《十七世纪的英国社会》，中国社会科学出版社2004年版，第4页。

④ James Hankins, *Renaissance Civic Humanism,* Cambridge: Cambridge University Press, 2000.

⑤ Roberto Weiss, *The Spread of Italian Humanism,* Oxford: Basil Blackwell, 1937.

⑥ Peter Burke, *The Fortunes of the Courtier: The European Reception of Castiglione's Cortegiano,* Penn State Series in the History of the Book, New York: Cahners Business Information, Inc., 1996.

章，通过文本可以考察莱利公民人文主义政治思想的来源。他的批判性政治思想离不开文艺复兴哲学、马基雅维利主义思想、宗教改革思想和法律习俗等因素的影响，这也构成了其公民人文主义政治思想内涵，为理解英国廷臣群体的政治思想特征提供了一个蓝本。

一、莱利公民人文主义的哲学来源——文艺复兴哲思

英国的人文主义的文化内涵随着哲学思想的发展而不断丰富。文艺复兴时期的哲思对于伊丽莎白时代的人具有重要影响。"文艺复兴时代哲学史分为两个时期：人文主义时期和自然科学时期。我们也许可以把 1600 年作为两者之间的界限。"① 从 16 世纪到 17 世纪初期，对于科学的追求精神更为凸显。莱利跨越了伊丽莎白一世和詹姆斯一世两代君主，生平表现出对人文学科和自然科学的全面兴趣，是典型的人文主义者。"五花八门的人文主义思想，从新柏拉图主义到神秘主义和文艺复兴时期对魔术、占星术及巫术（弗朗西斯·叶芝对此已有论述）的着迷，再到毕达哥拉斯式数字象征主义、神话及寓言，都对欧洲的艺术和文学产生了深刻的影响……"② 莱利的多才多艺可见一斑。③

怀疑主义伴随着人文主义运动而发展。意大利的人文主义传到英国，英国的廷臣对此不断内化。怀疑主义在哲学史④上占有一席之地。"人文主义文化之被传播，导致了反经院哲学运动的兴起……怀疑主义以及通俗哲学的折衷主义又再生了。"⑤ 文艺复兴时期的多种类型哲学盛行，形成一股质疑批判的重要思潮，这给人文主义政治家提供了对国家政治和自由的思索空间。这时期的人的思想特质往往受多样化思想的影响，内容和表现甚为复杂。保罗·奥斯卡·克里斯特勒认为："人文主义者们的观点和思想是非常不一样的，而他们的共同特征则表现在一种在教育、学问和问题方面的理想上，表

① ［德］文德尔班：《哲学史教程——特别关于哲学问题和哲学概念的形成和发展》上册，罗达仁译，商务印书馆 1997 年版，第 472 页。
② 阿伦·布洛克：《西方人文主义传统》，董乐山译，上海三联书店 1997 年版，第 39 页。
③ 袁梨梨：《试析沃尔特·莱利作品中的人文主义特征》，上海师范大学 2012 年硕士学位论文。
④ 比如在伯特兰·罗素《西方哲学史》（上），梯利《西方哲学史》，文德尔班《哲学史教程》和《古代哲学史》斯塔斯《批评的希腊哲学史》等可参阅。
⑤ ［德］文德尔班：《哲学史教程——特别关于哲学问题和哲学概念的形成和发展》上册，第 475 页。

现在他们研究的问题和兴趣范围上。"①莱利兴趣涉猎广泛，创作诗歌、散文，写作历史著作，支持航海以及进行科学实验等，对许多问题都有研究。他的著作体现出来的质疑和批判态度，表现了其具有怀疑主义的精神，不唯权威是从，不人云亦云，善于透过现象抓住事情实质，对事情有自己的思索判断，理解事物的本质以解决问题。莱利对于当时英国政治的思索，对国家发展的关注，丰富了他的公民人文主义的内涵。

莱利的六卷本《世界历史》②充斥着其批判精神。③莱利在《世界历史》的前言中详细阐发了自己的怀疑主义理论，说明了自己的论证逻辑和创作目的，表达了他的人文主义思想，注重现实和世俗。施特拉特曼认为莱利《世界历史》前言中的论证是"对莱利哲学最好的一个解释"，一个"对他的怀疑立场的具体阐述"，以及他"对怀疑主义立场最大胆的陈述"④《世界历史》的前言里提到："当自然理性在思维中已经占据主导地位，就几乎不会遭到反驳，也不能够被推翻；每一个问题的思考中自然理性也是处于这样的地位，并且无限性被证明是人类知识遵守的基本规则。"⑤这是莱利的基本论证思维。莱利不是怀疑论的，而是批判性的，一般意义上趋向于反对已确立的方式，如在宗教事务或社会习俗方面保持冷静客观。但是尽管如此，莱利仍具有怀疑精神。"然而……我们在莱利的言语和作品中发现，在17世纪他最谦逊的声音是哲学上的怀疑主义。"⑥莱利虚心学习，坚持每天学习思考六小时，通过自己的思考，逐渐对自己国家和世界有了更深刻的认识。"虽然他不是系统上或持续的怀疑主义，但在他的推理逻辑和皮浪主义与古代经典怀疑主义形式之间有一个可识别的联系。"⑦他的著作表明怀疑主义只是作为他的一种思维工具，是对现成观点或者传统观点的反叛，而不属于不可知论。

① ［美］保罗·克里斯特勒：《意大利文艺复兴的八个哲学家》，第4页。
② Sir Walter Raleigh, *The Works of Sir Walter Raleigh,* 8 vols., Vol.2—7: Miscellaneous Work, William Oldys & Thomas Birch eds., Oxford: Oxford University Press, 1829.
③ 袁梨梨：《从〈世界历史〉看莱利的人文主义历史观》，《英国研究（第6辑）》，陈晓律主编，南京大学出版社2014年版。
④ Ernest A. Strathmann, *Sir Walter Raleigh, A Study in Elizabethan Scepticism,* New York: Columbia University Press, 1951.
⑤ Sir Walter Raleigh, *The Works of Sir Walter Raleigh,* 8 vols., Vol.2—7: Miscellaneous Work, pp.44—45.
⑥⑦ Ernest A. Strathmann, *Sir Walter Raleigh, A Study in Elizabethan Scepticism,* pp.219—220.

　　文艺复兴时期的怀疑主义是复活古典的怀疑主义。"极为相似的事情，在不同的历史环境中出现就会引起完全不同的结果。如果把这些发展过程中的每一个都分别加以研究，然后再把它们加以比较，我们就会很容易地找到理解这种现象的钥匙；但是使用一般历史哲学理论这一把万能钥匙是永远达不到这种目的的，这种历史哲学的最大长处就在于它是超历史的。"① 复兴古典文化正是文艺复兴所宣扬的人文主义的内容。在这个新的时代下，笼罩在神意的普照之下的人都具有一种"觉醒"的意识。"将 16 世纪美化为怀疑主义的世纪、自由思想的世纪、理性主义的世纪是最大的谬误与错觉。我们根据这个世纪最优秀的代表们的意志可以知道，恰好相反，这是一个受到神灵感召的世纪。它从万事万物中首先寻求的是神的形象。"② 这就是为什么莱利在《世界历史》第一卷的绝大部分章节是批判性讨论《圣经》的内容。《世界历史》也表现了莱利以自己时代的价值观为准叙述历史。莱利在那个处于变革中的博学时代③，一个层面上是说这个历史时期的历史学家博学多识，另一个层面则反映了那个时期历史著作的特色，即《圣经》批判的成分体现在历史著作里面。他对于《圣经》的批判就是对人世的重新重视，从历史中找到对于当前时政有利的方面，这是莱利公民人文主义的表现。

　　在这个宣扬德行的时代，莱利不唯传统，具有怀疑主义精神。他具有世俗和现实眼光，对事物的认识有自己的判断。"我们（文艺复兴时期）真理的特征是我们的德行，它也是最接近天道的标志，也是真理的最艰难、最可贵的成果。"④ 莱利追求功勋和荣誉，也做实事，是世俗的，但他是"另外一种世俗主义，即世俗主义的对抗，是文艺复兴的怀疑世俗主义（skeptical secularism）。它的政治先知是马基雅维利，以及它的最重要信条是宗教被

① ［德］马克思：《给"祖国纪事"杂志编辑部的信》，《马克思恩格斯全集》第 19 卷，中共中央马克思恩格斯列宁斯大林著作编译局译，人民出版社 1965 年版，第 131 页。
② ［法］费弗尔：《16 世纪的不信教问题：拉伯雷的宗教》，赖国栋译，上海三联书店 2011 年版，第 473 页。
③ 博学时代主要指 16 世纪后期至 18 世纪早期。在这个时代，西方史学在理论和方法上都取得了重大进展，尤其是在考证方法方面更是如此。但从历史进程来看，这个时代处于文艺复兴之后、启蒙运动之前，是一个过渡时期，因此也有学者将这个时期称为"后人文主义史学"时代。
④ ［法］米歇尔·德·蒙田：《蒙田随笔全集》第 2 卷，马振骋译，上海书店出版社 2009 年版，第 100 页。

划归为一种纯粹的政治因素"①。《世界历史》虽未能写到他所处的时代，但莱利在进行相关历史事件评论时会联系时政，对时政发表看法。比如，他对于如何平定爱尔兰叛乱问题②时提倡采用一些暴力手段等。他的唯国家利益至上的观点深得伊丽莎白一世赏识。《世界历史》中展现了莱利的精明马基雅维利主义思想，因此有必要以一种相当程度的怀疑主义精神重新考察他作为在英格兰传播马基雅维利主义的主要代表人物的各种著述。"③ 这足见莱利在英格兰传播马基雅维利思想的重要地位。像马基雅维利一样，莱利所做都是为了国家利益，其他都是达到政治目的的手段，他不迷信古典美德，但心存德行。欧洲大陆马基雅维利的政治科学概念的流行给英伦思想家们带来了新气息。

二、莱利公民人文主义的思想基础——马基雅维利主义

英国政治思想发展在不断地反省中认清自身，表现在传统与现代的博弈中，是一种政治现实与历史传统的互动过程。1532 年马基雅维利《君主论》的出版标志着西方政治思想史上的一个分水岭，道德和政治分离。政治作为一门科学由此产生。贬义词"马基雅维利主义"正由此书衍生出来，也使"政治"和"政客"含有了贬义。④ 马基雅维利思想在它问世后命途多舛，他的思想却从未停止传播，英格兰也深受其影响。马基雅维利最初通过其著作传播到英国而被英国人所知。"作为编辑和翻译者，意大利改革家深深地影响了近代早期马基雅维利的英国阅读者，包括从沃尔特·莱利到弗朗西斯·培根和威廉·莎士比亚。"⑤ 可见，包括莱利在内的许多英国有识之士受到意大利政治家马基雅维利思想的影响，这主要表现在马基雅维利思想在英国得到的具体阐释和运用。"我们必须研究英国人如何开始用马基雅维利的

---

① Felix Raab, *The English Face of Machiavelli: A Changing Interpretation 1500—1700,* London: Routledge & Kegan Paul, 1965, p.106.

② Sir Walter Raleigh, *The Works of Sir Walter Raleigh,* 8 vols., Vol.8: Miscellaneous Work, William Oldys & Thomas Birch eds., Oxford: Oxford University Press, 1829, p.578.

③ Alessandra Petrina & Mr Alessandro Arienzo eds., *Machiavellian Encounters in Tudor and Stuart England: Literary and Political Influences from the Reformation to the Restoration,* Farnham: Ashgate, 2013, p.74.

④ 见维基百科：https: //zh.wikipedia.org/wiki/%E5%90%9B%E4%B8%BB%E8%AE%BA.

⑤ Alessandra Petrina & Mr Alessandro Arienzo eds., *Machiavellian Encounters in Tudor and Stuart England: Literary and Political Influences from the Reformation to the Restoration,* p.127.

术语展现他们自身以及其社会的形象；但我们将发现这个过程包括了重申公民历史的积极和消极术语的两种使用形式，并且这决定了政府是一种现代对抗其现代性的行为体。"[1] 公民人文主义由此在英国出现，并且表现在国家和政府改革的各方面。

马基雅维利的思想在英国的传播有一个过程。"16、17 世纪对马基雅维利的兴趣弥漫在英国思想文化生活中的方方面面，但这种反响往往是矛盾的：英国马基雅维利主义远不是体系尝试，它的清晰性和多样性是它极其长久存活的基础。"[2] 当然，在英国最早的马基雅维利作品的印刷品出现更晚，"直到 1584 年，在英格兰已经出版的马基雅维利的唯一著作是《战争的艺术》"[3]。这部作品由彼得·威特赫姆翻译，1560 年在伦敦出版，1573 年和 1588 年分别重印，哈维和托马斯·迪格斯细致地阅读并在文章中进行引用。"当时英国印刷商约翰·伍尔夫在 1584—1588 年在伦敦成功地重印了基本所有马基雅维利的著作，情形发生巨大改变。"[4] 在 1584 年伍尔夫出版了《李维史论》，紧接着是《君主论》《卡斯杜乔卡斯卡尼传》和一些更早期的政治著作。之后，马基雅维利的著作才得到广泛传播和阅读。

莱利在英格兰人心中具有崇高地位，也深得女王喜欢。莱利是英国的重要廷臣和著名航海家。由于当时马基雅维利没有得到大家的公认，所以当代不少学者不愿意把莱利当作马基雅维利主义者，但还是有一些学者认为莱利是马基雅维利主义者。马基雅维利和莱利都是历史学家，后者受到前者思想的影响，两者都是从历史中汲取政治经验。"学者们强调了马基雅维利对威廉·托马斯和莱利的重要影响，他们的马基雅维利主义建立在这个佛罗伦萨人是一个谨慎的历史学家的基础之上。"[5]

莱利深谙政治技艺。他认为国家统治类型需要结合统治实际情况来决定。"他（莱利）了解政府类型，列举了古典政府类型，无论是好的和坏的，

[1] J. G. A. Pocock, *The Machiavellian Moment: Florence Political Thought and the Atlantic Republican Tradition,* Princeton: Princeton University Press, 1975, p.330.
[2] Alessandra Petrina & Mr Alessandro Arienzo eds., *Machiavellian Encounters in Tudor and Stuart England: Literary and Political Influences from the Reformation to the Restoration,* p.7.
[3][4] Ibid., p.124.
[5] Ibid., p.147.

纯粹的还是混合的，并对它作了丰富，把君主制进一步划分为等级制和选举制的，绝对的和混合的，世袭的和通过征服获得的，并且在《国家格言》中探讨了两种国家类型：分别为以伦理为中心的'常规'的国家和不以伦理为中心的'善变'的国家。"① 在历史进程中，德行并不是一直与政治并行不悖，而往往是互相对立不相容。国家通过设立机构来执行国家意志，维持统治。莱利在《大臣会议：包含帝国的主要统治艺术和国家奥秘》中举例说明"没有枢密院的统治，不仅仅在君主制和民众政府中是危险的，尤其对于独立君主而言是一个致命毁灭的时刻"② 。他还认为"在所有君主制中，议员或者枢密院事实上或者应当由值得尊敬的高贵者或者拥有普遍智慧或理解力的人组成"③ 。对莱利作品最近的权威研究想要排除莱利创作了《国家格言》④ ，正如排除莱利早期创作了《大臣会议》，他们从莱利作品的规律入手，最终却发现在他的文章中找不到证据。还认为"《国家格言》表面上非难马基雅维利，但是任何当代读者将看到这是一部'国家理性'意义上的'马基雅维利主义者'的文章，在这里智慧被运用在保存未被认可和已被认可的统治形式"中。⑤ 在阅读了莱利作品之后这些误解不攻自破。

莱利在《国家格言》中三次谈及并且评论了马基雅维利。比如他在《国家格言》中认为"在贵族之间，并且在贵族和人民之间秘密地制造宗教分裂和分歧，让一个富人反抗另一个，这样他们不会联合在一起，……"⑥ 这明显与《君主论》里的论述相似。莱利的大多数论述起源于《君主论》，可见他也熟悉马基雅维利的其他作品，但他用自己的方式来使用。"在一些其他场合，莱利引用马基雅维利只是作为一个争论的来源，并没有进一步地讨论或评价，而这些引用表现出他熟悉《君主论》《李维史论》和《佛罗伦萨史》。"⑦

这个思想多元的年代里，宗教和政治问题总是交叉并行，这是诸多问题中的一个棘手的不可避免要面对的问题。"伊丽莎白一世时期仍旧很多疑问，

---

①⑤ J. G. A. Pocock, *The Machiavellian Moment: Florence Political Thought and the Atlantic Republican Tradition*, p.355.

② Sir Walter Raleigh, *The Works of Sir Walter Raleigh*, 8 vols., Vol.8: Miscellaneous Work, pp.145—146.

③ Ibid., p.146.

④ Ibid., pp.1—34.

⑥ Ibid., p.25.

⑦ Felix Raab, *The English Face of Machiavelli: A Changing Interpretation 1500—1700*, p.70.

以及莱利是对这两个领域的模糊代表，并伴随着第一因和第二因的未解决的张力；他不能确定圣奥古斯丁的宇宙观念和马基雅维利的世界。"[1] 莱利在实践和思想上并没有完全分裂宗教和政治。在他的作品中可以看到他的宗教信仰，他的宗教观念也是世俗的。他的宗教信仰并不干扰他政治观的形成，在政治上他批判地对待社会中的问题。他开放的心态有利于形成开阔的视野和树立个人完美的理想。

三、莱利公民人文主义的社会条件——宗教改革思想

威克里夫是英国宗教改革的前奏，到了 16 世纪英国的宗教改革愈演愈烈，其中最为根本的问题是新教和天主教的信仰问题。同时欧洲大陆的路德、加尔文等的宗教改革传播到了英格兰，对英国宗教改革产生了影响。

伊丽莎白即位时英格兰内部处于因宗教分裂而导致的混乱状态。她的父亲亨利八世拉开宗教改革的序幕，弟弟爱德华六世继续新教改革，之后姐姐玛丽一世恢复天主教。在伊丽莎白一世继位的时候英国宗教问题急需解决。莱利也不可避免地受到宗教改革的影响，促成内在信仰和现实认识的思考。"每个时代都从心性上构建起自身的宇宙。"[2] 莱利寻求一个内在宇宙和外在世界的合一。莱利在奥里尔学院求学期间，到法国参加胡格诺战争，亲历了法国的 1577 年圣巴托罗缪大屠杀，感受到宗教革命的血腥。虽没有详细记载他的态度，无疑这对莱利带来了很大的震撼。"直到天主教主义在反宗教改革中开始重新基督化时，马基雅维利才被当作一个问题来看待。"[3] 政治思想受到宗教改革的影响。关于莱利的信仰，他的诗歌《热情的朝圣》[4] 表达了他虔诚的信仰和不变的忠诚。回国后，他并没有参与到宗教争论中，政治上尽量不表现出对宗教改革的态度，而是表现为积极致力于自身的航海事业以及构思后来的历史创作，同时努力通过各种活动追求个人声誉。

---

[1] Felix Raab, *The English Face of Machiavelli: A Changing Interpretation 1500—1700,* p.257.

[2] ［法］费弗尔：《16 世纪的不信教问题：拉伯雷的宗教》，第 2 页。

[3] Felix Raab, *The English Face of Machiavelli: A Changing Interpretation 1500—1700,* p.2.

[4] ［英］麦格拉思编：《基督教文学经典选读》（上），苏欲晓等译，北京大学出版社 2004 年版，第 444—446 页。

莱利具有历史批判精神。他在《世界历史》中那些关于圣经的历史章节虽然冗长无趣，但可见其批判性思维。"人们对历史的兴趣，通常源于个人的关注，最后往往陷入无休止的细节描述，无法自拔。这是对方法的探求，更确切地说，是对一系列复杂问题的批判性研究。"① 另外，对于《圣经》意译与教堂的问题争议由来已久，莱利的处理很灵活：重新审视和阅读经典史学记载以提供一些新的解答来解决国家现实问题。

《世界历史》前言的大部分内容充满忧伤的说教和严厉的控诉，极具个人感情色彩。② 他在前言的三分之一处沉浸于对亚里士多德教义的攻击，认为世界从未及时被创造，所以人们要去实践。亚里士多德的教义来自他的物质理论。物质和形式的联合潜藏着其他形式。形式是物质在变化中达到的形式。第一因是一种自由物质的形式，它自身没有推动因，本身就是推动因。这是亚里士多德认为的上帝纯粹（the actus purus）行为。纯粹的行为或第一推动者，是运动的有效原因，它不是神意。这根本上与基督教教义相对。在前言中莱利捍卫无限力量即存在的信仰，这无限力量从无中创造了这个世界。但莱利又相信时间创造信仰，信仰的教义是通过人的自然理性到达，不是通过信仰的帮助，而是通过事物的必要性。"……他相信自然理性判断，但这并没有很好地指引他继续探索，这令人极其奇怪。"③ 大多数古代哲学家是"真正博学的"④，已经发现了"真正原因的必要性，一个永恒的和无限的存在。"⑤ 从无中创造了这个世界，表明这是对中世纪经验哲学、对基督教教条的继承。莱利主张用理性进行思考，强调人的主动性，但并未向深处推进。

莱利是一个精力充沛的辩论者和研究者。他在《世界历史》中对圣经历史有很多阐述。当他处理神话历史时，莱利的阐述中会出现否定语言，他和许多其他的历史学家和神学家一样都会怀疑神话的叙述，从现实出发批判性

① ［法］费弗尔：《16 世纪的不信教问题：拉伯雷的宗教》，第 9 页。
② Sir Walter Raleigh, *The Works of Sir Walter Raleigh,* 8 vols., Vol.2: The History of the World, William Oldys & Thomas Birch eds., Oxford: Oxford University Press, 1829, preface.
③ Ibid., p.154.
④ Ibid., p.58.
⑤ Ibid., p.157.

地对待圣经历史，并且加入对于当时历史事件的评论。莱利质疑在可疑的神话历史的过程中已经找到真理，他被引导去全面地反省过去所有时代的晦涩性，即使有运用《圣经》和权威说法来进行文章论证，但仍然也存在与圣经历史叙述不一致的很多内容。莱利不再把《圣经》中对待神的态度看做是加入了人的因素，他的态度是世俗的。这些事实并没有体现莱利的典型风格或者与《世界历史》的语调相一致。《世界历史》明显地反映了文艺复兴时期鲜活的思想潮流，体现了莱利对自身和他与其时代的联系的反省。

莱利像欧洲其他人一样拥有自身的信仰，但没有过多介入宗教改革。在这个特定的历史时期，有多种因素共存，旧的平衡、稳定才能被打破，量的积累、渐进的过程才会中断，因而才会出现新的发展阶段。这个时期的人们是虔诚的基督徒，"大部分近代世界的创造者都有深刻的宗教性"①。同时代的宗教改革运动也激励着莱利思索。他的宗教信仰问题已有人研究。②宗教问题往往与政治问题紧密相连，"我们不能忽视每一个宗教派别，即使它起初不被政治权力所盗用，最终也难逃这一结果"③。不排除莱利利用宗教为政治目的服务的可能。正如在美洲殖民地，通过传播基督教，英国统治了殖民地的人们。

四、莱利公民人文主义的政治条件——"都铎悖论"

莱利的公民人文主义思想在政治实践中不断发展。莱利的出身事迹具体不可考，确切知道的是莱利早年在牛津大学奥里尔学院（Oriel College）读书，后来在内殿会馆（Inns of court）学习并在中殿律师会馆（Middle Temple）注册。"沃尔特·莱利爵士于1575年被接纳为会员，于1602年在另外一个中殿会馆的指挥下出海探险。"④他一生努力为国家服务。勇敢出航，致力于实现英格兰的发展和强大。尝试解决过渡时期的英格兰政治问题。在都铎时期的宗教改革和各个机构的运作中，塑造了君主与廷臣的博

---

① ［法］费弗尔：《16世纪的不信教问题：拉伯雷的宗教》，第475页。
② 参见阎照祥：《英国近代前期无神论思想拾零》，《世界历史》2010年第1期，第79页。
③ E. D. Marcu, *Sixteenth Century Nationalism,* New York: Abaris Books, 1976, p.87.
④ ［英］塞西尔·黑德勒姆：《律师会馆》，张芝梅编译，上海三联书店2013年版，第90页。

弈，但是君主在廷臣与议会之间调和，体现出比中世纪更大的王权。在宗教改革中，君主顺应潮流发展，实行中庸的宗教政策。"宗教和法律事实上限制了君主制的极端性。"[1] 自由思想和历史演进长存。"政治和政治文化的区别，本质上是政治行动和行为准则之间的正式和非正式的不同，这些不同决定行动与否。前者的历史是游戏玩家的历史，后者的历史是玩家思索其游戏的性质和局限的历史。理想地说，这两种历史应该被写成一种：政治'现实'在定义上是两者的混合。"[2] 这也是英格兰所面临的政治问题，并未得到解决。人文主义政治的本身局限未能解决都铎王朝晚期君主面临的各种问题，一直遗留到斯图亚特王朝矛盾爆发。正如张广智先生认为，欧美学者对于'贵族危机'的论战"在现代英国史学史上留下了明显的党同伐异的学派分野的历史印记"[3]。

16 世纪的英国法律主要是普通法占主导。莱利因罪被关押。莱利的审判过程遵循惯例。科巴姆做伪证，莱利最终百口莫辩。幸亏得到女王宠爱，伊丽莎白一世想办法进行营救，以关在伦敦塔换回一条命。莱利珍惜在伦敦塔里的时间，积极创作《世界历史》，发表自己对于历史的看法，以资现实问题。他在里面能够利用罗伯特·克顿爵士的图书馆，自由地与他的朋友们交谈和获得他们的帮助。[4] 他把自己的所思所想以及对于历史的理解付诸笔端，留待读者思考。最后莱利承诺出海航行，可惜并没有奏效，未能如愿出狱。

后来詹姆斯一世继位，莱利不再受宠。后来因航海事业牵涉西班牙利益而最终被处死。莱利的个人命运受到英国法律体系影响，也不可避免地影响了其人文主义政治法律思想[5] 的形成。公民在法律中的地位逐渐清晰化，公民人文主义进一步发展。

在 1603 年 11 月 17 日，温彻斯特举行了第一次对莱利的审判。对他的控告有：叛国并要推翻国王的统治；改变宗教信仰；带来罗马宗教迷信；勾结外敌入侵不列颠。在第一次审判后莱利被释放，但并没有完全洗清他的罪

---

[1]　Dale Hoak ed., *Tudor Political Culture,* Cambridge: Cambridge University Press, 1995, p.xxi.

[2]　Ibid., p.1.

[3]　姜德福：《社会变迁中的贵族》，商务印书馆 2004 年版，第 xxi 页。

[4]　Louise Crighton, "Sir Walter Raleigh", in A. W. Wood & A. R. Waller eds., *The Cambridge History of English Literature,* Cambridge: Cambridge University Press, 1909, pp.59—60.

[5]　Sir Walter Raleigh, *The Works of Sir Walter Raleigh,* 8 vols., Vol.8: Miscellaneous Works, pp.538—540.

名。詹姆斯一世上台后，1618 年重新审判并处以死刑。虽然其间莱利通过各种途径想要申请释放，并没有成功。后又因牵涉到西班牙的利益问题，最终被处死，"处死拉里（莱利）就成为西班牙进行和谈的条件之一。詹姆斯一世当时答应了这个条件"①。莱利被处死与同时期培根受贿却几乎没有受罪的结局形成鲜明对照。英国哲学家罗素这样评论培根时期的腐败问题："在那个年代，法律界的道德有些废弛堕落，几乎每个法官都接受贿赂，而且通常双方的都收。"② 罗素认为培根："他的获罪本是一场党派哄争中的风波，并非因为他格外有罪。"③ 当时英国法官收受礼物是普遍风气，并不影响他对案件的判决，事实上培根的被处罚更多的也是政治上争斗的结果。莱利被处死也是政治争斗的结果。更根本的一点是莱利的案件牵涉到国家间的利益，而培根案只涉及国内的党派之争。从长时段来看，莱利是一个处于转型时期的复杂国际关系的牺牲品。他代表了英国公民的积极探险精神，为英格兰民族寻求更为广阔的天地。

最终他面对不公正审判。面对死亡，他毫无畏惧。在其史学著作《世界历史》的最后还赞扬死亡："啊！能言善道的，公正的，强有力的死啊！别人劝不动的，你给说服了；谁都不敢妄作的，你做出来了；全世界的都在巴结奉承的人，你给赶出了世界而且加以轻侮。你把人类的一切难以想象的豪华伟大，一切的骄傲、残酷，都聚拢在一处用这几个字母完全盖起来了，'长眠于此（Hic jact）！'"④ 莱利面对不公正审判作出的一个人文主义者的自我安慰和表现出的乐观精神，正是对于死亡的敬重。莱利在 1618 年以叛国罪被处死，成为他作为一个公民人文主义者的最好证明。他用实践证明了他珍惜这一生的光阴，做尽可能多的有意义的事情。他坦然面对死亡，在面对审判时坦然接受死刑，以求与自我的和解。

---

① ［苏］施脱克马尔：《十六世纪英国简史》，上海外国语学院编译室译，上海人民出版社 1959 年版，第 94 页。
②③ ［英］罗素：《西方哲学史》下卷，马元德译，商务印书馆 1982 年版，第 62 页。
④ Sir Walter Raleigh, *The Works of Sir Walter Raleigh*, 8 vols., Vol.7: The History of the World, London: Thorndike Press, pp.900—901. 翻译引自梁实秋：《英国文学史》第一册，新星出版社 2011 年版，第 209 页。

结　论

　　莱利的公民人文主义在欧洲文艺复兴时期的英国产生，这是英国政治的表现。重臣威廉·塞西尔也是其杰出代表，"人文主义政治家必须为国家安稳、富强、统一以及和平而努力，塞西尔从未对此动摇不定"①。杰弗瑞·M.安德森说："我认为人文主义在英格兰的整个16世纪是以公民人文主义的形式表现出来的。"②他通过考察历史情境来窥视历史，"我尝试重新创造复杂关系网和行为，这始于他们早期作为剑桥大学的学生，一直持续到他们成熟后作为伊丽莎白一世女王的政府事务官员"③。一些早期著名的都铎王朝历史学家，如埃尔顿，尼尔，科耶尔·利德（Conyers Read）和华莱士·马克卡福瑞等人的研究已经显示了人文主义和伊丽莎白一世时期政治家之间的联系。杰弗瑞·M.安德森的英国人文主义研究有四个显著特征：1.把英国人文主义放在大陆文艺复兴的背景之下；2.展现了英格兰整个16世纪人文主义的持续性；3.集中在人文主义和实践政治生活之间的联系；4.解释了为什么公民人文主义被一些16世纪英格兰的同时代的人认为是有用的。在16世纪，英国公民人文主义者比一般认为的更为接近古代人的观点和态度。④它们的政治哲学很大程度上建立在假设基础上，正如雅戈尔（W. Jaeger）在他的古典作品《教育》（Paideia）中所描述的，文化通过教育它的领导人影响国家。人文主义者关于教育、人文主义的研究在那时对于英格兰是新鲜的，鼓励着实践智慧和其他古典美德，比如道德美德，这是功利主义的或者实践的，因此对高级政治是必要的。

　　莱利身为一个公民人文主义者，接受了良好的人文主义教育，积极参与政治，拥有现实和已成熟的心态来面对国内外复杂的形势，时刻以国家利益为准。英国的公民人文主义者，像一般的人文主义者一样，几乎没有耐心抽象地思索和关注学者的哲学。逻辑和语法并不与他们那么相关，但道德哲学和政治却相关。他们认为政治是人的最高追求之一。他们是实践的人，这有助于建设

① 袁梨梨：《试论都铎廷臣威廉·塞西尔》，《西华师范大学学报》2018年第2期，第65页。
②③　Jeffrey M. Anderson, *The Honorable Burden of Public Office: The Rise of English Civic Humanism in the Sixteenth Century*, p.i.
④　Ibid., p.vii.

性地消除道德和社会的分歧，也善于运用已经在欧洲大陆文艺复兴中复活了的许多古典思想模式来解决问题。他们甚至看到了这种模式正在不断适应并与英国政治生活相关；同时，他们正在形成新的典范，这是建立在他们的古典或者人文主义者的教育基础上，还培养了一种新的政治文化，旨在把英国转向与古人相配的一种国家。最为重要的假设表现在这个公民人文主义者的研究上。这些假设创造了一种人文主义坚持者的特殊态度、角度或者思维；人文主义给了他们某些思想模式和新的思想工具去分析和解决问题；公民人文主义在私人生活，尤其在社会生活中指导公民人文主义者的行为。事实表明，一种古典或者人文主义者的教育在政治实践生活中得到运用。廷臣在政治、宗教等领域内发挥才能，有利于国家政府建构。

莱利历史作品中有中世纪的史学叙述，但更多的是对于所处时代的前沿思考。他汲取马基雅维利思想的营养，分析了当时时代的问题，孕育了一些新的思想，赢得了史学领域的一席之地。由此也激发了英格兰民族热情，给英格兰民族带来希望。"一些最重要的中世纪模式被保留或沿袭下来，但正是传统力量与新生力量相互矛盾而又相互融合，才形成了文艺复兴时代岛国上特殊的政治断裂。"[①] 黑格尔曾把新旧两个阶段比喻为两种安定的状态，而把夹在中间的怀疑论哲学比喻为不安定的因素和环节。莱利在他的著作中表现出怀疑精神，但身为人文主义者，他寻找到的解决方式是爱，"只有爱（最典型的指君主 sovereign）才能为君主的不断的欲望开辟道路。爱体现在服从、受罪、付出、努力中；是爱以及君主对臣民的爱，正如上帝对君主不变的爱，将成为君主作为上帝最谦卑奴仆的祈祷"[②]。也正是这种对于国家公益的追求和对公民个人利益的保障才有利于英国政治演进。

总之，莱利作为英国文艺复兴鼎盛时期的著名全才，无论是在实践还是著述中都在历史上留下了重要一笔。莱利是思想和实践的统一者。在文艺复兴哲学、道德、政治、宗教和法律传统等因素的影响下形成了他的公民人文主义思想，并且一生都在践行。他是理解近代早期英国政治思想的世俗性和现实性融合的典型样本。

---

① ［英］佩里·安德森：《绝对主义国家的系谱》，刘北成、龚晓庄译，上海人民出版社 2002 年版，第 113 页。

② Sir Walter Raleigh, *The Works of Sir Walter Raleigh*, 8 vols., Vol.8: Miscellaneous Work, p.156.

都铎-斯图亚特王朝时期英格兰的占星术与政治表达

梁珉源 *

占星术是一门古老的技艺，所谓占星术，就是通过观测天象预卜运势，或者解释过往的技术。欧洲占星术的源头可以追溯到两河流域。[①] 中世纪晚期以来，人们对占星术的态度比较复杂：有些人尊崇占星术，将之视为关于星体的科学；有些人则视其为迷信思想，加以大力批判；还有的人怀揣矛盾心理研究占星术，对占星术理论不尽认同。在近代早期欧洲，支持占星术的学者赋予了占星术更多科学的属性，并且当时许多大学都设立了占星术学习课程。[②] 占星术的四大门类：运转（Revolutions）[③]、生诞（Nativities）[④]、择时（Elections）[⑤]、咨问（Interrogations）[⑥]，为求助于占星术的人提供多种服务，如选择吉时、预测运势、解释过往等。占星术将依星象而定的神秘性与天体

---

* 梁珉源，武汉大学硕士研究生。

① Hilary M. Carey, *Courting Disaster: Astrology at the English Court and University in the Later Middle Ages,* London: Palgrave MacMillan, 1992, p.3.

② 有波兰的克拉克夫大学（University of Kraków），英格兰的牛津大学（University of Oxford），法国的巴黎大学（Université de Paris），意大利的帕多瓦大学（University of Padua）等，参考 Darin Hayton, "Expertise ex Stellis: Comets, Horoscopes, and Politics in Renaissance Hungary", *Expertise and the Early Modern State,* Vol.25, No.1 (2010), pp.27—46; H. Darrel Rutkin, *Sapientia Astrologica: Astrology, Magic and Natural Knowledge, ca. 1250—1800I. Medieval Structures (1250—1500): Conceptual, Institutional, Social-Political, Theologico-Religious and Cultural,* London: Springer Nature Switzerland AG, 2019.

③ 运转（Revolutions）关注天气、政治领域中大范围而抽象的变化。

④ 通过绘制出生时刻的天宫图（horoscope）知晓个人命运遭遇。

⑤ 通过观察天象判定进行具体某事的最佳时刻。

⑥ 就任何关心的问题向占星师提出疑问，包括个人私事、疾病治疗或商业事务。

运行的科学性集于一身，反映出这一时期人们在界定"科学"这一概念上的探索。

占星师可以根据一个人出生时刻对应的天体方位预测此人的运势，也可以就当前的星象判断采取行动的最佳时机，这样的功能当然为权贵所看重，所以统治者对占星术的利用使占星术、占星师与宫廷政治产生联系。统治者可通过占星术获悉交战、行军或是发动政变的最佳时刻，了解接下来一段时间内运势的好坏。例如德意志王公库斯特林的马格里夫（Margrave of Küstrin）在神圣罗马帝国军队中与法国国王亨利二世（Henri II，1547—1559年在位）作战时，让手下的占星师皮特鲁斯·霍斯曼（Petrus Hosmann）用占星术挑选用于 1552 年战役的军队驻地。霍斯曼还绘制占星图 [1] 解释每天星体布局变化的含义，并以"幸运"与否评价当日的星体布局，以供库斯特林的马格里夫参考。[2]

在近代早期的英格兰，占星术与政治之间的关系同样密切。桑福德·V. 拉齐（Sanford V. Larkey）和哈里·拉什（Harry Rusche）等学者很早就关注到占星术对政治的影响问题。[3] 这一问题在最近一二十年得到更深入的挖掘，学者们从文化史、社会史、图像史等角度探讨了占星术对日常统治生活的渗透，占星术在公共领域的影响力，占星符号的象征含义如何表达政治意图等。[4] 并且这些研究将着眼点落于具体的案例与个人，更多关注占星师群

---

[1] 占星图（horoscope）是用以进行占星分析的工具图表，它会展示事件发生（例如人的出生）时刻太阳、月球、行星的位置，以及行星间的角度，也可称为天宫图，生辰天宫图（birth chart）。

[2] Claudia Brosseder, "The Writing in the Wittenberg Sky: Astrology in Sixteenth-Century Germany", *Journal of the History of Ideas,* Vol.66, No.4 (2005), p.565.

[3] Sanford V. Larkey, "Astrology and Politics in The First Years of Elizabeth's Reign", *Bulletin of the Institution of the History of Medicine,* Vol.3, No.3 (1935), pp.171—186; Harry Rusche, "Merlini Anglici: Astrology and Propaganda from 1644 to 1651", *The English History Review,* Vol.80, No.315 (1965), pp.322—333.

[4] Darin Hayton, "Expertise ex Stellis: Comets, Horoscopes, and Politics in Renaissance Hungary"; H. Darrel Rutkin, *Sapientia Astrologica: Astrology, Magic and Natural Knowledge, ca. 1250—1800I. Medieval Structures (1250—1500): Conceptual, Institutional, Social-Political, Theologico-Religious and Cultural;* Patrick Curry, *Prophecy and Power: Astrology in Modern England,* Princeton: Princeton University Press, 1989; Brendan Dooley, *A Companion to Astrology in the Renaissance,* Leiden: Koninklijke Brill NV, 2014; Ewa Kociszewska, "Astrology and Empire: A Device for the Valois King of Poland", *Journal of the Warburg and Courtauld Institutes,* Vol.73 (2010), pp.221—255.

体，以此作为观察不同时代政治文化、政治实践模式的切面。[①]

　　国内学界的研究，包括对古代中国的研究，涉及了中国本土占星术以及源自欧洲和伊斯兰的占星术在古代中国的发展演变，占星术如何对古代中国的王朝政治和地理划分产生影响等。[②] 此外，也有研究论及古典时期以来欧洲思想文化界对占星术的看法，以及占星术在医学、建筑等实用领域的价值意义。[③] 占星术在近代早期英格兰的政治生活中占有重要的地位，鉴于国内尚无相关研究，本文尝试在已有研究的基础上，结合相关文献和文本，探讨占星术在都铎–斯图亚特王朝时期与宫廷政治、内战进程和党派斗争之间的关系，揭示 16、17 世纪占星术与政治表达的关系，由此理解这一时期英格兰政治文化的一些基本特征。

一、16、17 世纪英格兰的占星术

　　16、17 世纪英格兰的占星术传承于中世纪欧洲的占星术，其根基是古典的亚里士多德（Aristotelian）宇宙观，认为天体运动掌控地球万物的生长和腐败，人世间大小事件的发生、发展都能在星象变化中找到依据。实际上，中世纪欧洲占星术依托的宇宙理论框架极为复杂，构成它的除了亚里士多德的宇宙物理观，托勒密的天体运行模型外，还有不同时代占星师对这一框架的补充。星象对下月世界（sublunar）[④] 的影响机制也借用了柏拉图主义者

① Hilary M. Carey, *Courting Disaster: Astrology at the English Court and University in the Later Middle Ages;* William E. Burns, "Astrology and Politics in Seventeenth-Century England: King James II and the Almanac Men", *The Seventeenth Century,* Vol.20, No.2 (2005), pp.242—253; Lauren Kassell, *Medicine and Magic in Elizabethan London, Simon Forman: Astrologer, Alchemist, and Physician,* Oxford: Oxford University Press, 2005.

② 参见朱浩浩：《变革与引进——明末清初星占学探析》，《中国科技史杂志》2020 年第 4 期；崔一楠：《占星术与两晋南北朝政治》，《求索》2021 年第 5 期；邱靖嘉：《天地之间：天文分野的历史学研究》，中华书局 2020 年版。

③ 参见高阳：《托勒密星宿医学思想研究：以〈占星四书〉为中心》，《自然辩证法研究》2017 年第 6 期；高阳：《文艺复兴时期西欧的星占学改革：以皮科的〈驳占星书〉为中心》，《自然辩证法研究》2021 年第 6 期；赵秀荣：《16—17 世纪英格兰占星医学的流行及其原因分析》，《史学集刊》2020 年第 1 期；陈祺：《曼托亚泰宫风神厅中占星学的应用》，南京大学 2018 年硕士学位论文。

④ 亚里士多德以月球为分界线，将宇宙分为上月世界（superlunary world）和下月世界（sublunary world），上月世界在恒星的位面（sphere）之下，共有七个位面分别承载和推动七大行星的运行，下月世界由四种元素构成，即火、空气、水和土，生长和腐败不断在下月世界中进行。

（Platonists）、毕达哥拉斯学派（Pythagoreans）的推论。[①]

中世纪欧洲占星学是在 12 世纪后引进、翻译阿拉伯典籍的运动中迅速发展起来的，因而也带有阿拉伯学者的思想烙印。如阿维森纳[②] 的特定形式（specific form）理论[③]，阿维罗意[④] 将事物内在力量和天体力量相钩联的理论等。[⑤] 到了 16、17 世纪，占星术向为更加精细化、专门化方向发展。一个很重要的步骤，是在更准确观察天体的基础上，用数学模型来表达天体运行规律，数学语言也使占星分析更加精细。这一时期最有代表性的天文学家开普勒和伽利略同时也是著名的占星师。

中世纪晚期到近代早期，欧洲知识阶层对占星术的态度比较复杂，既有人肯定占星术，也不乏否定的声音。支持占星术的学者有维兰诺瓦的阿诺德（Arnald of Villanova）、皮特罗·达巴诺（Pietro d'Abano）和马西里奥·斐切诺（Marsilio Ficino）等人。阿诺德区分了两种根据首要特性（primary qualities）和根据固有属性（property）运作的事物，断言后一种来源于天体影响。[⑥] 达巴诺在阿诺德的基础上对天体影响的思考更进一步：宇宙影响归因于光，尤其是天体运动；尽管星体不由四元素[⑦] 构成，它们也能被认为拥有首要特性，但只与它们在下月世界产生的影响相关。[⑧] 斐切诺对天体影响人类的方式也有自己的看法，他假定天体的力量能以独立于人类意识的方式运作，这种力量是世界客观性的体现，人们能利用它但不能左右它。[⑨]

[①]　Hilary M. Carey, *Courting Disaster: Astrology at the English Court and University in the Later Middle Ages,* p.8.

[②]　阿维森纳（Avicenna，980—1037 年），塔古克人，出生于布哈拉附近，中世纪波斯哲学家、医学家、自然科学家、文学家。

[③]　物质的整体被称为特定形式（specific form），它既不是物质的主要性状，也不是性状的综合体，而是一种完善了其表征中潜藏倾向的东西——换言之，是一种超越了表征的东西。

[④]　阿威罗伊（Averroes，1126—1198 年），是著名的安达卢斯哲学家和博学家，研究古希腊哲学、伊斯兰哲学、伊斯兰教法学、医学、心理学、政治学、音乐、地理、数学、天文和物理学。

[⑤]　Nicolas Weill-Parot, "Astrology, Astral Influences, and Occult Properties in the Thirteenth and Fourteenth Centuries", *Traditio,* Vol.65, (2010), p.203, p.206.

[⑥]　Ibid., p.205.

[⑦]　亚里士多德的四元素理论，四元素包括空气、火、水、土，亚里士多德认为宇宙星体由第五元素即以太（ether）构成。

[⑧]　Nicolas Weill-Parot, "Astrology, Astral Influences, and Occult Properties in the Thirteenth and Fourteenth Centuries", p.222.

[⑨]　Gregory W. Dawes, "The Rationality of Renaissance Magic", *Parergon,* Vol.30, No.2 (2013), p.43.

质疑否定占星术的学者针锋相对地批驳"天体影响"的理论，代表人物有尼科勒·奥海斯姆（Nicole Oresme）与皮科·德拉·米兰多拉（Pico della Mirandola）。奥海斯姆挑战了特定星体产生地球上神秘属性的理论[①]，皮科传承了奥海斯姆的反占星传统（anti-astrological tradition），从理念到技术，系统性地批判占星术。[②]虽有争论，但由于知识阶层普遍认可亚里士多德的宇宙观，进而基本上接受占星术的原理、方法。旗帜鲜明地反对占星术的学者实为少数，就连奥海斯姆也几乎是唯一反对天体影响观的中世纪学者。[③]

除一般学者外，教会人士也会质疑占星术的合理性。长期以来，不管是罗马天主教会，还是后来的英国国教会（Church of England），以及清教长老派（Presbyterian），其内部都不乏大批否定、贬斥占星术的人。批评者大都从两个方面指斥占星术，首先是从实际效用方面指出占星预测并不靠谱。比如，希波的奥古斯丁从古典斯多葛派思想中借用了一个巧妙的论点，[④]即指出占星术无法解释双胞胎，甚或在相同时间，在大致同一个地方出生的孩子的"命运"。[⑤]其次，批评者认为占星术在教理上与基督神学有冲突，这是占星术合法性的核心问题。他们认为占星术是异教和异端行为，认为天体决定论与人的"自由意志"（free will）[⑥]相悖，批判占星师声称的能够从天体运行中解释人间事件的决定论。[⑦]

然而占星术自中世纪以来，就一直为自己寻找在基督教话语体系中生存的合法依据。最基本的依据出自《圣经》（Bible），观测到伯利恒方向天空大

---

① ③ Nicolas Weill-Parot, "Astrology, Astral Influences, and Occult Properties in the Thirteenth and Fourteenth Centuries", p.227.

② Glen M. Cooper, "Approaches to the Critical Days in Late Medieval and Renaissance Thinkers", *Early Science and Medicine,* Vol.18, No.6 (2013), p.551.

④ Hilary M. Carey, *Courting Disaster: Astrology at the English Court and University in the Later Middle Ages,* p.12.

⑤ 占星术通过出生时刻的天宫图预测人的命运，而绘制天宫图的依据是那一时刻天体的相对位置，所以相同时刻出生的婴儿的天宫图应该是一致的。参见 Günther Oestmann, H. Darrel Rutkin and Kocku von Stuckrad, *Horoscopes and Public Spheres—Essays on the History of Astrology,* Berlin: Walter de Gruyter, 2005, pp.167—168。

⑥ 圣奥古斯丁和圣托马斯是其早期主要的倡导者，"自由意志"一般可以理解为上帝将自己的特征给予他所创造的人，即有自主的意志和活动能力，这是基督教圣经中提到能够使人犯罪或者得到救赎的自主部分。

⑦ Hilary M. Carey, *Courting Disaster: Astrology at the English Court and University in the Later Middle Ages,* p.13.

星的东方三贤（Magi）即为占星术士，他们跟着星星来到了耶稣基督的出生地。[1] 即使《圣经》中星体可以预测耶稣的诞生，也不足以打消神学家出于教义对占星术的质疑。于是占星师们大都极力宣扬占星术是完全表达和服务于上帝意志的，并且努力去除占星术中的主观因素，将之打造为以星体观测为基础的客观预测。曾为英王亨利二世（Henry II，1154—1189 年在位）服务的占星师阿德拉德（Adelard）为自己绘制了一幅占星图，以决定是否继续为君主服务。他写道："此图事关领主与上帝门徒之联结。"[2] 占星师宣扬自己对上帝忠诚的话语在 17 世纪也经常出现，占星师约翰·盖德博瑞（John Gadbury）在回应福音派牧师对占星术、占星师的攻击时说："天空是上帝的工具，他在其中掌控一切事情。"[3]

到了 17 世纪，占星师虽然依旧把"神意"作为占星预测的法理支撑，但是关注的重点已经转移到对星体科学的建构上。将占星术建设为充满理性的"科学"，会让其拥有更大合法性，更有底气回应神学家的刁难。并且这样做，使神意（Providence）更具象化地展现，甚至带有了理性色彩。正因如此，盖德博瑞为占星术辩护时毫无惧色，他说："所有科学都有它们的缺陷，一些伪装的神圣并无它们本应具有的好处，使得福音因此被忽视。"[4]

应该注意到，对占星术的神学攻击是伴随占星术受众、应用范围的扩大而来的。中世纪以来教会对占星术的批判没有遏制住人们对它的好奇心，部分上层贵族和精英学者对占星术的兴趣尤为浓厚，甚至不少修会学者也被占星术吸引，修道院图书馆中亦不乏大批占星藏书。[5] 这就造成了教会内部对占星术矛盾，甚至是暧昧的态度。在占星术于 16、17 世纪向自然科学靠拢的背景下，教会对占星术的批判已无多大实际效用。在实际应用上，占星术也基本克服了神学障碍，可以充分运用于政治、医学、日常生活、司法等诸

---

[1] *The Holy Bible, New International Version,* Zondervan, 2011, Matt. 2: 7—9.

[2] Hilary M. Carey, *Courting Disaster: Astrology at the English Court and University in the Later Middle Ages,* p.31.

[3] John Gadbury, *Astrology Proved to Be the Doctrine of Dæmons.; Envy Dissected, or, an Examination of a Spurious Pamphlet (Intituled, Astrology Proved to Be the Doctrine of Dæmons, & c.),* London: Printed for William Larnar, 1654, pp.A3—A4.

[4] Ibid., pp.A4—A5.

[5] Hilary M. Carey, *Courting Disaster: Astrology at the English Court and University in the Later Middle Ages,* p.43.

多领域。

在政治理论研究中，尼科洛·马基雅维利（Niccolò Machiavelli）在有关社会信仰的理论中大胆抛开基督教的精神统治地位，探讨社会信仰状态对国家的意义，一定程度上解释了占星术参与社会信仰体系的合理性。

马基雅维利非常重视社会信仰的纯洁性，将之视为维护社会稳定，保证统治有序进行的重要因素，"那些想要避免腐败堕落的王公和共和国，首先应该保证他们宗教仪式的纯洁并且永远保持对它们的崇拜"[①]。他认为的信仰纯洁是神意能向人间无阻碍地传达，而受当权者操控的"神意"玷污了信仰本身，"当神谕开始讨好当权者，并且神谕的虚伪（即偏离了对神明的崇拜）被人民（people）发觉，那么神谕会失信于大众并葬送任何好的制度"[②]。可见在马基雅维利看来，信仰是人民保持精神独立的一块高地，信仰的自然性关乎人民的信任，因而占星术也有理由成为社会信仰体系的一部分。

将天体运动作为天意表达的占星术在马基雅维利追求的公民信仰中有着独特的地位，这既植根于马基雅维利对上天的崇敬态度，也植根于"天意"、"命运"在文艺复兴政治中扮演的重要角色。菲利克斯·吉尔伯特（Felix Gilbert）认为马基雅维利相信历史不是人为的进程，它按照预定的方向行进且超脱人类的控制，人类在其中只能加快或延缓它的进程。[③] 所以马基雅维利主张统治者迎合时代潮流，拥抱"天意"，他称之为"时代属性"（the nature of the times）：

> 我也相信，那些使自己的处事方法应和时代属性的人会成功，同样地，如果自己的处事方法与时代音调不相和谐，那就会迎来悲哀。我们可以观察那些成功者是如何获得荣耀与财富的，他们可用不同方法走上通向荣耀与财富之路。[④]

[①] Niccolò Machiavelli, *Discourses,* Bernard Crick ed., Leslie J. Walker, S. J. trans., 3 vols, Vol.1, London: Penguin, 2013, p.212.

[②] Ibid., p.213.

[③] Anthony J. Parel, *The Machiavellian Cosmos,* New Haven: Yale University Press, 1992, p.42.

[④] Niccolò Machiavelli, *The Prince,* Peter Bondanella ed. & trans., Oxford: Oxford University Press, 2005, p.85.

占星术解读"天意"的功能在当时是被很多人认可的，因而占星术可作为迎合"时代属性"的辅助工具。马基雅维利将社会信仰中上天的权威与人的主动性相结合，为统治者巧妙运用占星术预留了空间。

英格兰学者很早就加入了占星理论研究行列，当中不少人将占星理论与政治理论结合，阐述占星术的政治内涵和影响。其中的代表人物有罗杰·培根（Roger Bacon）和弗朗西斯·培根（Francis Bacon）。

作为医生和科学先驱的罗杰·培根推崇星象占卜。他认为人应该按照上天（天象）的指示行动，对普通人而言这是安身立命之策，对牵扯王国命运的"大人物"而言，这是匡扶社稷之道。罗杰·培根谈及占星师的道德义务时指出：

> ……尤其是当处理国王和他们的儿子、其他王公、主教和其他大人物的事务，而与原则相冲突时，不光要为了他们的好处，也要为了他们的臣民、教会和全世界的好处。①
>
> 他甚至建议国王日常起居，处理事务应按照占星师的建议进行。②

到了16、17世纪，弗朗西斯·培根不仅继续了占星术理论建设，而且将占星术与政治之间的关系提升到了新高度。弗朗西斯·培根既钟情于探求宇宙奥秘，又曾在宫廷担任要职，这为他思考占星术与政治的关系提供了基础。在他晚年出版的著作《知识的进步》（De augmentis scientiarum）中，培根阐述了改良占星术理论的思想和占星术与政治的内在联系。他认为现有的占星术中有很多迷信和谎言成分，必须予以革除。例如主导行星统御关系（planctary rulcrship）③以及按精确时间点绘制占星图的传统。④培根认为应该在保留最重要且合理的占星术传统前提下，将不合理的部分剔除，使占星方法体系更客观可靠。

---

① Roger Bacon, *Secretum secretorum*, p.9. 转引自 Hilary M. Carey, *Courting Disaster: Astrology at the English Court and University in the Later Middle Ages*, p.35。

② Hilary M. Carey, *Courting Disaster: Astrology at the English Court and University in the Later Middle Ages*, p.35.

③ 将一天中不同时间段的运势分属七大行星掌管，并且运势的变化以小时为单位。

④ Günther Oestmann, H. Darrel Rutkin and Kocku von Stuckrad, *Horoscopes and Public Spheres—Essays on the History of Astrology*, p.174.

在提出心目中的占星理念后，培根进一步探讨了占星术与政治的联系。他认为占星术能被运用于对自然环境和政治的重大关切中，进行相应预测，其目的应是认知事物间的具体联系，为现实事务服务，"将之应用于犀利的哲学或政治决断中"①。

在医学领域中，盖伦医学体系中所谓的"关键时期"（critical days）理论②便建立在占星术的基础上。他认为开具药方时应密切关注月亮的盈亏。③尽管这一理论受到质疑，但是星象与治疗时机的密切联系仍得到普遍的认同。16世纪意大利学者杰罗拉莫·卡尔达诺（Girolamo Cardano）虽然反对盖伦选择特定月份进行治疗的方法和"关键时期"理论，但是他的目的是将盖伦思想中他认为错误的占星学成分加以改造，使之更为合理。④到了近代早期，此类观念仍拥有大批信众。比如，16、17世纪的一些英格兰妇女便相信占星术能帮助她们怀孕，当时的占星师西蒙·福尔曼（Simon Forman）的案例记录（casebooks）中记录了大量此类寻求占星受孕治疗和建议的妇女。⑤

占星术与近代早期英格兰人的日常生活密切相关。中上层人士（Genteel and middling people）也青睐于占星术，他们希望通过占星术了解自己的运势。比如，一位苏塞克斯郡的商人萨缪尔·杰克（Samuel Jeake）将占星图作为日记书写的基础，来解释他生意和健康的好坏。⑥占星术与大众最广泛的接触渠道是占星年历（Almanac）和占星预言册子的出版流通，占星年历中往往会包含预言。作为近代早期英格兰最普及的印刷品之一，年历是家庭的必需品，占星年历也非常受欢迎。⑦很多占星师都撰写年历，或就某

① Francis Bacon, *Of the Avancement and Proficience of Learning or the Partitions of Science,* Oxford: Printed by Leon Lichfield printer to the University, 1640, p.153.

② 盖伦认为身体部位与星体紧密相连，因此病人个体与天空紧密相连，在疾病诊断与治疗时有一个与天体运行密切相连的"关键时期"。

③ Glen M. Cooper, "Approaches to the Critical Days in Late Medieval and Renaissance Thinkers", *Early Science and Medicine,* Vol.18, No.6 (2013), p.540.

④ Ibid., p.561.

⑤ Lauren Kassell, "Casebooks in Early Modern England: Medicine, Astrology, and Written Records", *Bullentin of the History of Medicine,* Vol.88, No.4 (2014), p.599.

⑥ Mark S. Dawson, "Astrology and Human Variation in Early Modern England", *The Historical Journal,* Vol.56, No.1 (2013), p.35.

⑦ William E. Burns, "Astrology and Politics in Seventeenth-Century England: King James II and the Almanac Men", *The Seventeenth Century,* Vol.20, No.2 (2005), p.242.

一事件、天象进行占星预言。比如因为惧怕 17 世纪著名占星师威廉·里利
（William Lilly）对日蚀的预言，到了那一天，很多人躲在家中，以躲避日蚀
的灾厄。①

占星术在司法领域也有应用，占星术理论认为人出生时刻的星象决定了
他具有相对应的天体属性，表现为特定的体貌，占星术甚至能根据天体方位
推理出事件大致经过。因此，有些人认为占星术可以帮助法官还原案发现
场，确定罪犯的体貌特征。②

占星术还在英格兰的贵族和宫廷圈中广受欢迎。占星术不仅能满足权贵
们探求天体宇宙奥秘的好奇心，彰显统治者推崇科学的形象，最重要的是它
能为统治运势进行预言，提供建议。亨利六世（Henry VI，1422—1461 年，
1470—1471 年在位）时期，占星术在英格兰的大学和宫廷中取得了稳定的
地位。③ 到了 16、17 世纪，占星师在英格兰宫廷更加活跃。依赖于统治者
的委托与信任，占星术在宫廷政治决策中甚至可以扮演重要角色。例如 1672
年查理二世（Charles II，1650—1685 年在位）在与议会的斗争中，就发表
宗教宽容声明是否会招致议会报复的问题向占星师阿诗摩尔④咨询，因为议
会认为此举是想支持信仰天主教的约克公爵继位。阿诗摩尔又求助于占星师
威廉·里利，两位占星师将财政大臣（Lord High Treasurer）和国王咨询这
个问题时的占星图、国王的生辰天宫图与太阳的运行轨迹进行比照，得出了
国王发表议会讲话的最吉利时刻。⑤ 后来国王果然按照占星师的建议行事。

二、都铎时期的占星术与宫廷政治

中世纪晚期以来，占星师的身影经常出现在英格兰的宫廷里。历代国王

---

① Nicholas Campion, *The Medieval and Modern Worlds, A History of Western Astrology Volume II*, Cornwall: MPG Books Group, 2009, p.156.
② Mark S. Dawson, "Astrology and Human Variation in Early Modern England", pp.38—39.
③ Hilary M. Carey, *Courting Disaster: Astrology at the English Court and University in the Later Middle Ages*, p.10.
④ 阿诗摩尔（Ashmole，1617—1692 年），英国古典学家，政治家，占星师和炼金术研究者，他在英国内战中支持王党，并在查理二世复辟后被奖赏数个有利可图的职位。
⑤ Nicholas Campion, *The Medieval and Modern Worlds, A History of Western Astrology Volume II*, pp.159—160.

中，虽有排斥占星术者，但是总体来说，占星术在宫廷中取得了稳定和受尊敬的地位。占星师在宫廷中不仅编撰占星书册，作为呈献给国王的消遣或是忠告，还作为咨询师用占星知识解答国王的疑问。例如亨利七世（Henry VII，1485—1509 年在位）的御用占星师帕伦（Parron）在 1499 年 10 月 15 日完成的上呈国王的作品《关注周围星体的致命力量》（*De astrorum succincte vi fatali*）中，建议国王寻求专业帮助以对抗星体的毁灭性力量，因为这种力量曾使爱德华四世（Edward IV，1461—1470 年，1471—1483 年在位）的儿子全部夭亡。[①] 当王后安妮·博林（Anne Boleyn）怀孕后，渴望男嗣的亨利八世（Henry VIII，1509—1547 年在位）咨询他的御医和占星师，他们都保证王后将诞下男婴，于是大喜过望的亨利八世决定举办骑士比武和宴会等以示庆祝。[②] 占星术能在宫廷中获得受尊敬的地位，更重要的原因是当时的宫廷御医大都接受过占星术训练，他们的治疗方法中有很多占星术成分，宫廷御医有时也能以占星师面目示人。1504 年 11 月被亨利七世任命为首席医生（chief physician）的乔瓦尼·巴蒂斯塔·博埃里奥（Giovanni Battista Boerio）即为一名经验丰富的医生和占星师，他随后也做了亨利八世的首席医生。[③]

统治者对占星术的喜好，使得占星术进入宫廷和贵族圈，成为宫廷文化的组成部分，甚至影响到宫廷政治。如达瑞尔·鲁特金（H. Darrel Rutkin）所言，骑士精神、人文主义和占星术，它们在独立和相互交叉的领域中，例如学术、政治和文化领域，提供了定义文艺复兴宫廷的要素。[④] 亨利七世在成为英格兰国王之前就对占星术有着浓厚兴趣，他是英国历史上第一位设立宫廷占星师的君主。[⑤] 为投其所好，一本后世称为《阿伦德尔 66》（*Arundel 66*）[⑥]

① Hilary M. Carey, "Henry VII's Book of Astrology and the Tudor Renaissance", *Renaissance Quarterly*, Vol.65 (2012), p.687.

② Alison Weir, *Henry VIII: The King and His Court*, New York: Random House Publishing, 2007, pp.224—225.

③ Monica Azzolini, *The Duke and the Stars: Astrology and Politics in Renaissance Milan*, Cambridge: Harvard University Press, 2013, p.30.

④ H. Darrel Rutkin, *Sapientia Astrologica: Astrology, Magic and Natural Knowledge, ca. 1250—1800I. Medieval Structures (1250—1500): Conceptual, Institutional, Social-Political, Theologico-Religious and Cultural*, p.656.

⑤ Hilary M. Carey, "Henry VII's Book of Astrology and the Tudor Renaissance", p.662.

⑥ 此书作者和献书者均难以考证。

的占星书籍被献给亨利七世，这本书展现了英格兰在星象研究和其他形式的预言领域中的成就。[1] 亨利七世也藉由表现对占星术的热爱彰显自我丰富的学识和高雅的品位。

1558 年玛丽女王（Mary I，1553—1558 年在位）去世后，伊丽莎白公主（Princess Elizabeth）继位（Elizabeth I，1558—1603 年在位）。她让宠臣罗伯特·杜德利（Robert Dudley），即后来的莱斯特伯爵（Earl of Leicester）以私人身份拜访当时著名的占星师约翰·迪（John Dee），请他算出最吉利的加冕日期。[2] 约翰·迪经过占星计算后，告知最佳的加冕日期是 1559 年 1 月 15 日星期天，伊丽莎白于是选择这一天进行加冕。伊丽莎白一世作为都铎王朝一位极其重要的君主，她的即位无论是以历史的视角还是从当时人们的眼光看来都具有重要意义，而伊丽莎白一世的加冕典礼作为当时英格兰头等重要的政治事件，选择遵照占星师给出的吉日举行，其背后的原因是多重的：首先，在近代早期英格兰，占星术是一种被普遍认可的择日工具。其次，约翰·迪是伊丽莎白信任的占星师，他早在伊丽莎白被软禁在伍德斯托克（Woodstock）期间就与她有书信往来，并且在约翰·迪的影响下，伊丽莎白对天文学和占星术产生了浓厚兴趣。[3] 最后，伊丽莎白即位之初面临的一系列挑战与压力，使她不得不用一种类似"天启"的方式宣告自己权力的合法与正当。这些挑战与压力包括天主教徒对她身份的质疑，[4] 类似约翰·诺克斯[5] 的对女性统治者的敌视，英格兰新教徒对一个能够护佑宗教改革顺利进行的君主的期盼等，加上法国预言家诺查丹玛斯（Nostradamus）为 1559 年进行的预言充满了悲情色彩，使很多英格兰民众也对女王头年的统治持悲观态度。[6]

---

[1] Hilary M. Carey, "Henry VII's Book of Astrology and the Tudor Renaissance", p.665.

[2] Richard Deacon, *John Dee: Scientist, Geographer, Astrologer and Secret Agent to Elizabeth I,* London: Frederick Muller, 1968, p.46.

[3] Ibid., p.31.

[4] 在天主教徒眼中，伊丽莎白是亨利八世与安妮·博林之间非法结合的后代，因为这段婚姻没有被教皇认可并导致亨利八世被罗马教廷绝罚。

[5] 约翰·诺克斯（John Knox，1514—1572 年），苏格兰新教牧师、神学家、作家，苏格兰宗教改革运动的领导者，1558 年发表册子《反对女性可怕统治的第一声号角》（*The First Blast of the Trumpet Against the Monstrous Regiment of Women*），抨击英格兰玛丽一世等女性君主的统治。

[6] Benjamin Woolly, *The Queen's Conjurer: The Science and Magic of DR. John Dee, Adviser to Queen Elizabeth I,* New York: Henry Holt and Company, 2001, p.54.

如果从占星理论入手解读这一日期的选择，这一天木星位于白羊座，表明伊丽莎白会具备政治家需要的公正、独立、宽容的品质，并且火星位于天蝎座会给她带来君主需要的激情与决心。[1] 选择这一天加冕昭示着伊丽莎白将会是一位伟大的明君。

君主在欣赏占星术之余，还必须管控占星术在王国内带来的政治风险。在最接近君主的宫廷中，占星术有时会成为政治斗争的牺牲品。伊丽莎白即位后不久，一股新的反巫术浪潮在英格兰兴起，"猎巫"（Witch-Hunting）的矛头不仅对准民间的巫术活动，也成为进行宫廷权力角逐的武器。莱斯特伯爵罗伯特·杜德利因为与女王的亲密关系而遭到他人妒忌与憎恨，他被政敌控诉以巫术罪名。17世纪作家詹姆斯·霍韦尔（James Howell）的《书信集》（Letters）中保存着当时人对他的污蔑，"莱斯特就是一个怪物，他第一个把巫毒之术（art of poysoning）带入英格兰"[2]。在这股猎巫浪潮中，约翰·迪被丑化为邪恶的巫师，而由于杜德利与约翰·迪的紧密关系，他的政敌更是声称他雇佣约翰·迪实施邪恶计划，并且社会上流传着杜德利任用约翰·迪等术士制作占星图和咒语的传言。[3] 我们看到，莱斯特公爵的敌人将占星术连同与其有关系者树立为攻击的"靶子"，借反巫术的旗号清除政敌，甚至可以编造谣言以求达到目的。除此之外，占星术潜藏的与叛国、间谍罪行的联系[4] 充实了攻击者进行政治表达的依据。在宫廷斗争中，占星术和其他"巫术"被推到风口浪尖，不仅说明了在都铎时期的英格兰，"信仰"问题是决定个人政治命运的关键，也说明了占星术与信仰问题间复杂的关系使其成为政治攻击的抓手。

伊丽莎白一世即位之初，王位更替与宗教冲突使社会陷入动荡。加上1558—1559年国际局势风云变幻，英法有可能因为苏格兰问题重启战端，加重了社会不安定情绪。当时出现了许多对伊丽莎白一世不利的预言，多为

---

① Benjamin Woolly, *The Queen's Conjurer: The Science and Magic of DR. John Dee, Adviser to Queen Elizabeth I*, p.56.

② Richard Deacon, *John Dee: Scientist, Geographer, Astrologer and Secret Agent to Elizabeth I*, pp.48—49.

③ Ibid., p.49.

④ 在这一时期的英格兰，私自制作君主的占星天宫图是非法行为，因为这可被用于刺探重要情报，例如预知君主的死期。

伊丽莎白的反对派所作，包括苏格兰女王玛丽（Mary Queen of Scots）和她身后的吉斯家族（Guise family）势力。这些预言有极强的政治意味，例如预测伊丽莎白活不过一年，玛丽将接过王座。[1] 另外一些唱衰时运的占星预言也在削弱民众对女王的信心。一本在安特卫普（Antwerp）印刷又在英格兰流通的预言集《对 1559 年的预言》(*The Prognostication for 1559*) 对 1559 年 2 月进行预测时说："正如预兆显示和告知我们的那样，痛苦、灾难、困难将在接下来的一年中来临。"[2] 针对这些言论，1562—1563 年，议会下令禁止出版任何形式的预言册，对违者将给予严厉的处罚。[3] 此后一段时间内，占星册子的出版受到严格的审查，一直到内战前，占星册子中很少出现与政治相关的内容。

占星术是一门危险的技艺，将它应用于政治实践中意味着需要承担很大风险。当占星术带来的政治风险令统治者无法忽视时，他们对占星术的态度就会趋向保守，而同时这种"风险"也能服务于宫廷政治斗争。统治者对占星术怀有复杂的心态，原因一部分在于统治者借占星术实现政治目的的欲望，与占星术带来的政治风险是同时并存的。有时占星预言连同其他预言一样，是政治集团操作下的棋子，不过通过管控占星预言的传播，统治者能宣示维护自身统治地位的立场，这同样也是一种策略性的政治表达。正如 1562—1563 年议会通过的法令说上一个预言出版禁令[4] 的失效"使王国内阴谋集团的煽动和叛乱骤起，并让更多人胆敢创造和出版如此荒诞的预言"[5]。

三、内战和复辟时期的占星术与政治表达

对于英国内战的研究，过去学者们已经关注到双方在政治表达中所使用的工具或媒介，比如对内战时期"新闻书"（News-book）的政治宣传作用的

[1]　Sanford V. Larkey, "Astrology and Politics in The First Years of Elizabeth's Reign", p.172.

[2]　Vaughan, *Almanacke and Prognostication for 1559*, London: Thomas Marshe, 1558。转引自 Sanford V. Larkey, "Astrology and Politics in The First Years of Elizabeth's Reign", p.176。

[3]　Ibid., p.185.

[4]　在爱德华六世（Edward VI, 1547—1553 年在位）统治期间也发布过限制预言出版流通的法令。

[5]　Sanford V. Larkey, "Astrology and Politics in The First Years of Elizabeth's Reign", p.185.

研究，① 其实占星术和占星师在双方舆论战中也发挥着重要的作用，有时甚至影响着内战的进程。帕特里克·库瑞（Patrick Curry）认为，占星术在内战时期迎来了它发展的"黄金时期"。其原因可能在于国家和教会秩序的崩塌，使得人们倾向于从另一种信仰体系中寻求寄托，这为占星术在决策中发挥独特的引领作用提供了条件。正如库瑞所强调的：

> 首先，当持有这样或那样的观点而摇摆不定时，上天能给予揭示特定宗教或政治立场的神圣意见；其次，在做出关键决定时，天象用神圣手段（它本身是没有利益立场的）提供建议。②

这一时期，一批占星师积极参与到政治斗争中。他们基于自身的政治立场，为当权者提供服务，以此获得政治地位和财富。忠于议会或王党的占星师都开始利用他们的预言和写作为各自的阵营服务。教会也放松了对占星出版物的审查，使得占星师的政治言论更容易为民众所知。王党派占星师乔治·沃顿（George Wharton）便攻击议会派占星师约翰·布克和威廉·里利，谴责他们煽动民众：

> 里利大师和布克大师应为他们（制造的）那些贻害不浅的册子负责，他们竭尽全力用各种模棱两可的欺骗性话语煽动、制造叛乱和阴谋，策划反对陛下的恶行。③

内战期间，交战双方均非常看重作战时机的把握，占星师可以为将领寻找战机提供占星建议。1645 年，威廉·里利通过占星，注意到六月份火星

---

① 方正、叶海涛：《17 世纪英国内战中的政治宣传及其效果：以新闻书为分析模本》，《南京航空大学学报（社会科学版）》2017 年第 1 期。

② Patrick Curry, *Prophecy and Power: Astrology in Modern England,* Princeton: Princeton University Press, 1989, p.22.

③ George Wharton, *The Works of that Late Most Excellent Philosopher and Astronomer, Sir George Wharton, Bar. Collected into One Volume,* London: Printed by H. H. for John Leigh, 1683, p.211.

将对国王的运势不利，随即建议议会军采取行动。[1] 果然在六月的纳斯比战役（Battle of Naseby）中，议会军决定性地击败了王军，这也让里利名声大噪。在 1649 年，内战接近尾声之时，里利和约翰·布克被邀请去科尔切斯特（Colchester）激励 4000 人的议会军围城部队。他在阵前对士兵们说道："大伙儿注意我的话，勇敢的男儿们，你们将得到此月应许的胜利，用战斗来证明吧。"[2] 可见，占星师利用军队和普通民众对占星术的信仰、对占星师的崇拜可以鼓舞和安定军心，争取民众的支持。

内战时期，占星册子中的政治要素非常普遍。占星师在其中或为政治、军事行动寻找星象依据，或就某个天文现象做政治化的解释。约翰·布克就 1646 年 7 月 12 日土星和火星在金牛座的交汇出版占星册子，他在册子中说：

> 主啊，爱尔兰人和他们的联盟派朋友（confederate Friends）教皇党人在海内外各地做着什么样的不轨谋划？是什么样的密谋、暗自交通和背叛？他们在勾结设计什么样的阴谋对付可怜的英国新教徒和其他人？但是最黑暗的一天必须终结；在今年的那一天到来时，火星和土星在金牛座相遇交汇，爱尔兰中部会敲响可怕的警钟，不久之后这就会成真。[3]

他随后在书中斥责乔治·沃顿这样的王党人发表恶意反对议会和英格兰王国的作品。[4]

为王党派服务的占星师中，最具代表性的当数乔治·沃顿。他不仅是著名的占星师，还亲自募兵勤王。后来的王党派占星师约翰·盖德博瑞称："他（沃顿）将所有继承的遗产变卖，化为对国王的忠心与荣耀，他支持陛下的事业与利益，并招募了一支英勇的骑兵。"[5]

---

[1]　Nicholas Campion, *The Medieval and Modern Worlds, A History of Western Astrology Volume II*, p.154.

[2]　William Lilly, *William Lilly's History of His Life and Times from the Year 1602 to 1681*, London, 1715, pp.131—132.

[3]　John Booker, *A Bloody Irish Almanack, or, Rebellious and Bloody Ireland, Discovered in Some Notes Extracted out of an Almanack*, London: for John Partridge, 1646, p.6.

[4]　Ibid., pp.7—8.

[5]　George Wharton, *The Works of that Late Most Excellent Philosopher and Astronomer, Sir George Wharton, Bar. Collected into One Volume*, pp.2—3.

沃顿在 1645 年的占星预言册子中，为牛津大学、牛津城（此时牛津是内战中王党的大本营）和国王的荣耀与安全寻找星象依据：

> 太阳（星座第一官的主人）并没出现在天空的南角，这是主管帝国、统治、尊严、文书和艺术的一官。它为两颗良性的行星环绕，木星和金星在上升，而且不受制于任何恶性星位的支配。[1] 此乃著名的牛津大学和牛津城获得荣耀和安全的明证。[2]

随后，沃顿还声称预见了查理一世于 5 月 7 日开始的军事行动的胜利和议会叛乱的最终失败。[3]

上文提到议会派占星师约翰·布克就 1646 年 7 月 12 日，土星和火星在金牛座的交汇发表占星预言。有趣的是，沃顿就同一天文现象也出版了占星册子，两人得出截然相反的结论。沃顿在册子中论战的意味更加浓厚，他直接驳斥布克对火星、土星交汇的看法"仅出于他的恶意，和对爱尔兰王国的仇恨；王国被（他的言论）所迷惑，他的谬论是对占星术的侮辱"[4]。沃顿不仅直接辱骂布克为"无知的小狗"、"小丑"，还从占星技术和道德层面对他进行攻击。[5] 两派占星师在舆论宣传上的斗争异常激烈。

占星册子在作为政治宣传工具时能囊括丰富的内涵，并非一味地政治说教与申辩。其中甚至会包含解释地震发生原因、介绍节日庆典，以及介绍威斯敏斯特（Westminster）历史的内容，以最大限度吸引读者。[6] 在详列一年的星历时，作者会先描述自然宇宙的四时运动，宇宙星空的变换格局，接着会分析揭示天体运动对时局、王国命运的影响。政治说教和申辩与天象融为一体，后者为前者提供有力的支撑。如布克为 1646 年土星、火星在金牛座交汇而作的占星预言中，表达了对王党、爱尔兰联盟派（Confederates）和

---

[1] 在占星术理论中，特定星体和星体方位的组合有良性和恶性之分。
[2] George Wharton, *The Works of that Late Most Excellent Philosopher and Astronomer, Sir George Wharton, Bar. Collected into One Volume,* pp.216—217.
[3] Ibid., pp.221—222.
[4] Ibid., p.225.
[5] Ibid., p.241.
[6] Ibid., pp.322—324, 1—33.

教皇党等天主教势力联合进攻议会派的担忧。[1] 他之所以特别关注此次交汇，是因为爱尔兰的地理方位在星座映射上属金牛座管辖，而土星和火星在占星理论中属于凶相星体。两颗凶星在象征爱尔兰的金牛座中交汇，布克便借此大做文章，宣扬王党及天主教势力必然失败的命运。内战期间，不同阵营的占星师对相同天象做出的矛盾预测，表明了他们的占星预测实则以天象为依据，为政治宣传服务。正如 E. P. 汤普森所说的，"宗教、魔法、占星术、预言——都在一套象征语言中运作，当它们转化为理性的论据时，就会丢失原有的意义和超自然的内在。"[2]

在内战中，有立场坚定的占星师，也存在骑墙而立的占星师。在理想的政治坚持与现实状况面前，占星师需要做出抉择，也会左右摇摆不定。乔治·沃顿在 1650 年 4 月 24 日的信中感谢怀特洛克（Whitelocke）过去给予的巨大鼓励，并要求他继续赞助自己。而这位怀特洛克即为议会政府中的权势人物，他同时也是里利的主要保护人。[3] 威廉·里利在第二次内战爆发时，更是有"我支持议会，但也支持君主制"这样的纠结心态。[4] 王党分子简·霍尔伍德小姐（Lady Jane Whorewood）在 1647 年到 1648 年间，三次向里利寻求占星服务，因为她正密谋查理一世（Charles I，1625—1649 年在位）的逃跑计划，但国王对占星建议的轻视使越狱计划泡汤。第一次查理被关在汉普顿宫（Hampton Court），里利建议他逃到埃塞克斯（Essex），但是查理却到怀特岛（Isle of Wight）落脚，于是再次被捕并被关到卡里斯布鲁克城堡（Carisbrooke Castle）。第二次里利让简·霍尔伍德小姐亲往探视国王，让她带着一把金属锯子以锯断监牢栏杆，不过前提是按照他给出的占星建议操作。然而国王再次无视了占星建议。[5]

1660 年斯图亚特王朝的复辟标志着保守主义的强势回潮，在维护国家

---

[1] John Booker, *A Bloody Irish Almanack, or, Rebellious and Bloody Ireland, Discovered in Some Notes Extracted out of an Almanack,* p.6.

[2] Günther Oestmann, H. Darrel Rutkin, and Kocku von Stuckrad, *Horoscopes and Public Spheres——Essays on the History of Astrology,* Berlin: Walter de Gruyter, 2005, p.263.

[3] Patrick Curry, *Prophecy and Power: Astrology in Modern England,* p.41.

[4] William Lilly, *An Astrologicall Prediction of the Occurrances in England, Part of the Years 1648. 1649. 1650,* London: Printed by T. B. for John Partridge and Humfrey Blunden, and are to be sold in Blackfriers going into Carterlane, and at the Castle in Cornhill, 1648, p.A5.

[5] Nicholas Campion, *The Medieval and Modern Worlds, A History of Western Astrology Volume II,* p.154.

稳定的旗号下激进主义被无情打压。[①] 17 世纪 60 年代通过的《礼拜统一法》(*Uniformity Act*) 和《克拉伦登法典》(*Clarendon Code*) 加强了教会和国家的权力。在这样一种扫除"威胁"、"不安定"的政治气氛中,激进的政治精神被冠以"狂热"的恶名成为当局攻击的首要目标。内战时期,占星师因为介入政治,在公众面前频繁现身和众多政治性著述,使其形象与议会革命 (Parliamentary revolution)、查理一世之死甚至极端宗派联系起来[②],为当局所排斥。查理二世即位后,便对那些"激进革命派"的占星师进行打击。威廉·里利于 1660 年被正式审讯,意在清理当时参与弑君行为的人员。[③] 1662 年,忠实的王党分子、国教徒罗杰·雷斯特伦治 (Roger L'Estrange) 得到国王授权去"搜剿一切煽动性的书籍和诽谤册子,逮捕作者,并带回交给议事会 (council)。"不久之后,他被委派为"犯罪调查员"(Surveyor of the imprimery),尤其负责印刷品方面的审查,打击包括占星师在内的政治反对派和激进分子。[④]

在排斥法案危机 (Exclusion Crisis,1678—1681 年) 中,辉格党人利用占星术表达了对约克公爵继位的反对,依据是 1682—1683 年土星和木星在狮子座的交汇。[⑤] 在这场危机中,占星师和年历作家扮演了重要的政治角色,他们当中的绝大多数都站在辉格党人一边。[⑥] 詹姆士二世 (James II,1685—1688 年在位) 即位后,为了回击辉格党人借占星术对他的政治攻击,下令封禁年历中的占星预测,第一批在此禁令下出版的年历于 1685 年面世。[⑦] 除了以法令打击的手段外,詹姆士二世对占星术的政策也比较灵活,他通过与效忠王权的占星师合作,压制敌对的声音。王党占星师约翰·盖德博瑞在特许出版的占星年历中,支持詹姆士二世复兴英格兰天主教和保留常备军的政治主张。[⑧] 他还与支持辉格党的占星师约翰·帕特里奇 (John Partridge) 进

---

① Patrick Curry, *Prophecy and Power: Astrology in Modern England,* p.45.

②③ Ibid., p.46.

④ Ibid., p.47.

⑤ Tim Thornton, *Prophecy, Politics and the People in Early Modern England,* Woodbridge: The Boydell Press, 2006, p.100.

⑥⑦ William E. Burns, "Astrology and Politics in Seventeenth-Century England: King James II and the Almanac Men", p.242.

⑧ Ibid., p.244.

行论战，声称帕特里奇"这个卑鄙之人不做出煽动性的和叛国的预言就没法活"①。虽然在复辟时期占星术仍有一定的影响，但它已无法像在内战时期一样，表现出十足的张力与政治煽动性。

结　语

综上所述可见，占星术在都铎-斯图亚特王朝宫廷中有广泛的应用，它可以为统治者提供占星建议、娱乐消遣，以及治疗疾病的方法。在宫廷政治的舞台上，占星术也可以是实现政治野心的工具。统治者对占星术的喜好，更使占星文化成为装点宫廷的要素之一。当占星术的受众群体超出宫廷范围，更多利益群体希望借助它实现政治目的时，占星术的政治内涵也得到了深化和扩展。16、17世纪政治理论家挖掘占星术作用于社会信仰、理政准则的内涵，使占星术逐渐超脱自身范畴；占星术以"自然理性"的标签示人，占星师对基督信仰无比虔敬的态度，成为占星术大张旗鼓宣传自身合法性的凭据，也成为占星术参与政治话语、政治表达的深层次的"理论自信"。从这个角度看，占星术创造的政治话语，更多的是对原有"天命神授"话语进行的拆解和重组。正如约翰·布克宣扬自己用占星术正确预言议会军的胜利时说：

> 上帝的神意使那些预言成真，事实证明，难道我们不是先拿下布里斯托尔（Bristoll），接着围攻埃克塞特（Exceter），以及在眼下的三月于康沃尔（Cornwall）击败这些虚张声势的骑兵吗，所以现在他们（王党）在这些预言中看到了自己的耻辱和天赐荣耀的应验。②

在布克的表述中，"上帝"不仅是占星启示的源泉，更是占星预言应验的保证。

对于内战进程而言，占星师威廉·里利对战机的判断促成了战争局势的

---

① John Gadbury, *Reply to That Treacherous and Blasphemous Almanack for 1687,* London: s. n., 1680, p.17.
② John Booker, *A Bloody Irish Almanack, or, Rebellious and Bloody Ireland, Discovered in Some Notes Extracted out of an Almanack,* p.A5.

扭转，占星术的"天命话语"曾鼓舞了军心士气，为战役取胜做出了贡献。占星师利用占星预言对民众进行的政治宣传，占星师之间的论战乃至骂战，都表明了占星术对内战时期政治舆论的深度参与。复辟时期，占星术的被标签化虽然使其遭受打压，但也表明它成为了一种影响政治文化的元素。尽管受到制约，复辟时期的占星术依旧保有政治表达的功能，并成为辉格党人表达政治诉求的武器。

占星术的政治影响力在经历内战的黄金时代后逐渐衰退，这是多种因素共同作用的结果。虽然占星术理论和应用在 18 世纪继续得到发展，对应不同受众，还分化为三个基本种类——"低端"（大众）占星术，"中端"（决疑）占星术（judicial astrology）[①] 和"高端"（宇宙学—哲学）占星术。[②] 但是由于越来越多的自然科学研究者对占星术的"科学性"提出质疑，统治当局和教会对预言传播的管控，政治运作的日益科学化，以及内战一代占星师去世后英格兰占星师队伍青黄不接等原因，使占星术的政治影响力逐渐下降。不过，在大众文化领域，占星术作为一种文化载体和文化符号，连同其象征的超自然神秘内涵，却获得了长久生命力，直到今天仍然有着广阔的受众市场。

[①]　一种根据星象给出相对具体的预测或建议的占星术，因其常被用于政治、军事领域，所以又被称为"军国占星术"。

[②]　Patrick Curry, *Prophecy and Power: Astrology in Modern England*, p.95.

英国海洋史研究

"我们即将进攻一座铁山":
1603—1660 年英国的海军舰队建设

陈　剑[*]

"英国人要攻击一座金山；而我们即将进攻一座铁山"[①]，第一次英荷战争初期荷兰的一名观察员如是说道。所谓的"铁山"（mountain of iron），是指英国在役的海军舰队。最终，荷兰败于英国的"铁山"，战争以《威斯敏斯特条约》的签订落下帷幕。大航海时代，海军力量的发展壮大，是英国在军事领域最为突出的进展。在此历史阶段，战舰是高科技的集中呈现，舰队实力是一国综合实力的重要指标，舰队建设对各方面要素的协同与合作要求甚高。这些特征决定了海军舰队建设需要长期的投入。在英国海军发展史上，1603 年至 1660 年是一段不可忽视的时期，起到了承前启后的历史作用。在此期间，英国海军在专业化、常备化与国家化的发展方向取得显著进展，海军舰队建设集中体现了以上趋势。

对于近代早期英国海军舰队建设，国内外学术界已经取得一定成果。在国外学术界，尼古拉斯·罗杰的两卷本英国海军通史反映了近代早期海军史

---

[*]　陈剑，复旦大学历史学系世界史专业博士研究生。
[①]　Charles Wilson, *Profit and Power: A Study of England and the Dutch Wars,* Haugh, Boston and London: Martinus Nijhoff, 1978, p.60.

研究的前沿成果 ①；此外，也有众多涉及舰队建设问题的专论 ②。在国内学术界，夏继果、谷雪梅、张亚东、胡杰、计秋枫等学者的研究对海军舰队建设或有专论，或有着墨。③ 从既有的研究成果看，仍有进一步深入的余地：第一，对于 1603 年至 1660 年海军舰队发展不够重视；其二，相关研究对这一时期海军建设的连续性关注不足。有鉴于此，笔者以 1603 年至 1660 年英国海军舰队建设作为研究对象，在相关研究成果与史料基础上，对此期间海军建设的特征、原因及影响加以分析，以补充现有研究的不足，希望有助借此加深学界对英国海军乃至海权发展的规律认识。

一、海军舰队演变的特征

16 世纪是英国近代海军的初创时期，海军舰队建设取得初步成效，但仍然带有较强的封建特征；到 17 世纪下半叶，英国海军舰队无论在规模抑或性质上，都与 16 世纪形成较大的差异。作为上述两个时代的中间阶段，1603 年至 1660 年海军舰队的演变发挥了承上启下的作用，下文从三个方面就相关演变进行讨论。

从专业化程度看，海军战船的专业化水平显著提升。技术进步等因素推动了战舰与商船相互分离。在中世纪，英国商船与战舰之间不分彼此，两者通过一定的改造可相互转换。在 16 世纪，在专业化需求影响下，战舰形态快速更迭演变，军舰与商船出现分化。这一时期，英国战舰的发展主要体现在侧舷火炮的使用，以及战舰形态的变化。到了 17 世纪上半叶，海军技术

---

① N. A. M. Rodger, *The Safeguard of the Sea: A Naval History of Britain, 600—1649*, New York and London: W. W. Newton & Company, 1999; N. A. M. Rodger, *The Command of Ocean: A Naval History of Britain 1649—1815*, London: Allen Lane, 2004.

② Michael Oppenheim, *A History of the Administration of the Royal Navy, 1509—1660*, London and New York: John Lane the Bodley Head, 1896; C. D. Penn, *The Navy under the Early Stuarts*, Leighton Buzzard and Manchester: The Faith Press, 1913; Bernard Capp, *Cromwell's Navy: The Fleet and the English Revolution, 1648—1660*, Oxford: Clarendon Press, 1992.

③ 夏继果：《都铎王朝时期英国海军的创建与发展》，《齐鲁学刊》2001 年第 6 期，第 96—99 页；谷雪梅：《英国海军与第一次英荷战争（1652—1654）》，《宁波大学学报（人文科学版）》2006 年 6 月，第 79—96 页；张亚东：《论英第一帝国时期的海军》，《湘潭师范学院学报（社会科学版）》2004 年第 5 期，第 88—91 页；计秋枫：《近代前期英国崛起的历史逻辑》，《中国社会科学》2013 年第 9 期，第 180—204 页。

继续取得进步。例如在 1618 年，随着冲水甲板（flush deck）引入海军，允许水手更加快速地为火炮填装弹药，成为"炮击作战对登船作战思想的胜利"。[①] 到 17 世纪中叶，在军舰的专业化基础上，海军形成战列线作战战术。另一方面，除了远洋航行的商船之外，英国商船进一步去武装化。在 17 世纪初，英西战争的结束使英国恢复和平，商船在设计上加大了内部仓储空间，以适于大宗商品的运输，相应地弱化了商船的武装功能。

战舰之间也出现相异的发展趋向及特定的分类标准。海军发展主要有两个方向。其一，建造体型庞大的巨舰，它们是海军力量的象征。1610 年，"王家太子"号（Royal Prince）战舰建成下海，此舰是英国历史上首艘三层甲板战舰，排水量达到 1000 吨，配备 55 门火炮，船体的长宽及舱深分别为 115 英尺、43 英尺 6 英寸、18 英尺。1637 年下水的"海洋主权"号（Sovereign of the Seas）同为三层甲板，排水量达到 1522 吨，配备 102 门火炮，船体的长宽及舱深分别为 127 英尺、46 英尺 6 英寸、19 英尺 4 英寸。此舰落成时，是欧洲最大战船。由于船身镀金且威力巨大，荷兰人生动地称之为"金色魔鬼"（Golden Evil）。其二，建造相对小型的护卫舰（frigate）。相比于重装巨舰，护卫舰具有体量小、武装轻、机动强的特点，适合执行海盗清剿等特定任务。在 17 世纪中叶，护卫舰的建设迎来了一个高潮。例如在 1653 年 11 月，议会就拨款 30 万英镑建设 30 艘新的护卫舰。[②] 随着战舰内部的专门化发展，海军舰队按照军舰的吨位形成了不同的分级。1618 年王室对海军的调查中显示，当时英国政府将军舰分为四个主要层级：第一级为王家战船，排水量 800 至 1200 吨；第二级为巨型战船，排水量 600 至 800 吨；第三级为中型战船，排水量 450 吨；第四级为小型战船，排水量 350 吨。此外，还有 4 艘 80 至 250 吨的大舢板（pinnace）。[③] 特定化的分类服务于特定功能，例如首级战舰用以彰显"国家的荣耀"。[④]

---

① Mark Charles Fissel, *War and Government in Britain, 1598—1650,* Manchester: Manchester University Press, 1991, p.135.

② N. A. M. Rodger, *The Safeguard of the Sea: A Naval History of Britain, 600—1649,* p.39.

③ A. P. McGowan, *The Jacobean Commissions of Enquiry, 1608 and 1618,* London, Colchester and Beccles: William Clows & Sons Limited, 1971, p.287.

④ Ibid., p.288.

从舰队的构成看，王室战船在数量上成为主流，私人船只几近退出服役。在英国海军史上，私人武装商船长期扮演着重要的角色，其存在不仅有助于壮大海军力量，而且从民间征召商船补充海军分散了政府的财政负担。直到16世纪末17世纪初，武装商船仍然活跃于海军。例如，在1588年英西海战时，174艘船组成的英国舰队中，王室拥有的战舰仅为34艘。[①] 1618年的海军调查报告中仍然强调，"国王与民间为增强海军力量而共同建造的大型武装商船当有需要时，足以补充王室所需"[②]。当时，王室为100吨及以上的民船按照每吨5先令的标准发放造船补贴[③]，王室将补贴资金视为对民船的入股，以便在需要时征召它们。但是，在近代战争中，使用武装商船的弊端日益凸显。武装商船的私人属性造成了私人利益与国家利益的矛盾。例如，在16世纪末英国对西班牙的远征中，商船主为了俘获战利品获利，经常造成战机的延误。同时，为减少战争带来的损失，私船船长在战争中通常选择避战自保，损害了海军的作战效率。1652年11月30日，在英荷邓杰尼斯海战中，接近英国舰队一半数目的20艘民船作壁上观，造成英国胜算大打折扣，最终败北。[④]

从查理一世时代开始，英国政府开始有意识地降低武装商船在舰队中的比例。查理一世采取的一项重要举措，就是向地方社会征收"船税"（Ship Money）。"船税"政策的意义就在于，王室政府试图将战时征召武装商船的权利转化为征收资金的权利，并用这些资金来支付海军运作的成本。"船税"第一次征收是在1635年，对象为沿海郡；次年，这套方法被进一步推广到包括内陆郡在内的全国，要求原本无需承担海军役务的内陆郡也为海军支付所需资金，从而引起了著名的宪法争端。通过这一海军建设的"实验"，舰队中武装商船占比开始降低。根据统计，1635年，"船税舰队"由19艘战舰、5艘武装商船组成，1636年是24艘战舰与3艘武装商船，1637年为24

---

① David B. Quinn and A. N. Ryan, *England's Sea Empire, 1550—1642,* London: George Allen & Unwin, 1983, p.56.

② A. P. McGowan, *The Jacobean Commissions of Enquiry, 1608 and 1618,* p.288.

③ Brian Dietz, "The Royal Bounty and English Merchant Shipping", *The Mariner's Mirror,* Vol.77, No.1 (1991), p.6.

④ Bernard Capp, *Cromwell's Navy: The Fleet and the English Revolution, 1648—1660,* p.79.

艘战舰与 7 艘武装商船，1638 年是 24 艘战舰 7 艘武装商船，1639 年为 18 艘战舰 1 艘武装商船，1640 年，为 21 艘战舰，1641 年为 15 艘战舰与 10 艘武装商船。① 尽管内战爆发后，对阵的双方重新启用武装商船来壮大海上力量，但到英吉利共和国时期，尤其是经历邓杰尼斯海战的惨痛教训后，武装商船已经基本退出了英国海军的舞台，完成了英国舰队发展史上的一次重大转变。

从舰队的规模来看，专业战船构成的舰队规模得以扩张。在都铎时期开始，为了维持海军，英国开始兴建海军船坞。1496 年朴次茅斯造船厂建成，1512 年建造伍尔维奇船坞，1518 年建造德特福德船坞，1567 年在查塔姆也开始修建船坞。船坞的落成为战舰的建设奠定了较为坚实的基础，1585 年至 1587 年间这些船坞负责为海军建造了 16 艘新船。② 到 17 世纪上半叶，英国推行了一系列的造船计划。根据 1618 年海军调查报告，当时英国王室保有的 30 艘战舰吨位达到 17110 吨，比伊丽莎白女王时期的最高吨位"至少多了 3050 吨"。③ 此外，从 1619 年开始，英国开始实施一项为期五年的造船计划，预计建造十艘新船，包括 650 吨战舰 6 艘，450 吨 3 艘，350 吨 1 艘。④ 在 1628 年，王室甚至要求议会支持政府每年建造 20 艘战舰，不过这项计划未能落实。到 1632 年至 1637 年间，政府再次新建 10 艘新船。不过，新建船只与退役船只的数量抵消后，17 世纪上半叶海军规模的扩大并不显著。

17 世纪中叶是英国海军规模迅速扩张的时期。奥本海默指出，共和国时代英国的军舰建造是以 10 艘为单位计数的。⑤ 例如，第一次英荷战争爆发后，残余议会在 1652 年 9 月批准了一项 30 艘战舰的建设计划。⑥ 在此期间，海军规模快速扩张。在 1649 年至 1660 年之间，海军新增战舰的总数就达到

---

① Kenneth R. Andrews, *Ships, Money and Politics: Seafaring and Naval Enterprise in the Reign of Charles I*, Cambridge: Cambridge University Press, 1991, p.154.

② David B. Quinn and A. N. Ryan, *England's Sea Empire, 1550—1642*, p.68.

③ A. P. McGowan, *The Jacobean Commissions of Enquiry, 1608 and 1618*, p.287.

④ Ibid., p.290.

⑤ M. Oppenheim, "The Navy of the Commonwealth, 1649—1660", *The English Historical Review*, Vol.11, No.41 (1896), p.20.

⑥ Bernard Capp, *Cromwell's Navy: The Fleet and the English Revolution, 1648—1660*, Introduction.

了 207 艘，其中 121 艘在 1660 年仍然活跃于现役部队。① 通过建造而增加的船只不仅通过官方船坞建造，而且动员了民间造船厂。例如，在 1649 年至 1654 年间，英国政府所有的船坞建造了 18 艘新船，此外还通过合同建造了 36 艘新船，海军吨位在五年内新增了 28000 吨。② 除此之外，也有一些船是以战利品的形式获得。例如在 11 年新增的船只中，大约 110 艘是通过俘获所得，它们来自葡萄牙、西班牙、法国、弗兰德、瑞典、热那亚等地。③ 战舰规模的扩大令人印象深刻，例如在 1652 年的加巴德战役中，英国人集结了一支由 118 艘船组成的舰队。④

二、舰队建设成功的原因

在 1603 年至 1660 年，尽管英国政权更迭频繁，但海军舰队建设并未因此而停滞。换而言之，海军舰队建设是这一时期几代英国人接力相传的事业，从而推动海军建设取得新的发展。正如马汉所言："尽管英国政府常常不值得称赞，但是各届政府的行动在总的方向上，一直是一致的。"⑤ 英国政府在海军建设问题上的连续性，有其历史背景。

首先，英国在海上的利益扩张，维护这些利益需要海军舰队。从 16 世纪中叶开始，英国的海外贸易取得了长足的进展。不仅对欧洲的贸易从西北欧大陆市场扩大到北冰洋、波罗的海与地中海地区，而且新辟对大西洋沿岸的美洲与非洲，以及印度洋与太平洋周边区域的贸易联系。17 世纪以后，英国的海外贸易活动继续扩大。例如，英国在西印度群岛及北美地区开拓了新的殖民地，而为垄断殖民地的贸易，英国政府在 1651 年 10 月颁布《航海条例》，规定英国殖民地的贸易为本国商人的专属范围。⑥ 地中海沿岸国家对英国贸易贡献更为显著。据布雷纳的统计，1663 年英国从意大利、黎凡特与东

① M. Oppenheim, "The Navy of the Commonwealth, 1649—1660", p.49.

② N. A. M. Rodger, *The Command of Ocean: A Naval History of Britain 1649—1815*, p.43.

③④ Bernard Capp, *Cromwell's Navy: The Fleet and the English Revolution, 1648—1660*, Introduction.

⑤ ［美］马汉：《海权对历史的影响》，安常容、成忠勤译，解放军出版社 2006 年版，第 75 页。

⑥ C. H. Firth and R. S. Rait, *Acts and Ordinances of the Interregnum, 1642—1660*, Vol.2, London: His Majesty's Stationery Office, 1911, pp.559—562.

印度的进口商品总额为 1031000 英镑（黎凡特一地的进口为 373000 英镑），出口到德意志与低地的冒险家市场的商品总额仅为 406000 英镑。① 除此之外，英国政府鼓励本国渔业的发展。在 1609 年和 1635 年，詹姆斯一世与查理一世先后发布诏令，对外国渔民在本国海域捕鱼加以限制，以维护本国渔民的利益。② 由此可见，17 世纪以后英国的海上利益取得了显著扩张。

海外利益的扩大对舰队建设提出了要求。海外利益扩大意味着英国将面临和承担相应的风险。近代早期的海洋世界充满了各种风险。以当时的技术条件，船员不仅要同恶劣的自然环境博弈，同时要应对人为带来的威胁。例如，海盗对英国的航运与渔业构成了严峻的挑战，尤其是信仰伊斯兰教的巴巴里海盗带来了新的挑战。他们来自北非的伊斯兰国家，在 17 世纪开始侵扰西北大西洋。巴巴里海盗不仅杀人越货，而且将海员与平民掳掠为奴，令英国人闻风丧胆。在此背景下，英国民间对政府加强海军建设，以清剿海盗和加强护航的呼声高涨。另一方面，在欧洲国家竞争商业与渔业利益的背景下，本国海外利益也需要海军的护持，并由海军执行相关政策。在 17 世纪，英国与荷兰之间的竞争尤其激烈，利用海军为竞争加码受到社会的认可。例如，在早期斯图亚特王朝时期，荷兰人反对英国政府限制荷兰渔民在英国海域捕鱼的政策，英国重商主义者托马斯·孟就对此指出："能否享有这种权利，只能靠刀剑来决定，而不是靠谈判决定的。"③ 英国总检察长约翰·芬奇也说道："海洋属于国王……没有海军，这一权威便毫无用处。"④ 因此，从维护海洋利益的角度看，加强海军舰队建设成为了 17 世纪早期英国政府的当务之急。

其次，随着周边国家海军竞争的加剧，英国需要壮人海军维系国家安全。16 世纪末 17 世纪初，西班牙海上力量衰落的同时，西北欧的荷兰、法

---

① Robert Brenner, *Merchant and Revolution: Commercial Change, Political Conflict, and London's Overseas Traders, 1550—1653,* London and New York: Verso, 2003, p.28.

② James F. Larkin and Paul L. Hughes eds., *Stuart Royal Proclamations,* Vol.I, London: Oxford University Press, 1973, pp.217—219; James F. Larkin, ed., *Stuart Royal Proclamations,* Vol.II, Oxford: Clarendon Press, 1983, pp.417—418.

③ ［英］托马斯·孟：《英国得自对外贸易的财富》，袁南宇译，商务印书馆 2011 年版，第 88 页。

④ Francis Hargrave, *A Complete Collection of State Trails,* Vol.1, Dublin: Graisberry and Campbell, 1793, p.769.

国、丹麦等国家开始在海军建设上发力。荷兰海军是在同西班牙的海上斗争中诞生的。在 17 世纪，随着与西班牙斗争的白热化，以及荷兰海外利益的发展，荷兰加大了海军建设的力度。在 1639 年的唐斯海战中，荷兰指挥官特龙普指挥的舰只超过了 100 艘。[①] 荷兰在此战的胜利使之一跃成为欧洲海军的首要强国。法国海军起步较晚，1625 年在法国红衣主教黎塞留的主持下正式创建。尽管起步较晚，但法国人在海军建设上野心勃勃。波尔多大主教宣称："海权"不仅仅依赖于"呼格诺派的毁灭"，而且还在于"打压英国与荷兰的气焰"。[②] 门德主教更为直率，他对黎塞留说："如果你拥有四十艘战舰，你将可以把法律强加给那些因为你的忽视而掌握海权的民族。"[③] 除此之外，各个国家纷纷打造巨舰以彰显和炫示海上实力。1604 年，丹麦建成"三王冠"号（Tre Kroner）战舰，搭载 80 门火炮；1628 年，瑞典"瓦萨"号（Vasa）号战舰建成，此舰排水量达 1200 吨，载 64 门火炮；1636 年，法国建成了 1500 吨的"王冠"号（Cournne）战舰，此舰为双层甲板战舰，可载48 至 72 门火炮。[④]

周边国家的风吹草动牵动着英国统治者的神经，引起了对国家安全的担忧。即便是海上的后发国家法国，其海军建设仍引起了英国的担忧。门德对黎塞留说："他们（英国人）非常焦虑……关于你下定决心要使法国在海上强大起来。"[⑤] 英国人注视着法国海上力量的发展。1627 年 4 月 12 日，海军大臣白金汉公爵收到消息称，法王正在建造八十艘战船，许多船的排水量达五六百吨，来信者据此呼吁采取措施进行应对。[⑥] 1630 年 3 月 4 日，约翰·帝梅斯报告称，在诺曼底海岸停靠着十艘"龙船"，并称这些船建于勒阿弗尔。[⑦] 在 17 世纪 20 年代下半叶，英国与法国由于宗教问题而发动战争，英国统治者担心法国海军力量的壮大将威胁到英国本国的安全。此时法国海

① Philippe Contamine, *War and Competition Between States,* Oxford: Clarendon Press, 2001, p.74.

②③ Roger Locker, *Buckingham: The Life and Political Career of George Villiers, First Duke of Buckingham 1592—1628,* London and New York: Routledge, 2014, p.338.

④ Philippe Contamine, *War and Competition Between States,* p.83.

⑤ Roger Locker, *Buckingham: The Life and Political Career of George Villiers, First Duke of Buckingham 1592—1628,* p.338.

⑥ SP 16/60 f.37.

⑦ SP 16/162 f.39.

军影响英国海岸的能力尚待开发，而荷兰人的势力已经足以威胁到英国本土的安全。1618 年 11 月 7 日，约翰·库克对白金汉公爵指出，"以前我们不允许任何外国人通过梅德韦河来到我们战舰的停泊地，但现在低地国家的船只每天在那里游荡，他们了解这条河，并知道海军的状况"①。荷兰与西班牙控制下的敦刻尔克私掠船在北海地区斗争激烈，在 17 世纪 30 年代，它们至今的战火经常蔓延到英国的沿海城镇与内水地带，引起了英国人的不安与不满。1639 年，在未经英国允许的情况下，荷兰人在唐斯港口外对停泊在此地避难的西班牙舰队悍然发动进攻，更令英国人丧失安全感。

出于安全的考虑，英国政府加紧进行海军建设。17 世纪 30 年代的海军建设反映了安全考虑对海军舰队建设的影响。1631 年，时任国务秘书及海军委员的约翰·库克提交了一份题为"有关海军的建议"的文件。他指出，英国当前海军力量的配置是合理的，但是"现在外国君主及各个国家已经强化了他们的海上武装力量，他们迫使我们有必要以同样的方式来加强我们的海军"②。他进一步指出："瑞典与丹麦国王已经拥有相当数量的舰船。皇帝宣称对波罗的海的控制权，如果他能令汉萨同盟服从于他，就能掌握推动我们航运发展的贸易。低地的军舰非常强大，并自视为海上的强大领主。西班牙人除了在本土拥有舰队，还在弗兰德斯加强了舰队力量。法国人的海军在数量与实力上如此先进，以至于他们威胁要与我争夺狭海的主权。"③据此，他提议一项扩军计划，将英国海军的舰只数量扩充到 50 艘，以确保至少有 40 艘船可以同外国的任何战舰作战。

此外，英国有识之士的推动为海军舰队建设的顺利展开提供了重要推动力。英国作为一个海岛国家，在列强林立的国际丛林，其生存与发展都离不开海军。因此，加强海军建设是英国社会一项较为普遍的共识。但是，在如何发展海军的问题上，英国社会存在分歧。海军建设对资金的消耗极大，同时其建设周期长，对政策的稳定性要求较高。围绕着资金供给问题，英国社

---

① Historical Manuscript Commission ed., *The Manuscripts of the Earl Cowper, K. G., Preserved at Melbourne Hall, Derbyshire*, Vol.I, London: Her Majesty's Stationery Office, 1888, p.100.

②③ John B. Hattendorf et al. eds., *British Naval Documents, 1204—1960*, Tonbridge: Addax Publishing Ltd., 1993, p.148.

会形成了两种海军发展的思路。其一，是由国家加大财政资源投入，以发展一支由国家控制的海军舰队，这是王室政府所认可的建设方式。其二，是从社会募集初试资金，并通过私掠作战的模式，通过捕获战利品来提供后续资金，继续发展民船为主体的海军舰队，这一模式为议会中部分议员所推崇。在早期斯图亚特王朝时期的议会中，议会不愿为王室提供其所要求的海军建设资金，而更倾向后一路线，对常备化海军舰队的建设构成了阻碍。由于缺乏议会的支持，王室所能调动的财政资源有限，海军建设步履维艰。1634年英国政府开征"船税"是王室的破局之举，却为此付出了政治成本。但作为一项海军建设举措，"船税"政策预示了克伦威尔时代英国海军的发展，其重要性不应受其所背负的政治争议所遮蔽。

在各种阻力之下，海军舰队建设的成功，离不开有识之士支持。例如，在1603年至1660年之间，先后担任英国的最高统治者的詹姆斯一世、查理一世、克伦威尔对海军建设给予关注。詹姆斯一世十分关心英国的海洋事业，其在任早期海军的衰落主要受政治环境与财政短缺影响，但在统治后期励精图治，大力支持海军的改革，革除了海军内部的弊端，使海军舰队的状况得到更新；查理一世始终关心海军建设，他继位之前曾在海军委员会任职，对海军感情深厚，继位之后始终将海军建设作为其施政的优先选项，为海军建设探索道路；在克伦威尔治下，他将海军发展成为英国对外政策的有力工具，在国际社会提升了英国的海上声誉。除此之外，英国一批政治精英与知识精英也为海军建设贡献良多，如白金汉公爵、考文垂勋爵、沃里克伯爵、约翰·库克、爱德华·康威、约翰·皮姆、约翰·塞尔登等。正是在他们的力主与推动下，英国在海军建设政策上保持了较大的连贯性，为海军舰队建设的成功奠定了基础。

三、舰队实力提升的影响

17世纪初，由于海军力量衰落，英国在16世纪建立的海上声誉一度受损。随着舰队成功转型，以及舰队实力的提升，一支强大的海军舰队发挥了一系列正面影响。

其一，舰队建设的成功提升了海军的作战能力。在早期斯图亚特王朝时期，舰队力量有限，海军在作战上不免受阻。1639 年荷西唐斯海战前夕，英国将领约翰·彭宁顿奉国王之命监视荷兰舰队的动向，确保停泊唐斯的西班牙战舰安全。但是，荷兰军官马顿·特龙普下令进攻西班牙后，由于力量悬殊，彭宁顿选择按兵不动，西班牙战舰随之覆灭。此后较长一段时间，英国对荷兰舰队十分忌惮。直到 17 世纪 50 年代，英国舰队实力提升，拥有了与荷兰对抗的能力，双方之间展开较量。此时英国在舰队实力上不逊于荷兰，最终取得了战争的胜利。然而，随着海军舰队的发展，海上战争的烈度也大大提升，海军作战能力增强的同时其残忍本质亦暴露无遗。在英荷战争中，双方都试图给予对方致命打击。例如，在 1653 年 8 月的英荷斯赫维宁根战役中，荷兰主将特龙普被杀，荷兰人损失了 26 艘战船，荷兰海员中阵亡、负伤、被俘者达到了 6000 人。英国损失相对较轻，但是亦有 7 名船长被杀。[①]

同时，由于舰队规模扩充，海军拥有了更强的机动性。在内战前，由于战舰总量有限，在军事任务分配上难免捉襟见肘。在 17 世纪中叶，军舰规模的扩大使决策者拥有了更多的选择权。在 17 世纪 40 年代末，舰队开始实行联合指挥制度，以确保特定军事任务的执行不影响本土的防御。在 1649 年 2 月 24 日，议会颁布一项法令，任命罗伯特·布莱克、爱德华·波帕姆、理查德·迪恩共同指挥海军。[②] 这一时期，英国海军不仅仅活跃于狭海、英吉利海峡、爱尔兰海等周边水域，而且出没于波罗的海、地中海、加勒比海等更为遥远的水域。在具体任务的执行上，也更加灵活。例如在 1660 年 1 月，25 艘军舰被指派执行护航任务，其中一艘被派去圣赫勒拿迎接返航的东印度公司商船，两艘前去加那利群岛，四艘被派去地中海。[③] 由此可见，舰队在 17 世纪中叶拥有了更强的任务执行能力。

其二，为英国介入国际事务提供筹码，提高了英国的战略地位。16、17世纪，欧洲大陆国家相继建立常备军，陆上战争愈演愈烈，深刻影响了欧洲

---

① Bernard Capp, *Cromwell's Navy: The Fleet and the English Revolution, 1648—1660*, p.82.

② C. H. Firth and R. S. Rait, *Acts and Ordinances of the Interregnum, 1642—1660*, Vol.2, p.17.

③ M. Oppenheim, "The Navy of the Commonwealth, 1649—1660", p.30.

国际政治格局。不同于欧陆国家,英国没有建立常备军,同时缺乏建立常备军所需的各类资源,造成16世纪以后英国在欧洲国际事务逐步边缘化。在中世纪英法百年战争中,英国对法国持续的陆上进攻,这是中世纪西欧最令人瞩目军事行动;而到16世纪,西班牙与法国成为欧洲政治与军事舞台上的主角,它们的斗争主导了欧洲政治的总体走向。随着英国将海军作为其军事建设的重要对象,英国逐渐形成了发挥其政治影响力的新途径。尽管海军无法直接介入欧洲大陆的军事斗争,却可以通过封锁敌人港口、切断海上航线、歼灭敌方战舰等方式,削弱敌对国家的海上力量。在一个海洋对于国家建设愈发重要的时代,海军正发挥着日益重要的作用。

1603年至1660年海军舰队的转型,赋予了英国统治者更高的战略地位。这一时期,正是欧洲三十年战争的时代,同时也是西班牙与法国之间竞逐欧洲大陆霸主的时代。在三十年战争中,法国与荷兰结成同盟对抗西班牙。英国南部的英吉利海峡,对于上述双方是至关重要的运输通道。对于西班牙而言尤其如此,它需要通过开放的海上航线向低地投送物资与人员。随着英国海上力量的提升,英国的选择变得尤其重要。在17世纪30年代,斗争的双方都拉拢英国,希望获得英国在海上的支持。这一时期,查理一世政府更加倾向于西班牙,为西班牙舰队通过英吉利海峡提供护航。到了17世纪50年代,英国的舰队实力迈上新的台阶,英国在欧洲发挥了更为举足轻重的作用。在克伦威尔担任护国公的时代,英国海军已经成为国家政策的重要工具,在国际政治中扮演着更为重要的角色。这一时期,法国获得英国的支持,共同对抗西班牙。与此同时,克伦威尔也派舰队前往波罗的海,介入瑞典与丹麦之间的斗争,以确保松德海峡向英国保持开放。因此,舰队实力的增强,有效地服务于英国对欧洲大陆的均势战略,恢复并提升了英国在欧洲政治中的存在感。

其三,有利于英国统治者维护本国的国家利益。海军舰队是英国海洋权益的维护者。在17世纪上半叶,荷兰是英国海洋权利的主要竞争者。1651年英国颁布《航海条例》,禁止外国染指英国的殖民贸易,引起了荷兰的反对。在内战时期,由于英国专注于内部斗争,导致荷兰对英国的海外贸易进行了渗透。经过第一次英荷战争,双方签订《威斯敏斯特条约》,作为战败方的荷兰不得不承认《航海条例》。①第一次英荷战争爆发的直接原因，是荷兰军官特龙普拒绝向英国将领布莱克率领的舰队行降旗致敬礼。英国人认为，外国船只在英国海域遇见英国战舰均需降下旗帜，以表对英国海洋主权的承认。特龙普拒不执行，激怒了英国人，双方随即开战。尽管降旗致敬问题在和约中没有提及，但在战后荷兰在这一问题上对英国表现顺从。例如，在 1654 年 5 月 13 日，海军中将约翰·劳森就向海事委员会写信报告称，他在海上遇到荷兰海军少将德·维特率领 13 艘军舰护送 70 艘渔船前往格陵兰，后者主动降下旗帜向他率领的海军致敬。②

此外，海军也被用于维护政治利益。16 世纪 40 年代末 50 年代初，王党在英国本土被议会打败，查理一世被砍下头颅，王党残余势力因此将斗争的重心转向海洋。在鲁伯特亲王的率领下，王党舰队在英国周边海域对共和国进行骚扰，以谋求复辟。在此背景下，克伦威尔派布莱克等人率舰对王党势力进行清剿，并取得了成功。另一方面，荷兰执政威廉二世作为查理一世的女婿，为英国流亡政府提供了庇护，从而对共和国的政治安全构成了严重威胁。1650 年 11 月，威廉二世去世，荷兰联省议会获得权力。英国向其遣使，试图说服其驱逐王党残余势力，并与英国结成新教联盟，但是遭到拒绝。这也成为英国向荷兰发动战争的重要原因。随着英国在战斗中取得上风，荷兰不得不在政治问题上与英国进行妥协。《威斯敏斯特》条约规定，双方政权都不得帮助或庇护对方的敌人，荷兰因此不得不取消对斯图亚特王室的庇护，禁止王党的私掠船在其港口进出。③由此可见，一支强大的海军舰队，有效地服务了英国的政治利益。

---

① Anon., *Articles of Peace, Union and Confederation, Concluded and Agreed Between His Highness Oliver Lord Protector of the Common-Wealth of England, Scotland & Ireland, and the Dominions thereto Belonging. And the Lords the States General of the United Provinces of the Netherlands. In a Treaty at Westminster Bearing Date of the Fifth of April Old Style, in the Year of our Lord God 1654*, London: William Du-Gard and Henry Hills, 1654, pp.299—300.

② SP, 18/71, ff.200—201.

③ Anon., *Articles of Peace, Union and Confederation, Concluded and Agreed Between His Highness Oliver Lord Protector of the Common-Wealth of England, Scotland & Ireland, and the Dominions thereto Belonging. And the Lords the States General of the United Provinces of the Netherlands. In a Treaty at Westminster Bearing Date of the Fifth of April Old Style, in the Year of our Lord God 1654*, p.293.

结　论

　　总而言之，1603 年至 1660 年是英国海军舰队建设承上启下的重要时期。在此期间，英国海军舰队的构成从公私混合形式转变为由国家战舰主导的舰队，并在专业化程度与规模化发展方面都取得了较大的进展。过去的研究通常强调 16 世纪英国海军的草创时期与 18 世纪英国海军向顶峰发展的时代，对 17 世纪英国海军舰队的转型发展关注不足。即便是有关 1603 年至 1660 年的相关研究，也大多强调英国海军在内战后的进步，而对内战前态度消极。笔者认为，内战之前海军建设的历史，对于这一时期海军的发展同样重要。尽管内战前的海军建设经历了诸多的失败，但不断累积的失败为英国海军建设提供了宝贵的经验，并且已经预示了英国海军的发展方向。换句话说，内战前的海军建设具有重要的实验性质，"船税"等举措的政治挫败不应该遮蔽其在军事上的重要意义。

　　不应忽视，英国海军舰队的建设与发展，遵循欧洲国际社会的丛林法则。在该法则下，欧洲各国为维护与追求自身利益相互争斗，弱肉强食，海军的作用就在于服务英国在政治丛林的生存。反过来，海军军备竞赛强化了赢家通吃、胜者为王的丛林法则，助长了战争的残酷性，构成了日后英国海洋霸权的历史底色。研究英国海军舰队历史，有助于我们深入理解欧洲海权演变规律，同时也能够为我国当下海军建设提供参考。基于近代早期欧洲政治结构与军事态势，欧洲各国统治者怀有强烈的不安全感，这迫使其不断追求强大海军作为安全后盾，以安抚心理上的恐惧，却造成其在海军建设问题上草木皆兵的心理，助长了穷兵黩武的精神。中国当前正处于海军建设的重要时期，如何平衡海军舰队建设与国际猜疑链的增长，避免滑向丛林式的恶性竞争，以更好地服务海洋命运共同体建设，成为摆在学术界与实务界面前的一项亟需回应的重要课题。

英国社会史研究

当代英国住房福利的政策演进 *

唐 军 **

英国著名学者、格拉斯哥大学教授唐尼森指出：政府承担医疗、教育、社会保险、城镇规划、就业服务等重要职责。然而，倘若住房政策没有在政府工作中占据重要位置，其他服务不可能稳健运行。因为人们的健康水平、教育成效、就业机会和地区经济活力等，都与住房问题紧密关联。[1] 因此，公共住房是国家政策体系中极为重要的组成部分，它可以作为判断一个国家是否能称为"福利国家"的依据。[2] 放眼欧美国家现行的住房保障政策，主要有三种制度模式。一是以美国为代表的鼓励住房选择和市场化方案的政策模式；二是以北欧、荷兰等欧陆福利国家为典型，它们倡导普遍的社会公平，首重公共部门在住房供给中的作用；三是同时注重市场机制和政府作用的混合型模式，英国为该类型的代表。本文以"二战"后英国政府的住房福利政策为考察重点，探析其演进路径、政策内涵和基本经验，以就教于方家。

一、政府主导下的公共住房福利

"二战"后，英国政府根据社会各阶层的经济状况和住房需求，建立了

---

* 本文系国家社科基金重大项目"欧洲社会福利制度构建的历史经验及其对中国的启示"（16ZDA141）的阶段性成果。

** 唐军，历史学博士，南京大学苏州校区管委会助理研究员，苏州市高新区教育局副局长。

[1] D. Donnison & C. Ungerson, *Housing Policy,* Harmondsworth: Penguin, 1982, p.78.

[2] W. Robson, *Welfare State and Welfare Society,* London: Allen & Unwin, 1976, p.31.

全面覆盖、普遍受益的住房保障政策体系。具体而言，英国的住房福利政策主要包括四项内容。首先，确立以公房为主体的住房福利。它面向低收入家庭，以低租金（或折扣租金）的方式给予优惠。其次，发放租房补贴。从20世纪70年代起，英国就向租用私房的低收入者发放住房津贴，以降低他们的生活开支。再次，对于生活在贫困线下的家庭，政府将另行追加住房补助，保障其基本生活。最后，通过抵押贷款的政策优惠，对自有住房人员予以支持。① 在不同时代，上述政策的执行力度或各有侧重。20世纪80年代前，以政府为责任主体，加快公房建设、保障房源供应、提供租房补贴，是英国住房福利的主要形式。

重建公共住房，保障国民住有所居，是英国政府在战后面临的急务，也是百姓最关心的问题。战争破坏造成"住房荒"，到1945年，英国30%的住房消失。伦敦大都市地区有350万幢房屋毁于战火，毁坏程度甚于1666年伦敦大火。② 在战后的30年间，不论是工党还是保守党政府，在保障性住房方面，都推行以地方政府主导公共住房建设的政策，大力新建公房，增加住房供应。1946—1979年间，各级政府共建造468.3万幢公共住房，占全社会新建住房总量的比例保持在45%以上。③ 中央政府每年将建房支出纳入财政预算，由环境、交通和地区部依照各地建房计划和低收入人群的住房需求，按年向地方政府拨付款项，地方政府具体承担建造保障住房的职责。

艾德礼领导工党执政时，主张向地方政府提供住房建设补贴，鼓励地方加大公共住房建设力度，以解决国民对住房的迫切需求。该时期，地方政府建设的公共住房在所有新建住房中约占五分之四。同时，公共住房取消须面向工人阶级的身份限制，扩大了低收入阶层的保障范围。保守党上台后，试图调整政府对住房政策的过度干预，遵循市场优先原则，用中央财政支持私营租赁住房市场，重点解决城市贫困人群的住房问题。为此，英国政府一方面缩减地方政府兴建公共住房的财政补贴；另一方面，为刺激私营租赁住

---

① 孙炳耀：《当代英国瑞典社会保障制度》，法律出版社2000年版，第112页。
② ［美］托尼·朱特：《战后欧洲史》（卷一），林骧华等译，中信出版社2014年版，第106页。
③ 汪建强：《二战后英国住房保障政策的变化及其启示》，《四川理工学院学报（社会科学版）》2011年第3期。

房的供应，采取放松租金管制的措施。然而，保守党政府的施策没能达到预期，私营租赁住房的供给不升反降。从 1950 到 1960 年，英国人租住私房的比例下降了 20% 多，由 53% 减至 32%。[1] 最终，保守党只得重走工党的老路，复以财政补贴力促地方政府兴建公共住房，这也成为解决低收入家庭住房困难的基本方式。因此，在"二战"后的第一个二十年，英国尽管经历政党轮替，但政府始终在住房保障政策的制定和实施中，起到基础性的作用。政府以公房建设责任者的身份，最大限度地解决房源问题，促进民生福祉。

20 世纪 60 年代，工党与保守党的住房福利政策保持着一定的稳定性和共识性。无论是施政原则，还是改革方向。1964 年，工党重新执政，继续确立公共住房在住房体系中的主导作用。不过，工党政府在稳固政策原则的同时，已意识到自有住房市场的重要作用，对新建公共和自有住房比例提出具体指标，即两者各占 50%。[2] 工党在住房政策上的转变是一个积极信号，它标志着更多责任方将融入英国的住房福利制度，住房保障的政策选项也更富多样化。70 年代以后，这些变化将逐渐显现。

在自有住房尚未普及的时代，公共住房是重要的民生工程，其福利性主要体现在低廉的房租上。租住公房的群体基本都是低收入者，房租的高低对租户的生活质量产生直接影响。为此，英国地方政府自主确定的公房租金，通常维持在较低标准。以 20 世纪 60 年代为例，公房年租金仅为房价的 1.1%，即花费 90 年房租才相当于购房价格。以居民支出结构而论，公房房租约占收入的 10%，在多数人的承受范围之内。[3] 相对地，租住私房的金额要贵一倍，占租户收入的 20%。公、私房租金的明显差异，是普通民众依赖公房，造成私房租住比例逐年下降的主因。这种现象的背后，反映出住房保障的结构性矛盾。一方面，政府长期承受建设公共住房的压力，财政负担沉重。另一方面，过分倚重公房，即使现有的私房资源得不到有效利用，又对一部分租住私房的低收入者有失公平。鉴于此，英国政府在 70 年代初实施"公平房租"（fair rent）政策。"公平房租"遵照市场规律，追求租房供给

① John Black and David C. Stafford, *Housing Policy and Finance,* London: Routledge, 1988, p.26.
② 刘志林等：《保障性住房政策国际经验：政策模式与工具》，商务印书馆 2016 年版，第 54 页。
③ 郑春荣：《英国社会保障制度》，上海人民出版社 2011 年版，第 337 页。

与需求的平衡，新制定的公房房租高于原价。不过，对收入徘徊在贫困线上的困难人群，政府将在"公平房租"基础上再以折扣价格出租。同时，英国还对照居民收入水平，划定一条"标准住房福利"的基准线。[1] 收入越低者，享受的住房福利越高。这种将收入水平与住房福利相挂钩的补助方式，也适用于租住私房人员，从而在不同类型的租户群体间增进了公平。

自"二战"结束至70年代，英国从中央到地方政府，都采取大力投资建设公房的方式作为住房保障的主要措施。在增加住房供应的同时，实行住房补贴政策，减轻民众的生活成本。其中，1945—1951年，英国建设住房101万套，地方政府建设公房占比高达89%。1964—1979年，地方政府新建住房126.5万套，占全国新建住房总量的47%。从1947到1979年的30余年间，英国地方政府拥有的住房量与全国住房总量之比由13%增至32%。[2] 从居住方式的构成看，在1950年和1960年，英国人租住公房与私房的比例分别合计71%和58%，均显著高于自有住房者。虽然自有住房率呈持续上升态势，但至1975年，英国租住公房的人员比例仍有31%之多。[3] 为减轻人们的租房负担，英国政府设立专项财政基金，提供廉价的出租房，对公共住房的租金标准设定上限。[4] 20世纪80年代前，在英国享受各类租金减免优惠的住户有750万，几已覆盖国内所有租户。其间，公房供应和租房补贴始终是英国住房福利制度的关键要素。

通过英国政府在战后三十年的领导和投入，全国的住房保障水平取得长足进步，国民保障性住房的需求得到基本解决，而原有的住房福利制度也将发生转向。英国政府作为住房福利的最大责任方，承担着包括投入保障性住房补贴在内的巨大开支。政府支付能力的强弱，受经济兴衰的直接影响。20世纪70年代末，英国发生经济危机，财政收入减少，建设成本上扬。因此，政府长期主导保障性住房建设、提供住房补贴的负担越发沉重。显然，旧有的政策模式势难持续，崭新的政纲呼之欲出。

---

① 孙炳耀：《当代英国瑞典社会保障制度》，第115页。
② Paul N. Balchin, *Housing Policy and Housing Needs,* London: Palgrave, 1981, p.110, p.104, p.113.
③ John Black and David C. Stafford, *Housing Policy and Finance,* p.26.
④ 郑春荣：《英国社会保障制度》，第337页。

二、住房保障的市场化和私有化

至 20 世纪 70 年代，英国基本解决住房短缺问题。随着政治经济形势的变化，政府的住房保障政策出现转型，措施更富多样性，责任主体更趋多元化，主要体现在以下方面：政府支持住房自有，鼓励私营部门参与保障性住房供应，采取需求方（消费者）补贴等。1974 年，英国通过颁行《住房法》，确立"住房协会"作为保障性住房供应主体的法律地位。住房协会可通过住房公司，申请中央政府的住房协会基金（Housing Association Grant），新建、购买或修缮租赁房，收取"公平租金"。这些政策在撒切尔时代得到保留或发展，构成英国住房保障政策进一步改革的基础。

1979 年，保守党党魁玛格丽特·撒切尔在大选中获胜，成为英国史上第一位女首相。她意志坚定，号称"铁娘子"，主政英国逾十年。撒切尔夫人在经济危机中上台，实行财政紧缩政策，主张削减福利开支和推行私有化改革。她是一位坚定的反集体主义者。[1]落实到住房政策领域，撒切尔政府于20 世纪 80 年代先后颁布、修订一系列政策法规，如：《住房修正法》（1980年）、《住宅与建筑法》（1984 年）、《住房协会法》（1985 年）、《住宅与规划法》（1986 年）和《地方政府和住宅法》（1989 年）等。英国绿色建筑委员会主席约翰·罗森斯指出，这些法案的制定实施，使英国住房保障制度的体系框架基本建立，政策内容趋于完善，为公共住房政策的有效执行提供了法律依据和有力保障。保守党的住房政策改革，主要包含以下内容：减少政府直接干预保障性住房供给，倡导住房自有，鼓励私营部门和住房协会等第三部门参与保障性住房供应。[2]其中，引入市场化力量推进住房建设和实行住房私有化，是保守党政府对住房福利制度施行的重要改革。

第一，为缩减财政投入，地方政府退出住房建设，住房协会等第三部门成为社会租赁住房的供应主体。撒切尔夫人执政后，英国政府主动从头号住房供给者的位置退下来，各级政府渐次减少公共房的建造，将住房供应的

---

[1] Brian Lund, *Understanding Housing Policy,* Bristol: Policy Press, 2017, p.39.
[2] 刘志林等：《保障性住房政策国际经验：政策模式与工具》，第 55 页。

主要职责交给市场。从 1975 年至 1995 年的 20 年内，政府建造的公共住房规模呈断崖式下滑，数量由 14.75 万套缩至 1900 套。[①] 1980—1994 年，在每年新建住房的构成中，公共住房的占比由 1/3 降到 1% 以下；在存量方面，公共住房在住房总量中所占比重也从峰值时的 1/3 落到 1/5 左右。[②] 至此，政府不再直接兜揽住房保障之责，基本退出住房供应领域。相应地，自 1979 年以来，英国财政在住房领域的投入明显减少，其开支占 GDP 比重由 1979 年的 2.17% 降至 1990 年的 0.66%。[③] 同时，中央对地方政府的建房补贴随之削减。英国政府卸下住房保障的重担，却把住房压力推向社会。不少中低收入群体因房价或房租高涨，面临无处安身的困境。据统计，20 世纪 80 年代，英国无家可归、栖居在各临时住所的人数持续上升。至 1991 年，上述人员超过 171 万。[④] 可见，住房保障作为一项关乎民生的基础工程，政府责任若出现缺位，易造成不和谐的社会局面。

在英国，保守党政府卸下的住房建设责任，转由市场承担。1990 年，英国颁布《城乡规划法》，明确赋予开发商建设保障性住房的义务，承接地方政府的住房保障责任。该法令第 106 条款规定：开发商若要获得规划许可，须承担地方政府职能部门赋予的规划任务——在开发项目的周边地区，投资科教文卫和基础设施，或配套建设一定规模的保障性住房。通常地，政府对此类保障性住房将设若干特殊政策：其售价为市场价的 70%—85%，需满一定年限方可上市销售，或仅面向当地居民等特定人群售卖。[⑤] 英国政府通过正式立法的形式，强制项目开发商履行住房保障义务，使周边居民享受住房福利。需要指出的是，开发商被允许将部分土地低价转卖给住房协会，由后者直接进行保障房建设。而政府方面，则减少拨付给住房协会的资金。总体而言，该法案是英国政府在新的历史条件下，积极引入市场化和第三方力量，合力为国民编织住房保障网络的新型举措。

① M. Evandrou, M. Evans et al., *The State of Welfare: The Economics of Social Spending,* Oxford: Oxford University Press, 1998, p.142.
② ［英］迈克尔·R. 布朗：《英国住房保障制度的系统发展》，王志成译，《上海房地》2016 年第 12 期。
③ M. Mullard, *The Politics of Public Expenditure,* London: Routledge, 1993, p.24.
④ 毛锐：《撒切尔政府私有化政策研究》，中国社会科学出版社 2005 年版，第 149 页。
⑤ 王兆宇：《英国住房保障政策的历史、体系与借鉴》，《城市发展研究》2012 年第 12 期。

在推行住房保障市场化的过程中，英国政府注重改革投融资模式，引导市场资金加入保障房领域，扩大住房保障的资金来源。1987年，英国成立非营利性的住房金融公司。它通过独立发行债券或贷款，从私人资本市场募集资金，再以相同利率和期限，转贷给社会住房供应者。由此，私人资本可以通过发放贷款、购买抵押贷款证券等渠道，一同参与社会住房的开发建设。作为服务住房建设的专业投融资中介机构，住房金融公司在把私人资本引进住房建设领域，优化住房保障管理方面起到重要作用。在2008年8月到2010年3月期间，通过住房金融公司发行的债券量，在住房协会债券发行总量的占比超过17%。[①] 此外，英国政府还用支持住房协会申请贷款、发放债券等方式，宽减财政预算规模对住房资金投入的限制，从而夯实保障性住房的经济基础。

第二，为倡导个人积极承担住房责任，保守党政府鼓励居民购房，推进住房私有化改革，并引导第三部门参与社会住房的管理。在推行私有化之前，英国住房福利的主要方式是靠地方当局出资兴建公房，低价租给符合条件者；同时，实行"住房津贴"制度，面向符合条件的家庭。80年代初期，英国公房数量达到住房总量的30%以上，全国有1/3家庭可获住房津贴。[②] 政府直接投资并主导社会住房建设，虽有效解决了民众住房难的问题，却使财政为福利开支背上沉重包袱，也在一定程度上抑制了住房市场的运行效率，不利于经济活力的释放。为克服经济危机造成的发展困难，保守党的住房改革势在必行。撒切尔政府决定，用优惠价格把公房出售给住户，并减少住房津贴。1980年，英国抛出"购买权"（The Right to Buy）政策，鼓励居民购买住房。[③] 这标志着保守党住宅私有化政策的规模化推行。按1980年《住房法》规定，公共住房的长期租户，拥有以优惠价格、优先购买其住房的权利：凡租住社会住房满2年，租户即有权优先买房；且租住年限越长，享受折扣越多，优惠幅度最高以房价的七成为上限。1985年修订的《住房

① 臧崇晓、刘洪玉等：《英国可负担住房的投融资体系及其经验借鉴》，《现代城市研究》2012年第10期。

② 顾俊礼：《福利国家论析：以欧洲为背景的比较研究》，经济管理出版社2002年版，第144页。

③ Brian Lund, *Understanding Housing Policy*, p.141.

法》和 1986 年颁布的《住房和规划法》规定：为鼓励租户买房，对于部分品质偏低的社会住房（如缺少独立卫浴设施等），政府可提高折扣幅度。同时，政府对出售的社会住房，将提供一定的维修补贴。1980—1998 年，在英国政府的有力推动下，约有 1/3 存量的社会住房成功售出，约计 190 万套。[①]另外，随着中央财政补贴的缩减，地方政府提高社会住房租金。租房成本的增加，也有助于提升租户的购房意愿。在政府调控和市场机制的共同作用下，英国的住房自有率持续上升。1975—1985 年间，该比例从 53% 增至 63%；而 1950 年时只有 29%，对比十分鲜明。[②]

保守党政府的住房私有化改革，提高了居民住房的自有化比例，减轻了国家的财政负担。再以"购买权"政策为例，自 1980 年实施以来，英国出售公共住房逾 280 万套，国家由此增收 580 亿英镑，大量低收入者买到了住房。[③] 不过，在公房私有化改革中，也留下一些问题。对那些位置差、质量低、穷困人群聚居的公共住房，购买者意愿不强，容易造成空房现象。1994 年，全英国的空房有 86.4 万幢，其中许多残败不堪，亟待维修，管理维护需投入相当大的经费。为应对这一难题，英国政府引入住房协会进行管理。1988 年《住房法》准许住房协会购买社会住房，兼具所有权和管理权，政府负责提供融资支持和税收优惠。租户经自愿投票同意，可将居住的公共住房转予住房协会管理。[④] 1981—2010 年，归属住房协会所有和管理的社会住房占全英住房总量的比重，从 2.1% 上升至 9.7%；政府拥有量的占比由 29.2% 大幅减至 8.4%。[⑤]需要说明的是，尽管英国的住房保障制度在保守党执政后，经历了私有化变革，但公共住房仍然存在。大约 500 万家庭继续享受公共住房政策，占全英住房总量的 1/4。[⑥] 同时，由于廉租的公房大规模售出，客观上存量减少，而困难人群对保障性住房的需求始终存在。伦敦人无家可归的情景引人注目——乞丐、地铁站里形形色色的卖艺乞讨者、许多露宿街头的

① ［英］戴维·莫林斯、艾伦·穆里：《英国住房政策》，陈立中译，建筑工业出版社 2012 年版，第 338 页。
② John Black and David C.Stafford, *Housing Policy and Finance*, p.26.
③ Brian Lund, *Understanding Housing Policy*, pp.142—143.
④ 吕洪业、沈桂花：《英国住房保障政策的演变及启示》，《行政管理改革》2017 年第 6 期。
⑤ 参阅英国政府网住房统计：www.communities.gov.uk/housing/housingresearch/housingstatistics/。
⑥ ［英］迈克尔·R.布朗：《英国住房保障制度的系统发展》。

（年轻）人。[1]贫富差距的客观存在，致使一部分低收入者和特殊困难群体，难以完全实现在城市购买私有住房的愿望。发达如英国也不例外。

总之，通过保守党人的市场化和私有化改革，英国政府投入住房领域的公共开支有效降低，成为福利改革领域最见成效的板块。不过，社会困难群体的住房需求，仍离不开国家的关心。因此，在住房福利的供给方面，政府无法完全卸责。在市场化手段难以涵盖和公民个人力所不逮的情况下，唯有政府能担起人人住有所居的底线责任。换言之，建设保障性住房和提供廉租房，是政府解决穷困人群安居问题的长期任务。

三、可负担的混合型模式

托尼·布莱尔领导新工党在1997年上台执政，一度延续保守党的住房保障策略。在执政前，对于保守党政府遗留的住房问题，布莱尔曾表示："保守党与毫无安全感的大众失去了接触。只有工党能代表人民大众——作为一个既倡导社会住房，又关心私人住房的党。……（应）允许地方公房管理部门动用那些（出售公房的）资金来建造房屋以弥补近年来的失误，提供更多的新住房，减少无房现象。"[2]可是，布莱尔执政后，没有按自己"展望"的蓝图进行住房改革，大力建设公共住房的景象并未在其任内展现。事实上，在施政初的两年，新工党继承了前任政府的住房政策，包括大幅削减国家对公共住房建设的投入。[3]有英国学者指出：新政府毫无彻底变革住房政策的迹象，也无意增加财政支出，以重启实质性的公共住房建造计划。在可预期的将来，合理的判断是工党将萧规曹随，大量沿用保守党政府的基本政策。[4]从结果上看，布莱尔在第一个首相任期的住房政策，不仅没有改善政府在住房保障方面继续缺位的形势，满足低收入阶层居者有其屋的愿望，反而加剧了业已存在的房价高涨、居民买房难等问题。从1997—2002年间，

---

[1] ［英］阿萨·布里格斯：《英国社会史》，陈叔平等译，商务印书馆2015年版，第381页。

[2] ［英］托尼·布莱尔：《新英国：我对一个年轻国家的展望》，曹振寰等译，世界知识出版社1998年版，第224—231页。

[3] Brian Lund, *Understanding Housing Policy*, p.44.

[4] P. Malpass & A. Murie, *Housing Policy and Practice*, London: MacMillan Press Ltd., 1999, p.276.

英国房价年均涨幅达 18.5%，住在各类临时性居所的人数几乎翻倍。①长此下去，对工党重新执政的前景不利。

新工党的"第三条道路"是平衡左右、兼顾传统与当代的方略。在追求经济效益的同时，工党政府也适度承担住房保障的责任。稳定房价、加强住房保障，成为布莱尔政府必要的调整策略。2003 年起，英国政府施行"可负担住房"（affordable housing）计划。该计划的主要内容是：任何民众，凡在开放的市场环境下无力租赁或购买住房的，均可获得低于市场价且享受政府补贴的住房。②无论是英国副首相办公室先后制定的《可持续的社区：建设未来》白皮书（2003 年）和国家住房政策五年战略规划《可持续的社区：所有人的家》（2005 年），还是财政部出台的《住房供应评估：最终报告》（2004 年），都将建设"可负担住房"置于优先地位。新工党重新明确政府在住房保障领域的主导作用，宣称要与过去决裂，彻底解决英国人的住房难题。

为支持实施"可负担住房"计划，英国政府加大财政投入，投资可负担住房建设。2004 年，布莱尔政府宣布投资 35 亿英镑，计划在三年内建设 7 万多套住房。该年底，为建造充足的保障性住房，实现使低收入阶层住得起的目标，政府颁布《住房法》，对具体举措做出规定，以期创造更加公平良善的住房市场秩序。同年，伦敦市制定规划：到 2016 年，"可负担住房"占住宅总量的现实比例为 35%，理想目标是 50%。2007 年，布莱尔卸任首相，时任财政大臣戈登·布朗接任。布朗主政伊始，即把住房兴建计划作为施政的核心议题。政府在《住房绿皮书》中宣布，将在十年内建造 300 万套"可负担住房"。为此，前三年的财政投入可达 100 亿英镑。③2008 年，家庭与社区管理署成立，重点负责可负担住房建设，具体组织实施了十余个项目。与市场价相比，保障性住房的平均售价仅为 75%—80%，房价优惠明显，使更多购房人实现了"可负担"的目标。

除政府投资和价格优惠外，可负担住房还衍生出过渡性住房和部分产权房等多样化形式，以适应各人群的实际需要。过渡住房是保障性住房的一种，

①③　汪建强：《二战后英国住房保障政策的变化及其启示》。

②　DETR (Department of the Environment, Transport and the Regions). Circular 6/98, London: DETR, 1998, p.2.

主要用以满足医疗卫生、社区服务等特定岗位和收入群体的初次买房需求。其所有权和使用权分离，形式上介于公共住房和商品房之间。过渡住房的使用者，在初期拥有房屋的使用权和部分产权，后于使用期内购买其余产权。在实际操作中，申请者与住房协会、房地产公司等签订收益分配协议，按照"产权共享、半租半买、先租后买"的方式，逐步完成住房自有化的过程。

对于公房私有化改革带来的问题，工党政府通过推进混合社区建设，着力纾解房改过程中因地段和质量差异造成的公众排斥。通常来讲，收入较高的租户在购买社会住房时，会优先选择区位好、质量高的房源。结果造成位置偏远、质量低下的社会住房少人问津，逐渐形成低收入者聚居的贫困区。这类地区的出现，不仅有违住房保障政策的公平理念，也容易滋生社区安全隐患等现实问题，在新世纪显得很不合时宜。对此，英国政府在2003—2005年出台一系列政策，规范"体面"的住房标准，推行混合社区建设。尤其为老年人、无家可归者等特困人群，实施重点保障。通过建设可持续的混合社区，希冀让每一位英国公民拥有获得可负担的体面住房的机会，实现住得起、住得好的愿景。

在实施可负担住房计划的过程中，工党政府不再独力包办，而是借助市场化力量，引导房地产企业共同参与。根据2004年修订的《住房法》规定，地方政府以规划许可为条件，对开发商可做强制性规定，令其配套建设相应比例的可负担住房。一方面，开发商建好住房后，可按市场价的七折卖与住房协会，后者再对外出租；另一方面，开发商可将土地低价转让给住房协会，并由住房协会承担建房和出租任务。当然，开发商也可直接交纳一定的建设资金，继而由地方政府或住房协会完成房屋建设和管理职责。2004—2005年，英国房地产开发商共配建18000套可负担住房，占全国新建可负担住房的54%。之后呈现稳中有升态势，至2009—2010年，上述比例达到60%。[1]另外，新工党政府时期，私房租住量快速提升，从1997年的240万套升至2010年的450万套。[2]对新工党而言，与公有化还是市场化的"标

---

① HBF, Affordable Housing, 2013-11-01. Home Builders Federation，参阅英国住宅建筑商联合会官网 http://www.hbf.co.uk/policy-activities/government-policy/affordable-housing/。

② Brian Lund, *Understanding Housing Policy*, p.45.

签"挂钩不重要，只要能为国民实现住房福利的最优化，尽可为其所用。

必须指出，住房政策与一般的社会保障项目不同，它既是福利制度，也是经济制度的重要内容。住房政策与经济发展关系密切，既受经济形势影响，又能反作用于经济。因此，如何设计合理的住房福利框架，需要英国政府在宏观经济政策的制定中统筹规划。戈登·布朗接任首相后曾表示，政府有责任新建更多公共住房，以缓解住房市场化给民众造成的困难，特别是为中产白领、技术工人和低收入群体切实分担买房或租房压力。然而，尽管布朗政府致力于加强公共住房供给，试图扭转住房保障不力的局面，但因遭遇新一轮金融危机对公共财政的冲击，终难有大作为。

正因住房政策的特殊性，英国政府十分关注房地产业对经济增长的影响。新工党据此制定具有传导性的住房和金融政策，以保持房地产市场稳定发展。当房价下跌，房主中身负资产的数量增加，甚而丧失抵押贷款赎回权时，政府即实施新的抵押援助计划救市，并推进资源分配，强化保障房市场的作用。工党有一项报告建议：通过设定国家和地区的承载力目标，逐步实现住房供应的增量。若不能达到预期，政府将释放土地供给。这种对供应的新强调，导致一项新计划的实施，即"未来的住房：更负担得起和更可持续"（Homes for the future: more affordable, more sustainable）计划。按此计划，在 2016 年以前，英国每年增加住房供应 24 万套；至 2010 年至 2011 年，每年供给 7 万套可负担住房，其中社会住房部门提供 4.5 万套。[①] 为满足新房建设需求，地方政府被鼓励加大土地供应。后因信贷紧缩，"未来的住房"计划受挫。

卡梅伦联合政府反对工党自上而下制定地区性的规划目标，废除了地方政府立足当地住房规划、释放土地库存的做法。不过，面临经济停滞的困境，联合政府也必须重新审视国家住房政策规划的持续发展。2015 年，卡梅伦政府宣布：在 2020 年前，将为英格兰额外增加 100 万套住房，优先扩大民众的房屋所有权。政府出台一系列激励性措施，包括发行货币、政府抵押支持、需求方补助及加推"购买权"政策等，试图提振住房自有率，结果不尽理想。[②] 在大伦敦，英国面向首套房购买者实行"购房援助计划"（Help

---

[①]　Brian Lund, *Understanding Housing Policy*, p.44.

[②]　Ibid., p.45.

to Buy）。该计划最大的亮点，是将购房人向政府借贷的额度上限调至房价的 40%（其他一般项目为 20%）。[①]加上 55% 的银行贷款，个人首付最低仅需 5%，购房负担大为减轻。为促进建筑业的繁荣，卡梅伦政府还实施多项选择性措施。其中，针对不同项目，英国创建了若干专门的扶持基金。如设立建筑商融资基金（the Builders Finance Fund），旨在帮助重启和加快已放缓或停滞的小型住房开发项目；还有"大型场地基础设施基金"（the Large Sites Infrastructure Fund）和"建设出租基金"（the Build to Rent Fund），以推进大规模住房开发建设。特蕾莎·梅主政后，英国政府继续做强这些基金，并新设"房屋建筑商基金"（the Home Builders Fund）等额外资源，广蓄财力，共同巩固建筑行业的发展势头。

住房保障政策是英国福利制度的基础构建之一，直接体现广大国民的幸福感，也关乎民众对政府的支持度，其重要性不言而喻。新工党和卡梅伦联合政府在住房领域的改革，取得积极成效。据 2012 年英国社区与地方政府部发布的《英国住房调查摘要报告》（*English Housing Survey Headline Report*）显示：一方面，英国人居住方式的结构更趋合理。2010—2011 年度，英国居民的住房自有率为 66%，租住公房和私房的比例分别为 17.5% 和 16.5%。同时，63% 的公房租户和 25% 的私房租户，能够领到国家住房补贴；另一方面，居住环境更为舒适。至 2010 年，英国 90% 的住房实现集中供暖。住宅潮湿问题得到有效缓解，自 1996 年至 2010 年，存在潮湿问题的房屋比例从 13% 减为 7%。[②]可见，英国人可负担、有体面的安居目标，在政府的综合施策和持续改革下，得到稳步的实现。

结　语

综观"二战"后的不同时期，英国的住房福利制度处在持续调整之中，其政策目标和实施路径皆与时俱进。总体上看，当代英国住房保障政策的变

---

① Brian Lund, *Understanding Housing Policy,* p.46.

② Department of Communities and Local Government, *English Housing Survey Headline Report (2010—11),* London, 2012, p.8。详阅英国政府官网：http://www.communities.gov.uk/documents/statistics/pdf/2084179.pdf。

革趋势是：从政府直接投资建房和发放补贴，转为主要依靠市场机制解决住房保障问题。在整个制度体系中，中央政府居主导地位，负责宏观政策的制定与调控；地方政府是具体政策的执行者，在保证住房制度落实到位上起直接作用。市场化和第三方力量的影响不断增大，承接转自政府的责任。1976—1977 年度，英国政府用于公共住房的开支为 130 亿英镑，至 2014—2015 年，该项开支缩减到 34.8 亿，降幅巨大。此外，政府资助以间接补贴为主，具体有免除抵押贷款利息税、免征售房资产所得税等金融手段，旨在有效减轻财政负担，努力提高资金效益。

现今，英国政府仍掌控着住房保障制度的前进方向。既强调市场化的基本方针，又坚守政府的兜底责任，并力促住房福利政策与经济社会形势协调发展。尤其当遭遇灾祸变乱时，政府对住房保障的干预十分必要。据统计，2021 年前 3 个月，英国在经历新冠疫情大流行的阶段性恢复后，建造了近 5 万套新房——这是 20 多年来的最高数字。[1] 它折射出特殊时期政府在住房建设中的关键作用，以及住房政策对英国经济走势的重要影响。

历史无时不在变动中，世界也充满着不确定性。不过，从当代英国住房福利制度变迁的趋势看，有两点是相对确定的。第一，政府始终是制度设计和政策执行的第一责任人。让国民安居乐业，是政府的基本职责。无论各政党的政纲有何差异，一旦它成为执政党，就必须担负起住房保障的使命。说到底，住房是最基本的民生，它是个人从事生产、生活的依托。政府可以转移责任，但无法放任自流。况且，在英国，人们懂得如何用选票回应政府的作为。第二，政府不是住房保障的唯一责任人，责任主体应趋于多元。福利国家运转依靠财富的驱动。而随着福利项目和开支金额的增加，公共财政难以独力维系。为促进住房福利持续发展，政府、市场、第三方力量和个人要共同承担起住房保障之责。责任主体的多元化，既能保证福利供给的稳定性，又可增进福利制度的公平与活力。这是英国经历数十年制度变革后的理性选择，也是当前和今后住房福利制度的基本样态。

---

[1]　参阅英国政府官网：https://www.gov.uk/government/news/home-building-stats-show-continued-increase-in-starts-and-completions-despite-pandemic。

1815 年英国《药剂师法案》的颁布及其影响 *

任莹雪　王本立 **

医疗与民众的身体健康息息相关，医疗服务体系的建立和完善是社会经济活动的重要内容。现代国家医疗服务体系建立之前，英国医疗职业秩序以内科医生（Physician）、外科医生（Surgeon）和药剂师（Apothecary）构成的三等级制为主。随着社会进步，这一传统秩序也发生了重要变化。17 世纪以来，以药剂师群体为主的英国中下层医生持续争取改善他们的权利地位，要求变革传统行业秩序。19 世纪初，他们倡导行业内部改革收获了首个阶段性成果，即 1815 年议会通过的《药剂师法案》①。

1815 年 7 月，《药剂师法案》获得了英国议会通过与王室准许。作为药剂师等争取自身权益和冲击传统医疗秩序的首个成果，法案是否显著改善了他们的职业权利与地位？这些医生是否真的因此如愿以偿呢？学界已有研究对此存在分歧。毕晓普博士等人将 1815 年法案视为药剂师发展进程的里程

* 本文系 2021 年江苏省研究生科研创新计划项目 "2010 年以来英国医疗政策的变迁"（编号：KYCX21-2997）阶段性成果。
** 任莹雪，苏州科技大学社会发展与公共管理学院世界史专业硕士研究生。王本立，苏州科技大学社会发展与公共管理学院历史系教授。
① 1815 年《药剂师法案》全称为《进一步管理英格兰和威尔士药剂师业务的法案》(*An Act for Better Regulating the Practice of Apothecaries throughout England and Wales*)，这一法案在已有成果中多简称为《药剂师法案》(*The Apothecaries' Act of 1815*)，本文从之。参见 *The Lancet*, Vol.9, Issue 108 (1825), pp.5—12。

碑和巅峰，① 认为法案推动英国进入一个全新的"医生时代"。② 他们高度评价了《药剂师法案》，认为"它的颁布是本世纪意义最深远事件之一"。③ 但也有学者对此持不同观点，认为《药剂师法案》颁布后没能给医疗行业带来益处，指责"它是英国当代最厚颜无耻的法案之一"④。这种看法认为《药剂师法案》在本质上只是内科医生主导的一场骗局，尤以 1966 年霍洛维在《医学历史》上发表的《重新解读 1815 年〈药剂师法案〉》为其中的重要代表。⑤

关于 1815 年英国《药剂师法案》，国内学界尚未见到专文论及，国外学界虽然有较为丰富的介绍与研究成果，⑥ 但在法案颁布背景等方面仍有探讨余地。因此，本文在既有研究成果的基础上，借助相关史料，拟从法案颁布的背景、进程和影响等方面，对 1815 年《药剂师法案》予以考察和分析。

一、法案的背景与成因

1815 年法案全称为《进一步管理英格兰和威尔士药剂师业务的法案》，从全称可以看出该法案颁布的基本目的是进一步规范药剂师群体。既然如此，在梳理法案的出台经过之前，首先需要解答的问题是：药剂师在当时英国医疗界扮演了什么样的角色？

在 19 世纪初及以前的漫长历史时期，英国医生职业格局遵循古老严格的等级秩序：内科医生、外科医生和药剂师三个等级。这种划分不仅是行业

① S. W. F. Holloway, "The Apothecaries' Act, 1815: A Reinterpretation. II. The Consequences of The Act", *Medical History,* Vol.10, No.3 (1966), p.231.

② Penelope J. Corfield, "From Poison Peddlers to Civic Worthies: The Reputation of the Apothecaries in Georgian England", *Social History of Medicine,* Vol.22, Issue 1 (2009), p.18.

③ F. N. L. Poynter, "The Centenary of the General Medical Council", *The British Medical Journal,* Vol.1 (1958), p.1245.

④ *The Lancet,* Vol.6, Issue 154 (1826), p.625.

⑤ S. W. F. Holloway, "The Apothecaries' Act, 1815: A Reinterpretation", *Medical History,* Vol.10, 1966.

⑥ 这方面的专题研究成果有：S. W. F. 霍洛维：《重新解读 1815 年〈药剂师法案〉》(S. W. F. Holloway, "The Apothecaries' Act, 1815: A Reinterpretation")、S. W. F. 霍洛维：《重新解读 1815 年〈药剂师法案〉第二部分：法案颁布结果》(S. W. F. Holloway, "The Apothecaries' Act, 1815: A Reinterpretation. II. The Consequences of The Act")、苏珊·C. 劳伦斯：《1780—1825 年的医学教育和〈药剂师法案〉：私人企业与公共利益》(Susan C. Lawrence, "Private Enterprise and Public Interests: Medical Education and the Apothecaries' Act, 1780—1825", in Roger French and Andrew Wear eds., *British Medicine in an Age of Reform,* Oxon: Routledge, 1991)。此外，一些英国医疗群体研究或药剂师群体专门研究也不同程度或不同角度地涉及 1815 年《药剂师法案》问题。

内的简单分工，更体现了一种高低有别的等级制度。其中内科医生最具权威，居于医疗行业等级之首，他们主要服务于贵族绅士，给病人提供诊疗意见，为疾病治疗开具处方。然后是外科医生，他们主治病人体表病创（如割伤、烫伤、皮疹等）和接骨，"除了做一些放血、打孔、切割的小手术外，还可以做四肢和某些器官的截断手术"[①]。处于底层的是药剂师。这一群体原本经营范围广泛，主要出售和加工非易腐商品、香料、药品和蜜饯等。近代以来他们开始专营药品，即通过大药材商购买药材，加工后在药店里零售；还会根据病人所持的内科医生建议或药方为其配置药品。药剂师通常以商人身份和内科医生附属为标识，甚至药剂师协会（The Society of Apothecaries）到 1617 年才从零售商协会中分离而独立出来。[②]

那英国当时为什么会出台这样一部法案？与以前相比，药剂师群体在 19 世纪初有了哪些改变，政府才对其"进一步规范"？

首先，从 17 世纪开始，药剂师群体就不断为病人开具处方与诊治疾病，但传统职业秩序严重阻碍了这种发展趋势。因此，以药剂师群体为主的英国中下层医生迫切要求打破这种古老严格的等级秩序，争取更高的职业地位与权利，最终推动了 1815 年《药剂师法案》的形成与通过。

内科医生协会（the College of Physicians）自 1518 年建立便是英国医疗界唯一的垄断性权威机构，它提出的"必须毕业于牛津或剑桥"和从业人数有定额等执业要求提高了行业门槛。[③]这种严苛的标准使得当时正规从医者人数远远满足不了社会需要。在此背景下，药剂师群体开始活跃起来。

17 世纪初始，药剂师就试着动用他们跟随内科医生学得的或自身习得的医学诊断与开具处方之技能，为底层患者服务。1665 年伦敦大瘟疫期间，内科医生集体逃离伦敦，药剂师群体则积极为病人诊断疾病，成为"那个时期仅有的能提供医疗救治的群体，且建立了专门为穷人看病的

---

① R. Campbell, *The London Tradesman. Being a Compendious View of All the Trades, Professions, Art, both Liberal and Mechanic, Now Practised in the Cites of London and Westminster*, London: T. Gardner, 1757, pp.63—65.

② 1617 年，詹姆士一世颁布特许状，允许杂货店与药店分开，分别成立独自的协会，自此药剂师协会建立起来。参见英国药剂师协会官网时间线部分（https://www.apothecaries.org/timeline）。

③ Harold J. Cook, *Against Common Right and Reason: The College of Physicians Versus*, Philadelphia: Temple University Press, 1985, p.305.

诊疗室"①。大瘟疫事件对药剂师突破传统职业限制有着重要意义。到 1703 年"罗斯案件"发生，英国议会做出了"允许药剂师群体为病人开方诊治，但不得收取诊金"的判决，自此，药剂师在事实上拥有了诊断疾病的权利。② 17—18 世纪，药剂师们逐步从内科医生附属和药品商人向合格、高效的民间医生转变。

而工业化与城市化更是药剂师群体成长的催化剂，使他们无论是医疗技能还是思想意识都有了质的飞跃。

18 世纪中后期，工业化与城市化带来了大量医疗需求。一是随着人口数量的增长，英格兰和威尔士的人口从 17 世纪末的 520 万迅速上升到 1801 年第一次人口普查时的 900 多万。③ 二是随着工业城市及铁路建设的发展，大量农村人口向城市迁移。这都使得城市居住环境不断恶化，加速了疾病的出现和传播。"城市经常有人满之患，房子拥挤不堪，没有自来水和排水沟，照明和通风设备都很差，他们租得起的狭窄住房是不够的；门口经常有粪堆，热病和其他疾病是常常光临的客人……"④ 工厂里，"被培养为磨工的人……脸色渐渐变成黄泥色，面部忧郁，他们常常说胸部有压迫感。嗓子变得粗糙嘶哑。他们高声咳嗽，声音就像从空木桶里发出来的。他们时常咳出大量灰尘，这些灰尘或者混在痰里……大多人有着不能躺卧、盗汗……腹泻、极度消瘦及其肺结核的一切普通症候"⑤。人群中的伤寒杂病比例大幅上升。

面对社会的急速发展及其带来的问题，内科医生无法应对。这些行业精英不仅人数少，"整个 19 世纪内科医生的人数也未能突破 100 人"⑥，而且服务对象仅限上流社会，致使人数众多的普通患者们涌去底层医生处进行诊断。

① E. Kremers and G. Urdang, *History of Pharmacy*, Philadelphia: Lippincott, 1963, p.97.

② 1703 年，内科医生联合向议会上院提交了一份药剂师行医不当的证据，并起诉了药剂师威廉·罗斯，申诉以罗斯为代表的药剂师群体非法行医，从事诊疗活动。次年，上议院从现实出发，做出了允许药剂师群体为病人开方诊治，但不得收取诊金的最终判决。参见 Bernice Hamilton, "The Medical Professions in the Eighteenth Century", *The Economic History Review*, Vol.4, No.2 (1951), p.163。

③ ［英］克里斯托弗·哈维、马修·亨利·科林：《19 世纪英国：危机与变革》，韩敏中译，外语教学与研究出版社 2007 年版，第 184 页。

④ ［英］罗伊斯顿·派克主编：《被遗忘的苦难——英国工业革命的人文实录》，蔡师雄、吴宣豪、庄解忧译，福建人民出版社 1983 年版，第 297 页。

⑤ 同上书，第 172 页。

⑥ Geroge Clark, "History of the Royal College of Physicians of London", *British Medical Journal*, Vol.1, Issue 5427 (1965), p.80.

当时曾有记者这样描写："内科医生很少照顾饱受疾病之苦的大量穷人，于是，药剂师不得不将这一群体纳入照料范围。"[1] 就这样，药剂师群体进一步打破内科医生垄断病理诊疗的特权，频频为有需要的患者开处方。并且由于经常辅助内科医生诊断配药，药剂师相比于其他分支更懂医药学，能够更熟练地将诊病与配药整合在一起，于是这一群体顺利成为民众心中的合格医生。18 世纪末，许多药剂师还通过学习获得了外科医生从业资格证，将职能范围扩展至外科诊治，成为了外科医生-药剂师。药剂师、外科医生-药剂师和部分从事疾病诊断的外科医生等群体在事实上逐渐向"全科医生"转型。传统职业框架越来越难容纳这些中下层医生们不断扩大的职业范围与影响力。

在多种因素的综合影响下，药剂师等群体从事全科疾病诊治现象日益普遍。19 世纪初，药剂师，尤其是已将业务范围拓展至外科的外科医生-药剂师们已经占据了英国医疗服务市场的主导地位。1814 年，有观察家指出："外科医生-药剂师群体已经成为英格兰与威尔士的一般从业者，20 个病人中至少有 19 个人的健康是由他们进行照料维护的。"[2]

《医生登记册》所显示的数据也可以证实：在两个区域例子中，东盎格利亚地区每有 1 名内科医生（12.6%），就有 7 名外科医生-药剂师（86.4%）提供服务，北部的达勒姆郡和约克郡，也差不多是这个比例。（参见表 1）

表 1　1780 年英国两个地区的医疗从业者 [3]

	内科医生	外科医生-药剂师	药商	总计
东盎格利亚地区（埃塞克斯郡、诺福克郡、萨福克郡）	38（12.6%）	261（86.4%）	3	302
达勒姆郡 / 约克郡	43（14.0%）	263（86.0%）	—	306
总计	81	524	3	608

[1]　E. Kremers and G. Urdang, *History of Pharmacy,* p.97.

[2]　R. M. Kerrison, *An Inquiry into the Present State of the Medical Profession in England,* London: Longman, Hurst, Rees, Orme and Brown, 1814, p.32.

[3]　S. F. Simmons, *Medical Register for the Year 1780,* London: Fielding and Walker, 1780, pp.90—94, pp.122—125, pp.147—149, pp.158—165。转引自 Penelope J. Corfield, "From Poison Peddlers to Civic Worthies: The Reputation of the Apothecaries in Georgian England", p.15。

药剂师与外科医生-药剂师等中下层医生在 19 世纪初已经负责了所在地区的主要诊疗活动，但由于传统医疗等级的存在与内科医生协会的权威，他们仍在许多方面备受内科医生压制。因此，这些从事全科疾病诊治的药剂师等群体开始呼吁行业调整，试图挣脱传统框架束缚，倡导医疗改革。

其次，进入 19 世纪，英国医疗市场仍缺乏监管，未经培训者与庸医损害了正规行医者的利益，并且存在新出现的药商群体与药剂师职能重合等问题。因此以药剂师群体为主的英国中下层医生不仅希望扩大疾病诊治市场，而且试图继续占有传统职业利益。整顿行业和限制竞争成为改革者们推动1815 年《药剂师法案》形成的重要原因。

到 19 世纪初，英国医生群体的管理方式仍主要是三个等级根据国王颁发的特许状建立各自的协会，即皇家内科医生协会、皇家外科医生协会（the Corporation of Surgeons）和药剂师协会，分别负责其群体内部事务。这些协会的基本职能是建立一个最低的业绩标准，保证会员拥有一定的能力水平，并要求他们对维持这些标准负责。但协会们几乎没有权力在伦敦范围内具体执行他们的规定，遑论各省，因此英国医疗行业的管理长期处于混乱状态。凯里森在1815 年写道，"每个不在这个行业的人都认为，药剂师协会……可以迫使没有资格的人放弃他们的主张，但事实并非如此"。就药剂师而言，钱普尼在 1797年指出，"只要从业者希望就可以承担这个头衔，并在城市或乡村开处方"[1]。

不仅如此，英国当时也没有统一的教育系统与从业执照颁发机构。整个18 世纪，医疗从业者接受的教育存在较大差异，从牧师、农民和兼职助产士处获得临时经验到在爱丁堡或莱顿接受多年的正式教育，各种教育方式皆有之。英国医生们有的接受古典大学教育，学习哲学并研读希腊、拉丁课本（内科医生群体），有的在外科医生那里做学徒（外科医生群体），有的在药剂师药店做学徒（药剂师群体），甚至还有人接受偏方、庸医的口传耳授。并且，这一时期的医疗行业中，有的从业者有营业执照[2]，有的什么资历也没有。

---

[1]　S. W. F. Holloway, "The Apothecaries' Act, 1815: A Reinterpretation", p.114.

[2]　根据当时医疗行业中存在的相关宪章与法令（主要是亨利八世宪章、1523 年法案与詹姆斯一世特许状），内科医生协会可以审查在伦敦及 7 英里范围内执业的任何人，外科医生与理发师联合会可以审查民间外科医生，药剂师协会可以审查伦敦及 7 英里范围内的药剂师。因此当时的英国医疗行业存在审查机构业务重叠与混乱等情况。

各行业分支没有准入资格标准，行业机构间的权力甚至相互冲突，这些都有利于骗子、江湖医生和卖药小贩自由行医。到 19 世纪初，未经训练的"庸医"和受过正规训练的医者之间仍没有严格的界限。[①] 一份对英格兰北部 4 个地区的医疗实践调查展现了这一时期的行业混乱状况：在总共 266 名医生中，只有四分之一的人接受过正式培训和资格认证，其他人都是"在工作中学习"[②]。缺乏法定管制的行医制药不仅极易给民众带来伤害甚至是死亡，还降低了民众对医生的信任度，使正规行医者们的利益受到损害。当时英国的医疗界没有相关法律法规可遵循，药剂师们对庸医占领市场等行业混乱状况表示不满并要求整治。

除了驱逐庸医，继续扩大疾病诊治市场，药剂师群体还想要保持传统职业利益——配置和销售药品。随着群体内部越来越多的人转向全科疾病的诊治，药剂师原来所负责的制药和配药工作开始被药商[③] 所取代，药商蚕食着原属于药剂师的药品销售市场。而且自"罗斯案件"后，药剂师们只能以制药的名义收取诊费，但药品价格水涨船高，使得普通民众，尤其是伴随工业革命出现的大批工人开始转向药品价格更加低廉的药商。加之传统药剂师一般需要 5 到 7 年的培训时长，无法在短时间内满足日益扩大的医疗市场需求，也给了药商可乘之机。药品价格的昂贵与培训方式的落后等都是药剂师们无法继续垄断药品销售市场的重要原因，因此他们试图争取相关法律法规来保护自身的原有利益。

二、法案的形成与通过

1815 年《药剂师法案》是以药剂师群体为主的英国中下层医生倡导医疗改革的首个重要成果。倡导医疗改革是个漫长而琐碎的进程。从 17 世纪开始，药剂师与内科医生之间便经常通过发表小册子等方式辩驳争论。其间，内科医生们还起诉过一些开具药方的药剂师，斗争方式总体较为温和。到 18

---

① Penelope J. Corfield, "From Poison Peddlers to Civic Worthies: The Reputation of the Apothecaries in Georgian England", p.1.

② Corfe G., *The Apothecary, Ancient and Modern,* London: Sheppard & St. John, 1885, p.24.

③ 为与传统药剂师 Apothecary 区分，本文将新出现的配置和销售药品者 Druggist/Chemist 译为药商。

世纪末，药剂师等呼吁行业变革的方式开始变得激进起来，建立组织和提交请愿书成为了新的表达形式，参与群体也越来越广泛。19世纪初，倡导医疗改革在深度与广度上的重要变化使内科医生协会真正感受到危机。最终，内科医生协会与改革倡导者达成一致，共同推动了1815年《药剂师法案》的形成与通过。

18世纪末，以药剂师群体为主的英国中下层医生开始通过建立组织和提交请愿书的方式争取职业权利，倡导医疗改革。这期间有三个代表性的行业内组织相继被建立，即大不列颠药剂师联合会（The General Pharmaceutical Association of Great Britain）、联合学院（The Associated Faculty）、药剂师与外科医生–药剂师协会（The Association of Apothecaries and Surgeon-Apothecaries）。每一个组织都较其前任有突破性进展，并为其后续组织的建立指引了新方向，对法案最终通过皆有重要影响。

首先是1794年传统药剂师为主体建立的大不列颠药剂师联合会。联合会成立后从各地正规药剂师处收集到大量行业信息[1]，并以请愿书形式表达改革诉求，要求"出售药物制剂和配制内科医生处方的自由……应只属于药剂师，没有接受过正规教育的年轻人不得当学徒"[2]。联合会希望政府能够提高行业准入标准，禁止不合格的人执业，并寻求建立一个全国性的行业监督机构。虽然请愿书未能得到行业内权威机构支持[3]，协会也很快解散，但这是药剂师群体首次寻求政府监管与法律规范，也是各地药剂师们首次合作捍卫共同利益，这都为后续运动指明了基本方向，此后半个多世纪的医疗改革运动都从不同角度重复了这些要求。

只是从长远角度看，联合会过于针对药商，强调药剂师的药品销售利益。而只有摆脱销售药品和遵循内科医生处方的传统，药剂师们才能将更多

---

① "税收增加了一倍，房屋租金增加了一倍，几乎所有材料的价格都增加了一倍，但是药品的价格……在任何地方都几乎没有任何进步，这个行业的贫困变得如此明显，我们不断听到我们的弟兄们破产的消息……因此，在今天，很少有受尊敬的家庭会同意把他们的儿子培养成我们的职业……药剂师……不得不接受一个比律师们小得多的数额。" 参见 John Mason Good, *The History of Medicine, So Far as It Relates to the Profession of the Apothecary, the Evils to Which the Profession and the Public Have Been Exposed*, London: Printed for C. Dilly, In the Poultry; And T. Evatt and Co. Snow-Hill, 1795, p.177。

② Ibid., pp.199—201.

③ Ibid., pp.196—197.

的精力投入专业化服务中。因此他们提出的将药剂师联合起来与药商竞争的观点尚不成熟，没有认识到真正的社会趋势。

接着引领改革的是联合学院。1805 年爱德华·哈里森（Edward Harrison）决定继续以组织形式倡导医疗改革，并建立了联合学院。联合学院同样先对当时的行业状况进行系统调查[1]，得出改革重心应在于规范医疗行业，提高行业进入标准的结论，并据此形成了改革请愿书。联合学院提出建立一个医学登记册，所有有资格成为内科医生、外科医生、药剂师和药商等各行业分支的从业者都将被登记在册，只有完成登记才能获准执业。[2] 这是英国中下层医生首次明确表达对传统等级秩序不满，希望行业分支平等的诉求，是倡导医疗改革的一个重要进步。

一位爱丁堡医生曾告诉哈里森，"只有医学更加完善，从业者更加诚实，政治家更为开明，社会上的大部分人都拥有开阔的视野与聪明的头脑，你的改革计划才能实现"[3]。经过 6 年艰苦奋斗，哈里森最终放弃了他的改革计划。

但医疗行业内的改革呼声只增不减。1812 年，药剂师与一些全科行医者在伦敦因玻璃价格增长聚集起来，最终成立了药剂师与外科医生-药剂师联合会。[4] 1813 年 1 月 16 日，联合会提交了依当时行业状况[5]制定的请愿书。这份请愿书提出医疗行业内应建立一个总监督机构来控制药剂师、外科医生-药剂师、助产士和药商等各分支，该机构由内科医生协会、外科医生协会和药剂师协会负责人与 24 名"全科医生"组成。总监督机构应负责审查

---

① "没有教育经历的学生同样可以获得文凭；文凭与教育获得较为便利使得行业拥挤；合格执业者的收入被瓜分，未经教育培训便执业的人占据了相当大的医疗市场；大量的假药被出售；陆军与海军对外科医生的筛选与处置同样不尽如人意。"参见 Edward Harrison, *An Address Delivered to the Lincolnshire Benevolent Medical Society at Their Anniversary Meeting in 1809*, London: R. Bickerstaff, 1810, pp.52—54。

② Ibid., p.42.

③ Ibid., p.30.

④ Associated Apothecaries and Surgeon-Apothecaries of England and Wales, *Transactions of the Associated Apothecaries and Surgeon-Apothecaries of England and Wales*, Vol.1, London: Burgess and Hill, 1823, p.vii.

⑤ "药剂师因其报酬方式被认为是商人……报酬不足，一个世纪以来报酬一直没有变化……药商的侵占；不正当人员的执业；将药剂师、外科医生-药剂师和助产士置于一个合适的控制机构之下。"参见 Ibid.。

所有学徒并以契约形式对其进行约束，并审查执业证书的候选人。联合会还提议创建医学专门院校、执业候选人应提供学徒依据或医学院就读证明等。[1]

相较于大不列颠药剂师联合会与联合学院，药剂师与外科医生-药剂师联合会的请愿书更加全面和进步。并且，联合会人员在之后的草案拟定与法案推行中也积极响应。[2]药剂师与外科医生-药剂师联合会深刻影响了英国医疗改革的整体进程。

除此之外，倡导医疗改革还得到了行业外的支持与响应，例如，财政部曾安排了免费邮资用于邮寄联合学院的信件[3]，议会中也多次出现旨在改变医学律法规范的提案。这都促使医疗行业内外的保守势力认识到改革的必要性。

据惯例，倡导改革者拟定的请愿书在送往议会之前经过行业内权威机构的允准[4]，即经由内科医生协会提交议会。内科医生协会自1518年建立便在英国医疗行业内拥有垄断性权威，不会轻易放弃精英地位与诊病特权。[5]为了争取行业精英们首肯，药剂师等改革者付出诸多努力。例如，联合会建立

---

[1]　Associated Apothecaries and Surgeon-Apothecaries of England and Wales, *Transactions of the Associated Apothecaries and Surgeon-Apothecaries of England and Wales*, pp.xi—xxxvi.

[2]　George Man Burrows, *A Statement of Circumstances Connected with the Apothecaries' Act, and Its Administration*, London: J. Callow, 1817, pp.10—15.

[3]　法案的颁布不仅是行业内改革者们付出的努力，还包括行业外：联合学院在活动时曾得到过财政部等议会专员们的支持，财政部为其安排了免费邮资用于邮寄联合学院的信件，参见 *Select Committee on Medical Education*, 1834 (602-I) XIII, Q. 4406—4419, pp.304—306。18世纪时许多药剂师参与到市政管理中，包括出任市长等，还多次支持慈善事业，这都赢得了社会信誉，参见 Pelling M. H., "Politics, Medicine and Masculinity: Physicians and Office-bearing in Early Modern England", in Pelling M. H. and Mandelbrote S. eds., *The Practice of Reform in Health, Medicine and Science, 1500—2000*, Aldershot: Ashgate, 2005, pp.94—98。从目前搜集到的材料看，笔者认为这是1815年法案在议会的讨论较为顺利的原因之一，政府比行业内机构更倾向于对医疗行业进行调整。

[4]　行业协会是连接政府和经营者的纽带。一方面，它可以帮助政府实行对行业的监管，降低政府的管控成本。另一方面，它可以将行业内诉求传达给政府，维护本行业利益。近代时期，内科医生协会与王室有着紧密联系，因此行业内权威极重，甚至在行业内拥有独立审判权。因此药剂师等群体只有通过内科医生协会允准才能提交请愿书。参见 Harold. J. Cook, *The Decline of the Old Medical Regime in Stuart London*, Ithaca: Cornell University Press, 1986。

[5]　内科医生协会在1806年提出一份改革计划，计划不仅规定了内科医生、外科医生、药剂师和药商在年龄、培训和资格方面的要求，还提出将全国划分为16个地区，每个地区常驻一名内科医生。每位常驻医生按资历顺序从内科医学院研究员名册中抽取，其职责是对其所在地区的每一位没有公认资格的从业者进行审查，如果获得批准，则允许其执业。内科医生协会试图控制全国各地各等级医务人员的教育、考试和执业。这份试图使内科医生协会成为英格兰和威尔士最高医疗监督机构并延续古老等级结构的改革计划最终遭到行业与议会一致否决。参见 S. W. F. Holloway, "The Apothecaries' Act, 1815: A Reinterpretation. II. The Consequences of The Act", p.114。

之初就邀请了内科、外科与药剂师三大协会共商内容。但内科医生协会明确表示拒绝 ①，外科医生协会与药剂师协会也附声应和，"我们不能同意该协会向议会提出的申请" ②。

然而，从 17 世纪的小册子辩论到 18 世纪末的组织建立及请愿书拟定，对医疗改革的倡导从深度与广度上持续推进。到 19 世纪初，内科医生协会在与改革者们的对抗中真正感受到危机，为了避免行业内的颠覆性革命，选择了适度妥协。在其授意下，药剂师协会最终接手了拟定草案等改革事宜。1814 年 2 月 17 日，药剂师协会邀请一些改革者共同召开了特别会议，并成立一个委员会负责拟定草案。草案内容与之前改革者们拟定的请愿书有诸多重合之处，某种意义上是肯定了上述三个组织所代表医生们的努力。在得到内科医生协会同意后，药剂师协会最终将草案提交给了英国议会。

1815 年 7 月 5 日草案获得下议院批准，7 月 11 日又在上议院通过，12 日得到国王准许，正式通过。从此，"由尊贵的国王詹姆士一世授权给伦敦药剂师协会的一项扩大和增强的垄断管制权，能够规范整个英国药剂师活动的法案正式成为公共法则"。

1815 年《药剂师法案》包括序言与主体 30 项条款。序言中沿用了将药剂师协会从杂货商中分离出来的 1617 年詹姆士一世特许状内容，主体内容概括如下：

1. 药剂师协会的权威与管辖范围得到扩大，协会负责人有权在任何合理时间进入英格兰和威尔士任何地方的药剂师商店，并检查他们的药品，如果他们发现药品是"虚假的、非法的、欺骗的、陈旧的、不健康的、腐败的、有害的"，就应该烧毁或以其他方式销毁。2. 法案严格限定了药物审查员资格：伦敦 30 英里以内的药物审查员必须在药剂师协会任职 10 年以上，而超过这个范围的药物审查员则必须有超过 10 年的药剂师工作经验。3. 药剂师协会统一负责所有医疗从业人员的教育与实践，并颁发统一资格证。4. 药剂师协会须每年公布当年持证者名单。5. 认同药剂师的职业医生身份，给予他

---

①② Associated Apothecaries and Surgeon-Apothecaries of England and Wales, *Transactions of the Associated Apothecaries and Surgeon-Apothecaries of England and Wales*, p.xxxvii.

们开处方的权利。6. 药剂师协会制定了新的职业申请资格：申请者必须年满21岁，并完成5年的学徒期，同时提供充分的医学教育和良好道德品质的证明等。7. 法案不得影响药商们以批发或零售方式购买、配制和销售药物药品。8. 牛津大学和剑桥大学以及内科医生和外科医生协会的特权不受法案影响。9. 职业医生在为病人调制与分配药物时，应听从拥有法定诊断资格的内科医生指导。①

《药剂师法案》颁布后，议会还通过了一部补充法案，针对药物审查员资格等做了详细解释。②

三、法案的作用与影响

1815年《药剂师法案》的内容虽然多半脱胎于改革者们提交的请愿书，但在药剂师协会拟定草案时，内科医生协会借审查之名对其做了改动。③多种力量作用下，法案存在许多不足与妥协。《药剂师法案》现有内容既没有触及传统等级秩序与内科医生权威，也没有触及药商，并且还将学徒制等传统教育方式作为执业硬性要求，因此受到许多批评。

首先，法案颁布后原有三等级制依然存在，内科医生及其协会的权威也未有根本性变动。1814年1月，内科医生协会宣布它不反对规范药剂师执业的法案，"只要其中包含的权力归属于詹姆斯国王宪章所建立的药剂师协会，并沿用1617年特许状内容"④。詹姆斯一世这份特许状曾明确要求：药剂师协会的管理机构在所有药品制作和检查药品生产与销售时，必须召集内科医生及其检查员。⑤沿用特许状内容不仅能够保证内科医生协会能继续拥有监督和检查医药方面的权力，而且再次强调了药剂师协会曾属于杂货商的商业出身。因此1815年法案对原有等级秩序的强调成为这些"全科医生"的发

① *The Lancet,* Vol.9, Issue 108 (1825), pp.5—12.

② Ibid., pp.3—4.

③ S. W. F. Holloway, "The Apothecaries' Act, 1815: A Reinterpretation. II. The Consequences of The Act," p.122.

④ Ibid., p.230.

⑤ *The Lancet,* Vol.9, Issue 108 (1825), pp.5—6.

展障碍，没能建立起一个新的行业秩序。1834 年一位作家总结法案影响时说道："尽管都是男爵，内科医生地位比外科医生要高一点……但药剂师在两者的庇护下，既不怀疑也不犹豫地成为所有人的仆人。"①

其次，法案内容并未涉及药商群体。② 这意味着无论是疾病诊治还是销售药物，药剂师们仍要忍受药商所带来的恶劣影响。自"罗斯案件"以来，英国药剂师群体只能为病人提供建议，不能以此盈利，这笔费用实际上被加收在药品价格中，致使药物昂贵，市场份额减少。1815 年法案虽然认可了药剂师们开方诊治的行为，但对于诊费问题仍未做出详细规定，这不仅不利于民众看诊，药剂师群体也难以彻底摆脱配药销售的商人标签，无法将更多精力转向专业化学习。法案颁布后，药剂师与外科医生-药剂师仍被定位为"一群地位卑微的药物零售商，只会遵照内科医生处方指令的廉价寄生虫"③。大量无产阶级的医疗市场继续被药商占领，他们不仅在没有资格证的情况下继续销售假冒伪劣药物，还与内科医生狼狈为奸，予以厚礼获取后者支持，以便诊治病人和开具处方④，这都给病人身体和正规行医者的从业前景造成了恶劣影响。

再次，《药剂师法案》将学徒制作为执业的硬性要求，这也是法案深受诟病的重要原因。前工业化社会，普通家庭会将孩子送去熟练工家中去做学徒，这些年轻人将在契约规定的时间里（一般不少于 7 年）向商人或工匠学习行业知识。⑤ 学徒制被公认为是商人标识，不利于药剂师与外科医生-药剂师等群体的医疗专业化发展，其长时间低效率的特点在很大程度上阻碍了综合性学科教育的学习，不利于英国建立一个现代化医疗教育体系。约翰·戴

---

① A Licentiate of the Royal College of Physicians of London, *Observations on the Present System of Medical Education with a View to Medical Reform,* London: Sherwood, Gilbert and Piper, 1834, p.10.

② 为了减轻反对压力，改革者们也放弃了控制药商的诉求。药商们对药剂师群体所倡导的医疗改革也感到恐慌，多次集会反对联合会草案，也向议会提交了来自"伦敦和威斯敏斯特市及其附近地区的几位化学家和药商"的请愿书。鉴于改革面临的重重阻力，联合会及其提交给药剂师协会的草案中删去了一切关于药商的内容。参见 *The Journals of the House of Commons,* Session 1812—1813, November 24, 1812 to November 1, 1813, Vol.68, pp.343—350。

③ *The Lancet,* Vol.6, Issue 153 (1826), p.594.

④ Irvine Loudon, "A Doctor's Cash Book: The Economic of General Practice in the 1830s", *Medical History,* Vol.27, No.3 (1983), pp.266—267.

⑤ Joan Lane, *Apprenticeship in England, 1600—1914,* London: UCL Press, 1996, p.2.

维斯一针见血地指出："根据这项法律的颁布，学生在迈出第一步时就被置于一个错误的职业上。学生们从 14 或 15 岁开始就被'监禁'在柜台后，来学习本该 6 个月就可以轻松获得的知识，他们本应在 18 或 19 岁之前去学习古典理论与经验知识来增强专业性。"① 为病人配药确实应该具有区分和制作各种药材的教育培训经历，但为此花费 5 年的时间是故步自封，与现代社会不相适应的表现。整个 18 世纪，药剂师们都在争取权利与地位，《药剂师法案》却在这一方面加固了他们的商人标签与低下地位，还试图阻碍他们未来的专业化训练。

此外，虽然强调了执业申请资格与违法行医处罚规定，但从数据及事实看，《药剂师法案》也未能如愿发挥积极作用。1820 年至 1832 年，药剂师协会起诉了 86 名在英格兰和威尔士无证行医的药剂师，这 86 名几乎都是"由个人向协会提出的、必然是不公正的、通常由竞争和私人利益的动机所驱动的"从业者②，而非真正的无资格行医者。据 1833 年的报道，药剂师协会在执行法律过程中并不顺利，"各方在被要求提供证据或作为证人出庭作证时，非常不情愿且行动滞后，因为协会要起诉的是无合格执业者"③。法案在规范行医方面的作用让人质疑，"对付郎中、庸医和厚颜无耻的冒牌货，法案与过去一样毫无作用"④。1851 年的人口普查显示，英格兰和威尔士有 1771 名内科医生，13470 名外科医生，10846 名药剂师，以及 2228 名未分类的医务人员，总数为 28315 人。根据同年的《医疗目录》，同一地区的合格医务人员总数仅为 10130 人。⑤ 虽然 18185 名不合格从业人员的数字可能存在误差，但明显可以看出，法案的惩罚条款在消除不合格人员或保护合格从业人员方面没有明显效果。药剂师协会在 1844 年承认了这一点，"毫无疑问，目前从事执业活动的不合格人员的数量是非常大的"⑥。

---

① John Davies, *An Exposition of the Laws Which Relate to the Medical Profession in England,* London: John Churchill, 1844, p.64.

② *Select Committee on Medical Education,* 1834 (602—III) III, Q. 178, p.11.

③⑤ S. W. F. Holloway, "The Apothecaries' Act, 1815: A Reinterpretation. II. The Consequences of The Act", p.230.

④ John Davies, *An Exposition of the Laws Which Relate to the Medical Profession in England,* p.65.

⑥ Worshipful Society of Apothecaries of London, *A Statement of the Society of Apothecaries on the Subject of Their Administration of the Apothecaries Act,* London: S. Highley, 1844, p.31.

因此,《药剂师法案》在建立行业新秩序与保留学徒制等方面受到了严厉批评,法案的当代和现代批评者哀叹其范围和深度十分有限。作为大不列颠药剂师联合会与联合学院的重要参与者,约翰·梅森·古德对 1815 年的法案表示痛心疾首,"这是一项从霉变了两百年的记录中翻出来的措施,使 19 世纪的启蒙时期蒙羞"[①]。在他看来,1815 年法案是由限制、惩罚和监禁组成,建立在暴政和压迫之上。当时一位评论者认为该法案是"现代最厚颜无耻的立法之一,我们不记得自本世纪初以来通过的其他法规有如此可耻的不公正与荒谬"[②]。《柳叶刀》在 1826 年激愤指出:该法案"是为了少数人的直接利益制定的,进一步填充了那些无知的药物垄断者的库房;而对于成千上万的人来说显然是一种伤害,不仅社会民众与医疗行业都没能得到益处,医疗科学的进步也受到了阻碍"[③]。

虽然法案在建立新行业秩序与提高全科医生职业地位等方面的即时作用甚微,但把它置于一个更大的时代背景与历史进程来看,则不难发现,对于冲击传统医疗秩序,法案有着开创性意义。它还深刻影响了英国医学教育与医学职业化发展进程,是英国医疗行业发展的一个重要路标。

1815 年《药剂师法案》对医学教育方面的影响,表现在它要求的考试科目与执业申请资格带动了医院教学等新兴教育方式的兴起,对现代医疗教育体系建立有推动作用。18、19 世纪时英国尚未有官方教育政策,没有统一的教学大纲和毕业标准。[④] 在医学教育上,只有少数群体——内科医生在大学接受以古典理论为核心的专业教育并进行口试考试,外科医生和药剂师群体则主要遵循商业性学徒制,即在开业医生或熟练药剂师处接受参差不齐的学徒培训。法案颁布后,药剂师协会相关委员会颁布了考试科目与执业资格申请标准,强调了医疗实践。1815 年《药剂师法案》要求每个候选人在参加资格考试之前必须满足初级要求:熟练的拉丁语知识,两门解剖学和生理学讲

① Associated Apothecaries and Surgeon-Apothecaries of England and Wales, *Transactions of the Associated Apothecaries and Surgeon-Apothecaries of England and Wales,* p.lvi.

② *The Companion to the Newspaper,* August 1833, p.119。转引自 S. W. F. Holloway, "The Apothecaries' Act, 1815: A Reinterpretation. II. The Consequences of The Act", p.230。

③ *The Lancet,* Vol.6, Issue 154 (1826), p.625.

④ 刘成、胡传胜、陆伟芳、傅新球:《英国通史》第 5 卷,江苏人民出版社 2016 年版,第 300 页。

座，两门医学理论和实践讲座，一门化学讲座，一门药学讲座等。[①] 为了跟上科学知识迅速发展的步伐，协会要求的考试和培训课程的范围不断扩大，教学大纲中增加了更多的科目，要求的学习课程也相继延长和增加。1816年增加了生理学与植物学考试，1827年要求参加药物学与解剖学课程，1828年要求申请者在医院（床边）有9个月的经历，1830年再次强调了医院或药房实习经历。[②] 到1835年10月1日生效的规定与苏格兰大学的课程相比也毫不逊色。[③]

考试科目与执业资格申请标准等法案内容及补充条款在行业广泛传播，为了满足执业申请者的教育需求，以医院为基础的医学教育迅速发展。这种新式教育颇有特色，特别是在临床和外科训练方面。它与当时大学学究式教育显著不同的一点是，强调医疗实践，学生跟随有经验的医生学习，能更好地掌握实用的医学知识，"人们在那里学习的不是过去老师自以为懂的东西，而是那种向一切人开放、体现在日常实践中的真理：'实践、操作与理论教训结合起来；学生将在化学实验、尸体解剖、外科手术和仪器操作中实践。少读、多看、多做。'他们将在实践中和病床前学习：他们不必学习无用的生理学，而是学习实实在在的'治疗技术'"[④]。除大型教学医院，法案颁布后伦敦也出现了一批能够提供小型临床指导的药房或医务室。[⑤] 临床实践对于医学教育发展的重要性不言而喻，因此，《药剂师法案》深刻影响了英国现代医学教育体系的建立。

1815年《药剂师法案》未能直接消除行业内的庸医与行骗者，但考试科目与执业资格申请标准的设立间接减少了部分违规行为。未经培训便行医的人逐渐被行业所剔除，医疗团队的整体素质有一定提高，而正规行医者在实践过程中又推动了医疗科学的进步，二者的良性循环构成了英国医疗发展的

---

① *The Lancet,* Vol.9, Issue 108 (1825), pp.5—12.

② Cope Z., "Influence of the Society of Apothecaries upon Medical Education", *The British Medical Journal,* Vol.1, No.4957 (1956), p.5.

③ *Select Committee on Medical Education,* 1834 (602—III) III, Appendix 24, pp.120—124.

④ ［法］米歇尔·福柯：《临床医学的诞生》，刘北成译，译林出版社2001年版，第78页。

⑤ Susan C. Lawrence, "Private Enterprise and Public Interests: Medical Education and the Apothecaries' Act, 1780—1825", in Roger French and Andrew Wear eds., *British Medicine in an Age of Reform,* Oxon: Routledge, 1991, p.59.

新阶段。这个拥有实用医疗技术并获得国家认可的职业群体，在为民众提供医疗服务的过程中也提高了自身价值与社会认可度。

法案在医学教育方面的影响与成就也改变了其颁布时许多反对者的看法，内科医生亨利·霍尔福德明确表示："我并不认同为这种类型医生颁发执照的规定，但必须公正地说，他们非常好地执行了这项法案，这一专业分支的品格令人惊奇地有了提高，尽管我一开始就非常反对。"大卫·巴里也为此作证："目前在药剂师会堂举行的考试是迄今为止最好的考试，也是最有可能刺激目前伦敦所有学生学习和锻炼的考试。"①

1815 年《药剂师法案》对医疗职业化发展方面的影响，还表现在英国医疗行业首个现代化职业资格认证机构的出现。《药剂师法案》赋予了药剂师协会组织教育培训与执业资格审查的权力，自此，药剂师协会成为英国医疗行业主要审查机构。长期作为内科医生协会附属的它在医疗行业提高了话语权，影响了此后的医疗改革进程。而且药剂师协会成为职业资格认证的权力中心，建立了一个教育、考试和注册的专业系统，也标志着在英格兰，或者说整个大不列颠开始了政府对卫生专业的监管。② 用扎卡里·科普爵士的话说："在这一代人中，很少有人意识到药剂师协会在这个国家的医学教育发展中扮演了多么重要的角色，并创造了一种在法律史上较为耀眼的现代实践。"③ 一定意义上，法案开启了英国的医疗职业化进程，在英美国家监管历史上具有划时代的意义。

《药剂师法案》于 1815 年 8 月 1 日生效，此后一年的时间里就有 865 人申请了执照，这项数据在接下来四年内几乎翻了一番。④ 这些数据表明包括药剂师与外科医生-药剂师在内的"全科医生"们迫切需要病理诊疗权，需要社会认可。几个世纪以来，以药剂师群体为主的民间行医者努力从销售药品的商人向全科诊治的医生转变，《药剂师法案》的颁布是这一转变进程的

---

① Cope Z., "Influence of the Society of Apothecaries upon Medical Education", pp.1—6.

② Roy Porter, *The Greatest Benefit to Mankind: a Medical History of Humanity from Antiquity to the Present,* London: Fontana Press; HarperCollins Publishers, 1997, p.316.

③ W. S. Copeman, "The Worshipful Society of Apothecaries of London: 1617—1967", *The British Medical Journal,* Vol.4, No.5578 (1967), p.541.

④ Susan C. Lawrence, "Private Enterprise and Public Interests: Medical Education and the Apothecaries' Act, 1780—1825", p.54.

重要里程碑。1815 年法案在法律上认可了他们的行医之为，之后，这些中下层医生逐渐全面转化为现代全科医生，1818 年，"国家的全科医生"词汇首次出现。① 就此角度而言，波因特博士认为 1815 年的法案使药剂师获得了合法的行医许可，这是改革精神在 19 世纪的第一次成功体现，并持续影响了一整个世纪。②

按照社会学家对现代职业的定义：专门的职业教育、关于职业的法规和道德规范、通过执业资格考试颁发从事职业执照、与其他体力劳动者相比享有更高的社会地位、垄断职业服务的市场和一定的管理职业事务的自主权③来衡量法案及其影响，可以发现英国医疗职业化进程的开端就是 19 世纪初这部法案。"现代医学，我简称之为'我们的医学'，是 19 世纪社会的产物。"④因此法案被部分研究称作是"药剂师在历史上的顶峰"⑤或"全科医生历史上的伟大里程碑"⑥，阿米蒂奇甚至赞其为"本世纪最重要的法规之一"⑦。

笔者认为 1815 年法案的争论主要在于不同的看待角度，谴责性的社会舆论主要关注它未能即时整治行业秩序与提高全科医生们的地位，并且内科医生协会在改革后仍有较高地位与话语权。但结合当时社会背景辩证分析，法案在传统秩序与权威仍旧稳固的情况下迈出第一步具有开创性意义，部分历史评论要求法案应带来颠覆性的行业改革过于苛刻。诚如药剂师与外科医生-药剂师联合会领导者布罗斯所说："虽然法案有很多缺点，但只要它存在，我们早晚有机会纠正它。"⑧

① Chambers J., *An Inquiry into the General State of the Profession of Physic,* Edinburgh（出版信息不详），1818，p.18。转引自 Penelope J. Corfield, "From Poison Peddlers to Civic Worthies: The Reputation of the Apothecaries in Georgian England", *Social History of Medicine,* Vol.22, Issue 1 (2009), p.6。

② F. N. L. Poynter, "The Centenary of the General Medical Council", *The British Medical Journal,* Vol.1 (1958), p.1245.

③ Thomas Broman, "Rethinking Professionalization: Theory, Practice, and Professional Ideology in Eighteenth-Century German Medicine", *The Journal of Modern History,* Vol.67, No.4 (1995), p.835.

④ ［英］威廉·F. 拜纳姆：《19 世纪医学科学史》，曹珍芬译，复旦大学出版社 2000 年版，第 112 页。

⑤ Charles Newman, *The Evolution of Medical Education in the Nineteenth Century,* London: Oxford University Press, 1957, p.77.

⑥ S. W. F. Holloway, "The Apothecaries' Act, 1815: A Reinterpretation. II. The Consequences of The Act", p.231.

⑦ W. H. G. Armytage, *Civic Universities,* London: Benn, 1955, p.169.

⑧ George Man Burrows, *A Statement of Circumstances Connected with the Apothecaries' Act, and its Administration,* p.10.

由上可知，1815年《药剂师法案》深刻影响了英国医学教育和医生群体的职业化发展，在英国国家监管历史上有着重要意义。虽然它在许多方面饱受批评，但作为一部开创性法案，这些缺点在时代背景下是难以回避的，当时内科医生协会权威仍然稳固，倡导改革者们只能采取温和改革与适当妥协，这种在传统中孕育着现代的雏形并逐渐发展的模式也表现出了渐进改革的英国文化模式特征。某个具体行业的发展可以折射出社会整体转型状况，从医生职业的发展也可以窥见维多利亚时期的英国社会正在酝酿着巨大的转变，医疗改革只是更广泛运动的一部分。

英国史学史研究

未竟的史学现代性：约翰·普拉姆论英国史学变迁 *

张小忠 **

每当社会结构发生重大转型时，传统的观念、习俗与制度无不经历革命性的变化；新兴技术的崛起亦起到推波助澜的功效：一方面为民众生活带来福祉，另一方面却加剧社会冲突、冲毁旧制度和习惯，这种吊诡的现代性现象既蕴含了史学的科学性诉求，势必也影响了传统史学的社会功能。在反思20世纪60年代中后期欧美史学时，普拉姆指出社会变迁与学术转向造成传统史学陷入危机，历史学的性质、价值与功能成为史家争议的核心问题。以社会史研究为例，普拉姆认为二战后英国社会史的崛起反映了时代的困惑，无论史家群体抑或研究主题，皆展示了多元社会的阶层流动与传统史学的衰微，出身于中下层的年轻史家不仅厌弃政治、经济与制度等传统的史学论题，而且关注了诸如妇女、黑人、儿童、死亡、疯癫与两性等社会史论题，开拓了像铁路、游戏、舞蹈、音乐、戏剧、马戏、狩猎、竞技与休闲等日常生活史。在普拉姆看来，"这些社会史的论题植根于我们时代的困惑，或许植根于更多年轻低下的中产阶级渴望历史和文化"[1]。另外，社会史研究的繁荣亦表征了科学技术的进步、物质生活的丰裕与暴力行为的衰落，凸显了功利的商业资本主义，以及现代城市生活对社会凝聚的塑造。由此，时代经验

* 本文系国家社科基金一般项目"普拉姆学派与战后英国史学变迁研究（1962—2001）"（项目编号：20BSS006）的阶段性成果。

** 张小忠，江西师范大学历史文化与旅游学院副教授。

① J. H. Plumb, *The Making of an Historian: The Collected Essays of J. H. Plumb,* London: Harvester Wheatsheaf, 1988, p.290.

令普拉姆坚信，史学家有责任书写英国普通人日常生活的文明史，向工业化、城市化转型中的英国公众讲述人类文明进步的历史，借此重塑身份认同的史学功能。不过，英国保守派史家埃尔顿（G. Elton）批评了普拉姆线性的进步史观，直斥"沦为粗陋荒谬的进步学说之牺牲品"①，甚至混淆了价值判断与历史事实的界限，将历史的进步仅归功于物质进步却忽略物质生活可能导致的恶果。鉴于此，本文将从英国史学的变迁角度，阐释普拉姆对英国史学现代性问题的思考，并考察历史学的社会功能。

一、屈维廉与史学性质之争

美国科学史家托马斯·库恩认为，"科学研究只有牢固地植根于当代科学传统之中，才能打破旧传统，建立新传统"，这种"维持传统主义和反对偶像崇拜"的研究性格隐含了传统与创新之间的必要张力，构成了学术研究范式转换的一般理路。② 诚然，史学研究的变革亦部分地遵循了这套理论逻辑，然社会变迁与文化思潮之间的激荡则被视为外部理据。由此，一旦考察普拉姆的文明史观，我们有必要将其置入英国传统史学嬗变的语境中加以考察，既要阐释其导师乔治·屈维廉（G. M. Trevelyan）关于史学乃人文教育的思想渊源，也需梳理英国史学专业化的发展历程。

在评述屈维廉治史得失时，普拉姆指出，剑桥大学的职业化史家过于苛刻，无法公正地对待屈维廉的史学创作、更难以提升他的学术声誉及赢得同行的尊重；即便屈维廉写出了脍炙人口的历史畅销书。究其根源，普拉姆认为，"20 世纪 50 年代的诸多史家与其说将历史学视为民族文化与文学的一部分，倒不如说当作社会科学"；相反，屈维廉"诗性想象"的历史学却蕴含了文学与道德目的，迥异于聚焦证据、技巧与统计的科学的历史学。由此，普拉姆写道："屈维廉获致了创造的时间与自由，但他丧失了（诚如他作品所表明的）与历史问题相关的新材料、新观念与新方法的联系——这

---

① G. R. Elton, *The Practice of History,* Sydney: Sydney University Press, 1967, p.62.
② ［美］托马斯·库恩：《必要的张力：科学的传统和变革论文选》，范岱年等译，北京大学出版社2014 年版，第 224 页。

是激活想象力与活跃思想的发酵剂。"①事实上，屈维廉经由家族缘故而秉承维多利亚时代历史书写的伟大传统，同时接受了剑桥大学现代历史学的专业训练；由此，他尝试在传统与现代的史观之间觅寻第三种历史书写的可能性，进而纾解因科学历史学对业余史学造成的情感张力。诚如普拉姆所言，"作为剑桥大学的一名新生，尽管他受伟大的中世纪和法律史学家梅特兰（Maitland）、奠定经济史研究的坎宁汉（W. Cunningham），以及现代最伟大的且富于渊博学识和智慧的天主教史学家阿克顿勋爵魔咒的影响；但他同阿克顿的前任皇家历史教席西利（J. R. Seeley）产生了冲突：西利热情欢迎科学的历史学并喜好谴责麦考莱和卡莱尔；一位是他家族所忠诚的史家，另一位则阐明了他第一年的剑桥学习活动"②。实际上，西利在《英格兰的扩张》一书中认为，历史学并不讲述缺乏伦理且充满浪漫趣味的故事，而是关注"英格兰本身被当作某一民族与国家"的"伟大整体"，这就要求史家剔除"掺假的历史，以及混入历史的谎言"。③换言之，西利的历史书写旨在通过"科学的"研究来理解国家的历史，利用历史事实来确立政治原则，这种实证主义仅涉及具体时空下的有限事件，并试图基于现代主义而援引特定的道德教训；这就贬低了维多利亚时代史家崇尚个体直觉与情感在史学研究中的价值，甚至背离了史学研究充溢人类自我救赎的治史传统。在阐释卡莱尔的史学思想时，美国史学史家恩斯特·布赖萨赫指出，卡莱尔意识到历史教训或哲理启示并不全系于资料基础，更宜重视生活的完整性，探求"人类内在的品质"并提供"一种对人类生活历程的形而上解释"，这就意味着历史"是对神之计划的见证"，"谨慎的经验主义和执着的渐进主义"难以呈现活生生的历史。④同样，麦考莱绘制的文学想象式历史场景亦复如此。

诚然，屈维廉并不拒斥实证的史学研究，而是不满意西利将史学囿于国家扩张的政治用处，因为这有悖于他将史学视为国家文化或文学分支的信念；当然，忠于家族利益亦是情感使然。不止如此，屈维廉追求精神自由的

① J. H. Plumb, *The Making of an Historian: The Collected Essays of J. H. Plumb,* p.181.

② Ibid., p.185.

③ J. R. Seeley, *Expansion of England,* London: MacMillan and Co., 1883, pp.307—308.

④ ［美］恩斯特·布赖萨赫：《西方史学史：古代、中世纪和近代》，黄艳红等译，北京大学出版社2019年版，第334页。

历史写作，不想把时光耗在编写教材与指导学生的繁琐事情上，进而逃离日益强大有力且苛刻的经院哲学式的学术环境，即便 1898 年三一学院的奖学金为他铺就了职业的学术之路。在普拉姆看来，屈维廉与罗素、戴斯蒙·麦卡锡（Desmond MacCarthy）、摩尔（G. E. Moore）等人的交往强化了他对生活的自由态度，以及对教条的宗教或政治信仰的怀疑，加之剑桥大学史家所从事的经济史、外交史和宪法史无法激起他的兴趣，因为它们缺乏"故事"、"戏剧"与"温情的人类生活"。① 就此而言，屈维廉延续了维多利亚时代知识分子的社会追求。诚如英国史家西蒙·赫弗（Simon Heffer）所指出的，维多利亚时代的知识分子为了追求完美的崇高事业，充分利用自身才学和报刊媒体传达社会改革的心声，积极介入教育、住房、卫生与政制等公众事务，促成了现代英国的诞生。这批文化精英希冀通过知识来摆脱宗教信条对思想的束缚，缔造安全与民主的新英国。用赫弗的话说，维多利亚时代中后期的知识分子"对科学知识的追求，奠定了现代世俗世界的基础"，理性思维唤起了民众探究自然宇宙的好奇心，"科学的进步迫使思考者把现在对自然科学的理解与宗教教义相调和"。② 此外，英国现代化催生了贫困野蛮向富庶文明的社会转型，而中产阶级的崛起则重塑了一套自由而功利的文明价值观，中下层的民众则渴望"赋予他们灵魂的博大和人格的尊严"的"自由教育"。③

普拉姆认为，1904 年刊布的《斯图亚特治下的英格兰》凸显了屈维廉这位伟大的史学家的美德，"见证了更为严谨的个人自律"，"军事史与社会史紧紧地结合一起，有的地方编排太繁密，但从未阻止叙事的展开"，④ 因为屈维廉的历史判断并未固守自身的偏见，像传统的辉格派或托利派那般简单地评述克伦威尔和查理一世；而是从当时的政治情势、制度条件和人物性格多角度剖析了查理一世被处决和克伦威尔诉诸暴力的原因。同样，1907 年出版的《加里波第捍卫罗马共和国》不仅构建了英雄史诗般的故事，而且彰显了

① J. H. Plumb, *The Making of an Historian: The Collected Essays of J. H. Plumb,* p.187.
② ［英］西蒙·赫弗：《高远之见：维多利亚时代与现代英国的诞生》，徐萍、汪亦男译，社会科学文献出版社 2020 年版，第 235 页。
③ 同上书，第 516 页。
④ J. H. Plumb, *The Making of an Historian: The Collected Essays of J. H. Plumb,* p.189.

19世纪自由人文主义的胜利和蒙昧主义的失败。用普拉姆的话说，"19世纪意大利自由主义的斗争、失败与最终的胜利似乎向维多利亚时代的人证明，蕴藏了一种生活态度的正义启示，并且他们有能力将其他民族从精神的与政治的蒙昧主义之中解救出来"①。这种乐观主义的生活态度无疑回应了屈维廉所秉承的维多利亚时代的社会传统，亦为其自由的历史书写赋予了生活救赎的浪漫色调。不过，普拉姆亦辩证地指出，这些关于意大利历史的书写存在不少弊端，"民族主义动机大体上未做检讨，尤其是经济与社会方面的原因；教皇与教皇颁布的政策，以及路易斯·拿破仑与法国的动机等下的判断过于仓促，英国自利的政策也一贯被忽略"②。就此而言，屈维廉的上述弊端源于他对地方性、政治和个人的忠诚，这就使他对生活和历史本能地坚持辉格的立场。值得一提的是，普拉姆对乃师屈维廉返回剑桥大学撰写的《安妮女王的统治》抱有微词：在主题选择方面，屈维廉错把安妮女王时代看成是英雄的时代；在理解政治人物方面，屈维廉务实的直觉无法捕捉政治行为及其意图的复杂性，"他对英国两党政治体制持有牢固的信仰"却未能洞察安妮女王时代寡头统治的实质，因为托利党易于适应辉格党的目标；两党制概念因缺乏对事实与政治关系的翔实研究而未能推进政治复杂性的分析。③然而，屈维廉一旦被激起深层的创造性想象和对乡村深沉的依恋之时，他的叙事则饱含了人类的温情并复活了过去消逝的情景，同情式的理解投向了那些普通无名的卑微者。在普拉姆看来，1944年的《英国社会史》无疑表征了屈维廉高超的叙事才华与悲天悯人的情怀，甚至被普拉姆誉为"这部作品既是一部社会史，又是一种社会现象"，5年便销售了39.2万册，成为卷入时代洪流的普通人的案头读物，因为世界大战"危及了英国人的传统生活方式，某些方面被永远地毁灭了。这就在所有的阶级中滋生了一股对正在消逝的生活方式抱持的深深的怀旧之情"，甚至在面对人生至暗的时刻，这部书为普通的饮食男女提供了勇气和希望。④由此，普拉姆认为，"随着历史学日益走向学

---

① J. H. Plumb, *The Making of an Historian: The Collected Essays of J. H. Plumb*, p.190.
② Ibid., p.192.
③ Ibid., p.197.
④ Ibid., p.199.

术职业化，它变得越来越丧失社会功用和效能——至少在思想界与教育方面是如此——尽管在普通大众那里并非如此。他们仍然希望历史成为文学，依然像屈维廉那样将它视为一项人类伟大创造的活动"，屈维廉的声音尽管很微弱，却代表了克丽奥真正的声音。①

由此，倘若我们要去倾听 20 世纪上半叶英国史学的真正声音，那么历史学性质的问题便成为史家不可绕过的史学史问题，甚至一旦考虑到上文述及的屈维廉史学思想，我们或许能更好地理解约翰·伯里（J. B. Bury）与屈维廉之间争议的典范性。1903 年，伯里继任阿克顿勋爵成为剑桥大学钦定现代史教授，发表了一篇署名"历史的科学"（The Science of History）的就职演说。伯里认为，"历史尽管为文学艺术或哲学思辨提供素材，但她本身只是一门科学，不多也不少"②，史家"当务之急讲述的历史应该是真实的，只有通过科学研究发现、收集、分类和解释事实才能实现"③，因为历史学一旦被视为艺术或文学，历史的事实、真理与准确性的标准则难以保证。由此，"人类社会的故事披上文学的外衣，并不构成历史学家的自身职责"④。显然，伯里在此强调了自兰克以来史家处理证据和资料来源方面的科学性，并严格遵循文献考证的技术；不过，他却将历史学与自然科学进行了错误的类比，漠视了历史知识在组织方式、程序与结论上的差异。诚如柯林武德所言，历史学是一门特殊的科学，在研究对象、目的、证据及其阐释方面皆有别于观察和实验的科学，因为历史研究的事件不可能观察到，只能通过史家对"感兴趣的那些事件的'证据'"的推理来研究。⑤除了伯里倡导的学术理据之外，"毫无疑问，像伯里一样为历史职业代言的史家在 1900 年越来越强调历史的科学方面，既为了迎接自然科学的思想挑战，也出于与他们争夺有限的财政资源"⑥。显然，学院派史学研究受到政府财政拨款的影响，加之职

① J. H. Plumb, *The Making of an Historian: The Collected Essays of J. H. Plumb*, p.204.

② Fritz Stern, *Varieties of History: From Voltaire to the Present*, London: MacMillan and Co. Ltd., 1970, p.223.

③ Ibid., p.216.

④ Ibid., p.214.

⑤ ［英］柯林武德：《历史的观念》（增补版），何兆武、张文杰、陈新译，北京大学出版社 2010 年版，第 249 页。

⑥ John Kenyon, *The History Men: The Historical Profession in England since the Renaissance*, London: Weidenfeld and Nicolson, 1983, p.176.

业的历史写作多为了专业史家同行或服务于政府决策部门，这就有别于面向民众写作的传统史学；随之，史学的社会功能问题亦就提上了史学家的议事日程。

1913 年，屈维廉以"克丽奥：一位缪斯"（Clio, an Muse）为题出版论文集，吁求史家重视创造性的诗学想象和文学性的历史叙事，并批驳了伯里倡导的科学的历史学。诚如詹森（J. Vernon Jensen）在评价屈维廉的回忆录时指出，"我们看到这位历史学家不仅聚焦于事实的引导，而且钟情于创造性想象力的训练和卓越的文学才华"[1]。在屈维廉看来，历史学吸引人的地方在于启迪心智、激发想象力；而像伯里那般的史家将历史同自然科学进行类比，使历史学偏离了自身的正确道路，因为历史学乃是"一个故事"，最基本原则是"叙述的艺术"（"讲故事的艺术"）。[2] 由此，历史学不可能演绎出普遍适用的因果规律，它囊括了三种不同的任务：（1）科学的任务：史实的积累和证据的检验；（2）想象或推测的任务，对历史事实进行推测和概括；（3）文学的任务，"用一种能吸引和教育我们同胞的形式把科学和想象的结果表达出来"[3]。事实上，在 1924 年的《历史与文学》一文中，屈维廉重申了历史学的三种任务，尤其考察了历史学成为人文教育的最佳理由。屈维廉认为，"历史学家的工作分成三部分：如果你喜欢这个词，这部分是科学的。（1）证据的搜集与整理，（2）对证据的解释，（3）对结论的阐述，如果你喜欢这个词，那就是文学"[4]。此外，屈维廉基于英国公民教育的观察，指出"公众对于历史文学有一种需求，对于历史研究成果的解读植入文学形式。公众无时间去阅读仅仅是事实的集合，并自己去解释它们。事实上，一些人仍然宣称历史学家的职能是把事实抛给公众，让人们自己去解释。但它根本不起作用。公众，甚至是我们称之为严肃阅读公众的那部分人，都没有时间对未经消化的大量事实做出自己的解释"[5]。质言之，屈维廉向专业的

---

[1] J. Vernon Jensen, reviewed, "George Macaulay Trevelyan: A Memoir by His Daughter Mary Moorman", *Biography,* Vol.7, No.1 (1984), p.92.

[2] 何兆武：《历史理论与史学理论：近现代西方史学著作选》，商务印书馆 1999 年版，第 630 页。

[3] 同上书，第 642 页。

[4] G. M. Trevelyan, "History and Literature", *History,* Vol.9, No.34 (1924), p.85.

[5] Ibid., p.86.

史家提出了新要求：史家应具备撰写嵌入史实解释的历史文学的能力，需考虑读者受众的知识兴趣与能力水平；而非用简单的史实堆砌便尽了史家之责任，甚至无评论的事实亦不足以说明问题，历史文学作品是科学实证与文学想象的综合体，嵌入了证据、解释与叙事等要素。故屈维廉认为，"不加解释、不作评论地记录事实，是写编年史，而非写历史。编年史仅具有少许的普通兴趣或教育价值"①。上文述及，屈维廉并未放任自身偏见来解释事实；相反，他强调分歧的解释理应受事实的引导与规制、史家的共识是公正地发现事实。这就意味着优秀的历史学家是集科学家、艺术家和哲学家于一身的人，具有"正确偏见的"哲学家角色尤为可贵，因为这种偏见不仅引导他发现过去的真相，而且能依据科学发现的事实"洞察事件原因并正确评价人类情景中的诸多价值"②。换言之，在屈威廉看来，史学研究难以根除历史中的偏见，史学家也不会止步于史实的搜集与整理，还需对其加以解释和叙述，这些工作并不背离职业史学家的学术追求，却不限于此；历史文学与哲学启迪亦构成了史学功能的重要组成部分。

二、兰克传统与史学专业化

上文述及，屈维廉的史学实践并未受到剑桥大学职业史家的应有尊重，而聚焦证据及其解释原则的兰克传统却成为史家的共识。普拉姆认为，"作为与麦考莱同时代最伟大且最具影响力的史家，兰克尽管不是一位实证主义者；但他的作品以及他本人却反复重申了事实（只有事实）的重要性，并将历史实证主义者视为学术史家的原型"③。质言之，普拉姆洞察到兰克史学思想存在某种浪漫主义的特征，甚至不认同兰克是实证主义史家；不过，这种论断并非否认兰克的史学贡献，却意在阐明兰克史学思想的复杂性，尝试找出麦考莱与兰克之间的共通性。当然，兰克的史学方法亦夯实了英国的经验主义史学传统，不仅培养了大量的学生，而且"强调知识必须以经验为基

---

① G. M. Trevelyan, "Bias in History", *History,* Vol.32, No.115 (1947), p.3.

② Ibid., p.15.

③ J. H. Plumb, *The Making of an Historian: The Collected Essays of J. H. Plumb,* p.168.

础"①，注重历史理性和历史证据。

在普拉姆看来，自然科学深深影响了史学研究，史学家渴望将科学方法移植到史学研究领域，甚至实证主义史学家坚信，他们的职责首先是弄清事实，理论将紧随其后，尽管历史事实像沙子一样无穷多，而它们的重要性却往往有赖于史家的主体性。由此，美国史学史名家伊格尔斯指出，亨利·亚当斯在《历史学的发展》一文已论及了兰克史学融入了"自身时代浪漫的、哲学的倾向和历史学派的批判方法"②。在伊格尔斯看来，美国与德国两种不同的兰克形象反映了史学家对史学专业化的不同立场：（1）美国史学家将兰克视为"只注意于确认事实，特别是在政治和制度领域中的事实的一位非哲学的历史学家"，成为"实证主义路线的思想始祖"；（2）德国史学家把兰克看成反理性主义和反实证主义的"新唯心主义历史学家"。③同样，美国史学史家恩斯特·布赖萨赫亦认为，兰克的直觉式认识方法背后存在强烈的哲学诉求，即通过文献批评来发现事实的过程乃是"获知支配一切的精神领域的过程"，"提供了一套绝对道德的构造，以及一种可以用来评估（并非评判）各个时期、民族和个人的尺度"。④与普拉姆一样，英国史家特雷弗·罗珀（H. R. Trevor-Roper）亦把兰克看成准实证主义者，却忽略兰克史学方法的形而上学的层面。在《浪漫主义运动与历史研究》一文中，特雷弗·罗珀建构了英德两国浪漫主义史学运动的发展谱系，指出麦考莱与兰克尽管都得益于启蒙时代的思想遗产，甚至两者都受到德国史家尼布尔（Niebuhr）关注民谣的启迪；但"兰克试图将过去与现在分开，不仅避免现代偏见，甚至规避想象与诗歌，只追求无法获致的客观性！"⑤麦考莱则通过"对地方色彩、琐碎轶事和通俗文学的巧妙运用"⑥赋予了过去生命，凸显了历史的人文内

---

① 陈晓律：《20世纪英国史学的两大流派》，《英国研究（第3辑）》，陈晓律主编，南京大学出版社2011年版，第101页。

② Georg. G. Iggers, "The Image of Ranke in American and German Historical Thought", *History and Theory,* Vol.2, No.1 (1962), p.39.

③ ［德］伊格尔斯：《二十世纪的历史学：从科学的客观性到后现代的挑战》，何兆武译，辽宁教育出版社2003年版，第240—241页。

④ ［美］恩斯特·布赖萨赫：《西方史学史：古代、中世纪和近代》，第308页。

⑤ H. R. Trevor-Roper, *The Romantic Movement and the Study of History,* London: The Athlone Press, 1969, p.22.

⑥ Ibid., p.20.

涵，写入故事中的人成为过去生活的直接呈现者。

事实上，兰克及其弟子借助地理学、考古学与钱币学等技艺来批评档案文献，这种对历史细节的痴迷和重视人类社会的因果分析的研究取向促进了史学的职业化；但他们"对论辩的偏爱超过了想象力，几乎扼杀了历史"①。从史学的教育功能来看，屈维廉、亚瑟·布莱恩特与维罗妮卡·W.埃奇伍德的作品一直受到普通大众的青睐，而只为专业史学同行书写的作品却被大众束之高阁。鉴于此，本特利（Michael Bentley）指出，"这种思维方式导致了一种不尽如人意的模式——专业、严肃的史学变成了方法上的现代主义，叙事史则成了少数善意、阅读广泛且本质上是业余史家的专利"②。换言之，"历史目前被严格地组织、被赋予强有力的纪律，但它只具备些许的教育价值、很少具有明确意识的社会目标"③。诚然，实证主义史学有助于拓展史料范围、提升史学研究的科学水平；但历史研究是一个囊括史料搜集与整理、证据解释、因果分析与图景再现等诸环节有机结合的整体，蕴含了历史过去与当下史家持续的思想对话，由此，这种整体史的诉求滋生了挑战进步史观的历史主义。在普拉姆看来，这批历史主义者包括意大利的克罗齐、英国的柯林武德、美国的卡尔·贝克尔和查尔斯·比尔德，以及法国的雷蒙·阿隆；他们认为人类历史难以获致客观的、普遍的效能，甚至"历史是一个当下的世界"，历史是"由实际事件构成的梦幻世界"。④由此，普拉姆辨识出现代史学家处于非常"尴尬"（dilemma）的境地，即"他必须像科学家那般进行研究，尽管历史的客观性并不存在"，这也意味着上述历史主义者承认了历史学具有专业性，以及教育和文学价值；但不容许通过分析过去来获取控制未来的社会目的。⑤

就英国史学而言，约翰·沃伦（John Warren）在《英国史学的兰克传统（1840—1950）》一文中指出，阿克顿勋爵重塑了实证史学与历史主义的思想关联，缓和了文献批判与超然道德之间的张力，而浪漫主义史学的代表

---

① Michael Bentley, *Modernizing England's Past: English Historiography in the Age of Modernism (1870—1970),* Cambridge: Cambridge University Press, 2005, p.142.

② Ibid., p.131.

③ J. H. Plumb, *The Making of an Historian: The Collected Essays of J. H. Plumb,* p.169.

④ Ibid., p.171.

⑤ Ibid., p.170.

卡莱尔（Thomas Carlyle）抑或追随孔德实证社会学的博克尔（H. T. Buckle）皆不足以呈现英国史学的发展图景。① 质言之，阿克顿勋爵之所以成为剑桥史学派的界碑，不只是因为他学问渊博、于 1895 年继任约翰·西利成为近代史首席教授、为"剑桥大学带进了国际的气氛"、强调"道德法典的圣洁性"；② 更由于他奠定了英国史学职业化所坚守的"确定性"（certainty）和"超越性"（detachment）两项科学原则，即讲述真相、坚持证据与消除偏见，成为主持正义公道不媚俗的审判官。用阿克顿的话说，在审视过去和展望未来时，史学家会根据"公开而真实的纪录"比前代史家显得"更为严格地客观、超然无私与不偏不倚"③。同样，在评述兰克史学思想方面，阿克顿指出"兰克像他的书籍一样利用大量手稿，与其说强化叙事，毋宁说提供观点"、"兰克并不愿承认近代史深埋在无数未曾目睹的档案之中"、"无论如何，兰克树立了这样的范例：偶尔利用各种各样的未刊资料作为对历史的某种辅助，比利时、德国与法国的主流学派皆效法于此"。④ 由此，"历史学，在兰克的构想中，本身是一门完整的、独立的与无需任何辅助的科学。它既不超越自身范围之外借助其他工具，也不提供任何工具。这种崇高的疏离既表明某种反思的缺乏，也存在概括上的不充分"⑤。时隔十多年后，阿克顿在《德意志史学派》一文中重申了兰克实证主义的治史传统，并剖析了兰克与德意志学派的思想渊源。阿克顿指出，兰克专注于阐释历史变迁的原因，尝试让颇具教养的人懂得 15 世纪的世界如何演变为 19 世纪的欧洲，这般史学追求有别于其杰出的前辈将历史视为实用的政治、易变的法律、明证的宗教或爱国主义的教育。由此，兰克拒斥善恶判断和英雄崇拜，"并不指望读者具有专业知识，也从不为专家写作。他很少深入研究公共生活的问题和人的性格，对诸多富于争议的问题总是不露声色"⑥。显然，阿克顿强调了史学研究

---

① Stefan Berger Heiko Feldner and Kevin Passmore eds., *Writing History: Theory & Practice,* London: Hodder Arnold H&S, 2003, pp.30—31.

② ［英］乔治·皮博迪·古奇：《十九世纪历史学与历史学家》，耿淡如译，商务印书馆 1989 年版，第 613 页。

③ Lord Acton, *A Lecture of the Study of History,* London: MacMillan and Co. Limited, 1911, p.74.

④ J. Rufus Fears, *Essays in the Study and Writing of History in Selected Writings of Lord Acton,* Vol.II, New York: Library Classics, 1985, p.167.

⑤ Ibid., p.169.

⑥ Lord Acton, "German Schools of History", *The English Historical Review,* Vol.1, No.1 (1886), p.13.

的客观审慎与原始档案文献的重要性，这无疑推进了历史学走向科学制度化的道路。诚如约瑟夫·阿尔索兹（Josef L.Altholz）所言，无论作为《英国历史评论》创刊人抑或《剑桥世界近代史》的主编，阿克顿勋爵表征了 20 世纪初英国史学界"关于历史是什么以及如何研究历史的共享了同一的假设"，他们皆"致力于将历史学确立为一门专业学科"，[①]宗教与政治党派的分歧仅存于极小范围内。不过，在普拉姆看来，阿克顿编撰的《剑桥世界近代史》并不成功，尽管"有用却枯燥，成为 14 卷参考著作"，而他希望通过一流专家的合作来实现史学综合却事与愿违；阿克顿确立的传统即便得以延续，但这种传统却让那些试图亲密接触当下文化的史家颇感失望。[②]然而，这既不意味着阿克顿同情于枯燥且脱离生活现实的科学分析，也不表明他赞同历史学只是"一种文学阐述的形式"；相反，"研究历史的唯一理由是它对日常世界事务的指导价值"，历史是一位指导行动的伟大导师。[③]由此，人人皆有权利不受阻挠而听从他自己的良知并将支配其良知的道德法则看成是永恒的约束。

　　此外，史学职业化并不只是学科共同体的构建，还需考虑历史学科赖以维系的社会条件，涉及史学资源再配置的体制问题。事实上，史学职业化受多重因素的影响，关乎档案文献出版、学校教育改革、学刊创建与大学教授职位的聘任等。就文献出版而言，1838 年卡姆登学会（Camden Society）、1835 年苏迪斯协会（Surtees Society）与 1844 年切坦协会（Chetham Society）等出版了大量中世纪原始资料。全国专业性期刊与学会亦随之创办：1868 年成立了皇家历史协会（Royal Historical Society）、1886 年创办了《英国历史评论》。至于教学方面，史家约翰·凯尔恩（John Kenyon）指出，"自 1851 年至 1906 年，剑桥大学录取的学生只有 1/3 获得及格学位，1/4 则无学位。直到 1885 年，优等生才超过了'乌合之众'（hoi polloi），至 1903 年，他们仍然只占所有学科毕业生总数的 53%；1913 年则为 62%。剑桥大学历史考试

[①]　Josef L. Altholz, "Lord Acton and the Plan of the Cambridge Modern History", *The Historical Journal,* Vol.39, No.3 (1996), p.735.

[②]　J. H. Plumb, *The Making of an Historian: The Collected Essays of J. H. Plumb,* p.295.

[③]　Crane Brinton, "Lord Acton's Philosophy of History", *The Harvard Theological Review,* Vol.12, No.1 (1919), p.87.

（The History Tripos）步履艰难，1875 年只有 10 名毕业生；到 1878 年，总数上升到 19 位，但第二年下降到 6 个，直到 1884 年共 25 人中才再次超过 19 人。数字继续非常随意地波动；在 1899 年，仍只有 45 名毕业生，并在 1900 年上半年达到 39 人。然而，历史学此时在古典学方面（数学现在成为自然科学家的专利）取得了稳步进展，成为那些欲谋求军队、政治、商业，有时是教会职业的适宜学科。随着新世纪的到来，这一数字稳步攀升，1910 年达到了三位数”[1]。同样，在教职薪俸方面，大学教职人员的收入亦是波动不定。约翰·凯尔恩指出，牛津大学 1877 年为教员设立了基金，但农业一旦出现大萧条，大学教师与钦定教授的薪俸则大大缩水。譬如，1894 年，约克·鲍威尔（York Powell）发现奥里尔学院（Oriel College）无力支付全部费用，使他作为教授的名义津贴由 900 英镑减到约 600 英镑。[2] 显然，历史学的职业化不仅促成了史家共同体的确立，而且形成了与其他学科争夺资源的博弈之势。

三、历史理性与社会进步

1959 年，普拉姆与阿尔弗雷德·克诺夫（Alfred Knopf）、罗伯特·鲁斯蒂（Robert Lusty）一道策划出版 30 卷的“人类社会史”丛书，借此对人类故事进行宏大的解释。由此，普拉姆抛弃了启蒙时代蕴含道德进步的“进步”意涵，选择了改善人类生活的物质层面的字面意思。普拉姆坦言，“进步”观念的阐释范式受到马克思主义历史解释的启迪与挑战，因为它并不依靠“天启或其他过时的概念，而是奠定在人类存在的现实基础上”；不过，普拉姆亦欲为西方的物质进步提供合理的历史解释。此外，20 世纪 80 年代，普拉姆回顾了 1926 年见证矿工为了一碗汤而排长队的情形，这让出身中下层的他感到震惊与困惑，因为之前他从未见过矿井、矿工和没鞋穿的儿童，这种被剥夺物质生活的体验使他懂得“对于那些不曾拥有生活用品（things）

---

[1]　John Kenyon, *The History Men: The Historical Profession in England since the Renaissance,* p.165.

[2]　Ibid., p.166.

的人所具有的重要性"，亦令他产生了对异域历史的兴趣；甚至让他"耗费数年来发现人类物质生活是由怎样的历史过程造成，以及它们所具有的难以想象的复杂性"。① 由此，在阐述"人类社会史"丛书的主题时，普拉姆认为新石器革命与工业革命造成了人类物质福利的极大改善，尤其后者令古代不同的生活模式趋向统一性；然而，当人类欢呼自身掌控环境的能力不断提升之时，却亦遭遇了从未经历的灾难和残酷性。鉴于此，普拉姆认为，人类应秉持"审慎的乐观主义"，因为"数个世纪以来的人类进步的故事理应强化希望和意志，就像它布满了陷阱与烙上灾难的痕迹一样"。② 同样，在评价社会学家罗伯特·尼斯贝特（Robert Nisbet）《进步的观念史》时，普拉姆从观念的社会语境的角度表达了对人类"精神与道德的改进"的疑虑，更倾向于物质进步的现实性；故而他对西方工业社会抱有很大的信心："在可预见的将来，当人类的物质进步取得极大的成就之际，进步观念便也达到它最强大的时刻，而西方发达的工业社会已取得了那样的物质进步"。③ 同样，在评述尼斯贝特《西方发展理论面面观》时，普拉姆也指出，19 世纪以来西方思想界常常以"增长"（growth）隐喻的思维模式来阐释社会变迁，这种阐释方法负载了宿命论、怀旧与目的论等发展理论的诉求，却"未区分出'过去'与历史本身"。④ 质言之，在普拉姆看来，"过去"是当下阐释者基于某种目的而做出的理论建构，而历史本身则被视为朝向某个终点且可探测的过程。由此，普拉姆批评了尼斯贝特解释社会变迁过程往往混淆了"增长"与"进步"这对概念的差异，甚至将它们等同起来，将"进步"观念视为单向线性的增长过程。

在论及"进步"观念发展史时，普拉姆固执地认为"进步"观念出现在16 世纪，纯粹是西方的观念，随着科学革命的深入发展，博丹（J. Bodin）、培根，后经皮埃尔（L'Abbé St. Pierre）、丰特奈尔（Fontenelle）、牛顿、波义耳（Boyle）与莱布尼茨等思想家赋予"进步"自然过程的历史性。"进步"

---

① J. H. Plumb, *The Making of an Historian: The Collected Essays of J. H. Plumb*, p.156.
② Ibid., p.159.
③ Ibid., p.163.
④ Ibid., p.207.

的内涵既指向人类运用自身理智获取掌控他的物质环境，又关涉道德的阐明与社会福祉的增进。到 18 世纪，"进步"的观念已成为有教养的人的共识，欧洲思想家服膺于"进步"的观念，甚至构造了普遍统一的人类精神进步史表。在孔多塞看来，"人类的完美性实际上乃是无限的；而且这种完美的进步，今后是不以任何想要阻扼它的力量为转移的"①，在解除所有的枷锁之后，这幅史表将表明人类的命运在理性的进步和自由的捍卫中走上真理、德行和福祉的康庄大道。② 不过，英国史家约翰·伯里认为，人类进步的观念属于一种"信仰行为"，就像"天启"的观念一样难以证明，涉及过去的综合和未来的预言，这种确定而渴求的方向性是经验事实和理性推论的结果，具有线性的目的论的色彩。③ 由此，美国史家卡尔·贝克尔认为，18 世纪哲学家绘制的哲学化历史逐渐为人类的具体经验所证伪，甚至这些既轻信又怀疑的思想家在气质上"更为接近于中世纪，更未能从中世纪基督教思想的成见之下解放出来"④，他们构筑的天城彰显了神圣与俗世相互交织的悖论。但到 19 世纪，史学家、政治科学家与社会学家等知识分子尽管仍坚持这种观念，但态度变得犹豫不决。究其根源，物质丰裕和财富增长并未带来人类想望的福祉；相反，它们却造成了社会分裂，阶级对立和伦理衰败，政治、教育与医疗卫生等领域的改革接踵而至，进步的观念受到严峻的挑战。

随着现代史学的新发展，20 世纪的史家刻意地回避"进步"观念嵌入西方社会的事实，"进步"观念逐渐为世人所抛弃、忽略或看作不相关。在普拉姆看来，"进步"观念被摒弃的原因有三点：（1）建立在科学和理性之上的进步观念本质上是俗世的；（2）进步观念既被视为社会的激进主义，又被当作政治的激进主义；（3）革命的社会主义者任意滥用进步观，致使被污名的马克思主义沦为思想上被怀疑的对象。⑤ 显然，与启蒙思想家空泛论述"进步"观念不同，普拉姆重视"进步"观念形成的社会语境和它带给特定民族

---

① ［法］孔多塞：《人类精神进步史表纲要》，何兆武等译，上海三联书店 1998 年版，第 2 页。
② 同上书，第 204 页。
③ J. B. Bury, *Idea of Progress: An Inquiry into Its Origin and Growth,* London: MacMillan and Co., 1920, pp.4—5.
④ ［美］卡尔·贝克尔：《18 世纪哲学家的天城》，何兆武译，北京大学出版社 2013 年版，第 23 页。
⑤ J. H. Plumb, *The Making of an Historian: The Collected Essays of J. H. Plumb,* p.173.

国家的效用，这种"观念的社会史"路径强调了观念的形成、传播与接受不只是少数文化精英促成的，更融入了多元主体的阶层、地缘、性别与职业等多重因素。由此，普拉姆区分了"进步"概念的两层内涵：（1）"人类控制他所处环境"的物质与技术方面，这些事实已被历史发展所证明，譬如，技术革新与科学发现不断改善人类的物质生活环境，亦为人类提供了丰裕富庶的食物和发展的机遇；人类寿命被延长与卫生条件获得改进，物质的进步是不容置疑的；然而，经济的进步与个人财富的增长是否会带来社会的文明素养呢？这便涉及普拉姆从文明（civility）的视角界定；（2）道德与制度层面上的"进步"内涵。事实上，普拉姆意识到"进步"的第二种内涵极易引起争议，因为世俗文明与宗教信仰之间的内在张力难以消解，文明可以促进人类运用理智来改造物质世界，但难以取代宗教信仰的社会功能，譬如，祈祷与驱魔术并不能铲除天花，但种痘技术却能办到。由此，普拉姆批评了像巴特菲尔德之流倡导的神启的（Providence）历史解释，因为灵魂的进步在任何时代、任意条件和任何地域皆容易实现。由此，普拉姆认为，"就宗教而言，进步观念必是不容易相处的伙伴。最终，它们并非不可相容，但肤浅地说，它们似乎不得不成为敌手"①。质言之，普拉姆意识到两重进步观存在技术理性与社会道德之间的张力；由此，一方面颂扬技术理性带来的社会进步，并对改善物质生活抱持乐观的态度；另一方面他对技术理性可能造成的后果却存有疑虑，隐含了他对改善社会道德的信心不足。

余　论

在普拉姆看来，英国史家吉本的进步史观并不囿于哲学的普遍主义，而是基于苏格兰与英格兰独特的发展经验，人类社会的进步应归功于人类理性和技术革新，1969 年出版的《过去之死》再次检讨了 18 世纪启蒙运动的进步史观，尤其考察了英国本土历史学家如何理解"进步"的观念。在阐释吉本怎样批判传统的过去观念之时，普拉姆指出吉本既关注事件的偶然性，也

---

① J. H. Plumb, *The Making of an Historian: The Collected Essays of J. H. Plumb,* p.174.

不规避对历史进行道德判断，他的批判精神与历史文献批评方法提升了历史书写的水准，并深化了欧洲教育精英理解自身历史的层次。此外，吉本敏锐地意识到历史的可能性与局限性，这些成就皆得益于"纯粹以人的眼光来解释历史"、"以人的眼光来理解历史"。①事实上，吉本与同时代的伏尔泰、大卫·休谟、威廉·罗伯逊等史家一样，他们都致力将历史学变为一门人的科学，实现博学与哲学教诲的融合。不过，与理性时代哲学化史家不同的是，吉本并不尝试从历史发展过程中觅寻恒久的规律，也未在"进步"观念引导下绘制人类发展的整体图景；相反，这位启蒙史学家积极汲取古典史学精华，摒弃娱乐式的写史目的，注重探询不同人类历史发展的原因，借此为改善人类现存境况提供洞见。不过，美国史学家彼得·盖伊（Peter Gay）指出，启蒙哲人构建了一种剖析人类宗教与政治活动的世俗实用的历史观，但历史事件的原因分析却显得粗糙，既无法说明诸原因间的主次及相互关系，也未建立某种解释历史事件的因果体系，并喜欢用琐碎的原因来解释重大事件或社会变迁。②显然，盖伊遵循了史学科学化的批评路数并将因果分析和解释当作史学的任务。

在普拉姆看来，麦考莱的"进步观"被视为人类历史统一的主题，构成了历史的内核及意义价值的来源；不过，这种简单形态和蕴含沙文主义的"进步"理论却过分倚重欧洲社会的技术发展与物质增长，融入了辉格派的历史解释。由此，麦考莱的文明史既为不列颠民族提供了一种"有用的过去"（usable past），又能为他们"在当前时刻纾解自己的良知，并乐观地看待未来"。③普拉姆指出，麦考莱之所以成为19世纪上半叶伟大的史学家，不只是因为他的勤勉、禀赋与地位，亦与他身处早期维多利亚时代息息相关。麦考莱积极地融入他的时代并给予了同情式理解，他的史著所流露的自信亦引起了英国民众的反响："渴望阅读他作品的饮食男女不仅感他所感，而且信其所信：他的真理便是他们的真理"，即便他缺乏吉本的广博、米什莱的

---

① J. H. Plumb, *The Death of the Past,* London: The MacMillan Press, 1969, p.129.
② ［美］彼得·盖伊：《启蒙时代（下）：自由的科学》，王皖强译，上海人民出版社2015年版，第358—359页。
③ J. H. Plumb, *The Death of the Past,* p.96. 译文参考了林国荣译：《过去之死》，华夏出版社2020年版，第72页。

想象力、布克哈特的洞察力和兰克的智慧。[1] 当然，普拉姆亦辨析了麦考莱在社会伦理观与历史进步观方面的缺憾，认为麦考莱尽管拥有一颗童真的心灵和创造性思维，但伦理世界却过于清澈与确定，"没有阴暗、没有晦涩、无反复不定和万事无不关联。万事万物都简明扼要且确凿无疑。麦考莱没有疑惑、缺乏怀疑、探索与研究的思想"，他像同时代普通的辉格党人一样看待 1688 年革命，依据传统的框架、政治与道德信念来组织事实。由此，普拉姆认为，他对过去的新知识无甚贡献，他的判断过于自信却疏于掌握人物的复杂性，他的情感缺陷束缚了他对生活中的阴暗、激情与喧嚣面相的体验，他长于描绘人类行动和政治论战，却拙于刻画人物，人类的善恶交织构成了他的道德世界。[2] 由此，与诸多二战后英国史家丧失对社会进步观的信心不同，时代经验令普拉姆坚信，史学家有责任向工业化、城市化转型下的英国公众讲述融入社会阶层、地缘、性别与职业等要素的人类文明进步史，借此重塑身份认同的史学功能。由此，英国史学现代性乃是不同史家为了重构民族国家而进行的社会变革，是一项远未完成的史学事业。

---

[1] J. H. Plumb, *The Making of an Historian: The Collected Essays of J. H. Plumb,* p.256.
[2] Ibid., pp.260—261.

经典文献译介

富豪治下之艺术 *

王庆奖　严　嘉译　于文杰校 **

　　诸位可以认为，在下此来非为批评某流派艺术、艺术家，亦非为某派艺术风格辩护，抑或泛泛而谈实践艺术，以指导诸位。相反，本人想与诸位交流的是，让艺术回归艺术，有助慰藉各位日常生活，以及在此道路上有何障碍。在座有人可能认为，此障碍不存在，或数量极少，且易于清除。诸位可能以为，艺术家在许多方面均有着丰富艺术史知识，品味极高，至少在有教养阶层尤其如此。许多有才能的人，少数极具天赋的人，投身艺术却毫无结果；在过去的五十年里，出现了一种新的、几乎类似于艺术复兴的东西，即使是在最不可能发生这种变化的方向上也是如此。就目前发展来看这一切都是真的；在下能理解为什么事情的这样一种状态能令那些人欣喜，那些人不知道什么是艺术范围，以及艺术是如何紧密地与社会总体环境相连，特别是那些靠体力劳动生存的，称之为工人阶级的人。在下不得不指出，在对近年来艺术进步明显感到满意的情况下，大多数有思想的人对艺术的未来前景感到绝望；这种绝望依在下看来，如果不考虑导致艺术现状的原因，也不考虑可能存在的改变这些原因的希望，是完全有理由的。因此，也不用拐弯抹角去考虑艺术真正的状态是什么。首先，必须把"艺术"的词义延伸出去，不

　　* 本文译自 William Morris, *The Collected Works of William Morris,* Cambridge: Cambridge University Press, 2013。
　　** 王庆奖，昆明理工大学外国语言文化学院教授。严嘉，昆明理工大学外国语言文化学院讲师。于文杰，南京大学历史学院教授。

要局限于那些有意识的重要的艺术作品，或是绘画、雕塑和建筑，而是所有家庭用品的形状和颜色，不止，甚至是耕地牧场土地的排列，城镇和各种各样的高速公路的管理布局；用一句话来说，把它延伸到人类生命的外部方面。因为在下必须请求各位相信，人类所生活的环境，是由艺术所包含的这些事物里的每个部分构成，他们无非是美或丑，无非是升华或是退化，无非是制造者的一个痛苦负担或愉悦安慰。因此，在这些日子里，它是如何与外部环境相处的呢？尽管经历了数千年的纷争，粗心和自私，地球在人类从祖先手里接过来的时候依然光彩照人。那在人类对其做了这么多事后，还能留给后代什么？

当然，这不是一个轻松的问题；当在下说这个问题在牛津被严肃对待时，在下也并不担心各位会认为它仅仅是俏丽的修辞，在目光和记忆之中，上了年纪的人都是用爱的态度对待艺术。生活在人类祖先希望所建立的大厦中，在他们所建设的可爱的国家中，敢于说地球的美丽是一件无关紧要的事，那个人一定是一个心胸狭隘、不完整的人。然而，在下要说，人类最近是如何对待自然之美的？是怎样对待那些被我等称之为艺术的事物的呢？

也许在下最好先说明一件对各位来说并不新鲜的事，那就是艺术必须大致分为两种，可分别称为，第一种智力艺术和第二种装饰艺术，这样命名仅仅只是方便称呼。第一类完全满足人类之精神需要；它所制造的东西没有其他目的，只是为了满足心灵的需要，而且就物质的需要而言，完全不需要就可以完成。第二类，尽管作为艺术很大程度上也可以吸引人的思想，但它生产的东西始终只是主要为身体感官服务。

必须进一步说明的是，有些国家和时期缺乏纯粹的智力艺术，但肯定没有一个国家或时期缺乏装饰艺术（或至少是某种伪装）；此外，在艺术处于健康状态的任何时期，这两种艺术之间都存在着密切的联系；一种如此紧密的联系，以至于在艺术最繁荣的时期，高层次和低层次的艺术之间没有严格的界限。正如俗话所说，最高的智力艺术是为了取悦眼睛，也为了激发情感和训练智力。它吸引了所有的人，也吸引了一个人的所有才能。另一方面，最卑微的装饰艺术也共享了知识艺术的意义和情感；以难以察觉的渐变，一种艺术融合在另一种之中；简而言之，最好的艺术家还是工人，最卑微的工人也是艺术家。现在不是这样的情况，在文明国家两三个世纪以来也不是这样。智力艺术与装饰艺术之间有着最清晰的界限，这不仅体现在作品的种类上，还体现在生产者的社会地位上；从事智力艺术的人都是职业人士或因其职业而成为绅士的人，而从事装饰艺术的人则是按周挣工资的工人，简而言之，他们不是绅士。

现在，正如此前所言，许多有才能的人和少数有天赋的人目前主要从事创作智力艺术、绘画和雕塑作品的工作。在这里或其他地方批评他们的作品还真不是在下的事；但是，在下的研究课题迫使在下不得不说，那些研究智力艺术的人必须分成两部分，第一部分是由在世界上任何时代都能在他们的艺术领域中占有崇高地位的人组成的；第二种人之所以能成为绅士艺术家，要么是由于他们的出身，要么是由于他们具有与他们的艺术天赋完全不相称的勤奋、商业习惯或诸如此类的品质。依在下看来，后者的作品对世界来说没有什么价值，尽管它有一个繁荣的市场，他们的地位既不高贵也不健康；然而，他们个人大多不应为此受到指责，因为他们往往具有艺术天赋，虽然不是很伟大，而且可能不会在任何其他职业上取得成功。事实上，他们是优秀的装饰工人，却被一种制度宠坏了，这种制度迫使他们雄心勃勃地为个人主义努力，切断了他们与其他具有或大或小的流行艺术生产能力的人合作的任何机会。

至于第一部分艺术家，他们的位置值得被填补，用他们的作品使世界变得更富有，必须说，他们的数量真的很少。这些人通过令人难以置信的辛劳、痛苦和焦虑，通过一定会产生有价值的东西的精神品质和意志力，赢得了对自己技艺的掌握。然而，他们也受到坚持个人主义和禁止合作的体制的伤害。首先，他们与传统的联系被切断了，而传统是人类多年来积累起来的一种奇妙的、几乎是奇迹般的技能，人们发现自己毫不费力地就能接受继承这种传统。相反，今天的艺术家们要通过自己最艰苦的个人努力，才能获得对过去的知识和同理心。然而这一传统已不复存在，无法在他们的艺术实践中给予帮助，他们通过从头学习才能在比赛中胜出，每个人都得学习，所以也有了更糟的局面，缺乏传统的艺术家失去了具有同理心和欣赏能力的观众。除了艺术家们自己和一些如果不是因为缺乏机会、手眼不灵、天赋不足，不然也会成为艺术家的那类人，在今天的公众中没有真正的艺术知识，也没有对艺术的热爱。

如今，除了某些模糊的先入之见之外，什么也没有。这些先入之见不过是曾经把艺术家和公众联系在一起的那种传统的幻影罢了。因此，同过去一样，艺术家有义务用一种人们无法理解的语言来表达他们自己。这不是他们的错。正如一些人认为，艺术家应该尝试去迎合公众，且不惜任何代价努力用这样的态度来满足这些人们对艺术无知的模糊的先入之见。如果真这样做了，那他们就是抛弃自己的天赋，是艺术事业的叛徒。而艺术事业是他们的责任和荣耀。他们别无选择，只能做自己的个人工作，现在的情况帮不了他们，受到过去的刺激，但被过去羞辱，甚至在某种程度上受到过去的阻碍；他们必须站在一边，就像一些神圣的神秘力量的拥有者，无论发生什么，他们必须至少尽他们最大的努力来保护那股力量。毫无疑问，他们自己的生活和工作都受到这种孤立的伤害。但是人民的损失该如何衡量呢？他们有伟人同他们一起生活和工作，人们却对伟人的工作一无所知，即使能看见，也不知道那意味着什么！

在艺术丰富而健康的时代，所有的人或多或少都是艺术家；也就是说，每一个完整的人与生俱来的对美的本能都有这样的力量，以至于整个工匠的身心都习惯性地、无意识地创造出美丽的东西，而知识艺术创作者们的听众完全是全体人民。因此，他们每个人都有十足的希望得到真诚的赞扬和同情，而所有那些运用他们的想象力来表达自己的思想的人，都确定和自然地渴望得到这种赞扬和同情，而缺乏这种赞扬和同情肯定会在某种程度上伤害他们；缺乏赞扬和同情让他们害羞、过于敏感、狭隘，或者愤世嫉俗、嘲讽，在这种情况下，他们几乎毫无用处。但在这些日子里，在下反复说过，整个人类都很淡漠，对艺术一无所知；天生对美的本能在每一处都受到抑制，倍感挫折；而缺乏智力或装饰的艺术的结果是，作为对美的本能的一种自发和普遍的表达，它已不复存在。当然，现在经人类之手制造出的一切显然都很丑陋，除非是意识所创造出来的才美；但人们从艺术时代就养成的一种习惯，声称要装饰家用物品之类的东西，这种问题并没有得到改善；因为这种丝毫无意给人带来快乐的假装饰是如此卑鄙和愚蠢，室内装潢和室内装饰这两个词已经有了一种次要的意思，表明所有明智的人都对这种胡言乱语深恶痛绝。

目前为止，这就是装饰艺术所达到的境界。在下必须在此稍作停顿，请您考虑一下装饰艺术它曾经是什么样子，以免您草率地认为它的退化只是一个小问题。在下请求各位，不用再往前追溯历史了，不用去想君士坦丁堡圣索菲亚大教堂的庄严和细致之美，或是威尼斯圣马克大教堂的金色黄昏；不用去想法国大教堂的雕梁画栋，或是自家铸币厂那种古雅而熟悉的美；不，那些都不用去考虑，就去牛津大街上走走，仔细斟酌，在纷繁林立的商店和现代化的学院的强烈存在感下，人类还剩下些什么？或花些时日，去到离牛津不到二十英里的乡下，到那些偏僻的村庄和小镇去逛逛；各位一定会看到，装饰艺术的丧失对世界来说是多么严重的损失。因此在考虑身边的艺术水平时，在下得出这样一个结论，装饰艺术灭绝于其合作形式的本质，且只存在于那些有意识努力的天才和能力的人身上，那些人却因为自身缺乏合作艺术的能力而受到伤害、挫败和剥削。

此外，对美的本能的压抑摧毁了装饰艺术，伤害了智力艺术，但这种压抑并没有在它对人类造成的伤害中停止。在下对这种感觉深表同情，这种感觉依在下看来并不罕见，渴望逃离到纯粹的自然中，不仅是从丑陋和肮脏逃离出来，不仅是从多余的艺术的环境中逃离出来，而是要从苛刻和秩序分明的艺术现状中逃离出来，甚至可以说，要从伯里克利时代雅典那样可爱的简单的环境中分离出来。在下能深切地同情这样一个疲倦的人，他的兴趣仅仅只是生活，与外界自然恳谈、乡村大地的面貌、风和天气、一天的变化、野生和家养动物的生活，只对这些感兴趣。他每天与这一切打交道是为了日常食物、休息和天真的动物般的快乐。但是，人类动物般快乐的兴趣已经变得不可能被大多数文明人完全接受。然而文明依在下看来，亏欠对人类失去浪漫的补偿，对浪漫的补偿现在只像一个梦，悬挂在繁忙土地上的乡村生活之上。为了保持空气清新，河流干净，花点力气让草地和耕作在合理使用的情况下尽可能地令人愉悦；让爱好和平的公民自由地在他们想去的地方游荡，这样他们就不会伤害到花园或玉米地；不，即使在这儿或那儿保留一些荒地或神圣的山脉，不围以栅栏或加以耕作等，以纪念人类在早期与自然斗争的过程：要求文明考虑人类的快乐和休息，并帮助那些经常被她赋予繁重劳作的孩子是否太过？这当然是一个合理的要求。只是在目前的社会制度下索求无望。使大众卷入通俗艺术损失的那种对美的本能的丧失，也使大众丧失了对这种损失的唯一可能的补偿，因为大众正以并不缓慢的速度破坏地球的本真之美。不仅仅是伦敦和其他大商业城市充斥着污秽和肮脏，点缀着浮华和庸俗的丑恶，而且当各位明白它的含义时，各位的眼睛和心灵也同样感到厌恶：不仅是整个英格兰的郡县，就连这片土地上的天空也在充满难言的污垢的地壳下消失，这种疾病对于来自艺术时代、理性时代及秩序时代的拜访者来说都是对肮脏和丑陋的热爱，全国每一个小集镇只要抓住机会，就可以马上模仿出伦敦和曼彻斯特的地狱的威严。在下还需要说那些散布在最美丽、最古老的城市周围的可怜的郊区吗？在下必须要告诉各位，这座城市，这座目前仍然是最美丽的城市，很快就要堕落了。如果还有一点常识的话，这座城市，连同它周遭的环境一直被当作最珍贵的一颗宝石来对待，它的美是要不惜任何代价来保存的。依在下看来，无论代价如何，地球这份财富原本就不是人类的，人类只是世世代代承受为业。在下已经活得久到知道应该怎样对待那颗宝石；然而它如今就像是一块在公路上被踢来踢去的普通石头，仿佛廉价到可以用来砸一条狗。想起今天的牛津和三十年前第一次见到的牛津之间的对比时，在下想在下还能不能忍受参观它时的痛苦（没有别的词可以形容），在下也不知道今天晚上能有幸在这里向各位讲话。此外，不仅城市是人类之耻辱，小城镇也是人类之笑柄；不仅人类的住宅丑得无法形容，而且连牛棚和马厩，不，甚至是最简单的必要的农业工程，都像是用同样涂上柏油的刷子画的。如果有更糟糕的情况的话，那就是即使一棵树被砍倒或吹倒，原来的位置也会种上另外的树。简而言之，人类的文明在国家层面就像枯萎病一样，一天比一天严重，越来越有毒。所以每一次变化肯定会使外在方面变得更糟。由此可见，不仅伟大艺术家们的思想变得狭隘，他们的同情心因孤立而冻结，合作艺术也停滞不前，艺术赖以生存的养料也正在被摧毁；艺术之井在春天就已被荼毒。

在下如今并不奇怪那些认为从今以后这些邪恶对文明进步是必不可少的人，他们认为应该尽力做到最好，应该尽力闭上眼睛，赞美今天艺术的镀金生活；但是，就个人而言，在下认为退化的恶魔对文明来说是不必要的，而只是伴随文明进程的一个阶段，这个阶段将会改变并过渡到其他的阶段，就像所有先前的阶段那样。在下相信，当今社会的本质特征是艺术或生活的乐趣已被深深地毁灭；而这种特质正在消亡，人类对美与生俱来的爱和表达美的欲望将不再受到压抑，艺术将获得自由。与此同时，在下不仅要承认，还要宣布，当成是最重要的事来宣布，只要生产和交换生活资料的竞争制度继续下去，艺术就还会继续退化；如果这一体系注定要永存，那么艺术就注定要消亡，也必然会消亡；那也就是说，文明将会消亡。在下知道，目前人们普遍认为，竞争或"后来者遭殃"的制度将是世人最后能看到的一种经济制度；这个制度是完美的，因此已经达到了终极性；在下听说大多数有学问的人都持有这种观点，公然反对这种观点无疑是大胆的。虽然在下并未学习过，但听说过父权制度终结于公民和奴隶的制度，而这种制度反过来又催生了封建领主和农奴制度，此后，这种制度又演化为改良后的形态，通过市民，工匠和熟练工人所扮演的角色，才被现在所谓的自由契约制度所取代。自世界一开始，自从这个制度存在以来，一切事物都趋于向在下愿意承认的这个系统发展；历史上所有的事件发生的目的都是为了永恒存在，这些事件的演变令在下难以置信。

因为在下是"人们称之为社会主义者的一份子"；因此在下确信，生活中经济条件的进化将继续下去，无论道路上可能出现何种不明的障碍，这些人明显的利己主义将他们有意识或无意识地与现在联系在一起，因此他们对未来没有希望。在下认为人与人之间的竞争只是兽性的竞争，交往是人的竞争；在下以为中世纪改变了由于受到封建社会个人关系制约而使得竞争难以完善的局面，而工匠们产生了联合起来支持十九世纪自由放任竞争的企图，这种改变及企图之所以出现，其缘由均出自无政府主义状态的不懈追求，联合的精神就建立在某种对立条件之下，这种对立在适于人的状况基础上发生了前述的改变，也有朝一日终将消除所有阶级，以某种确定和符合实际的形式出现并在生产和生活方式交流等领域以联合取代竞争。在下亦相信，由于这种改变将在许多方面带来好处，特别是它将为艺术的新生提供机会，而这种艺术现在正被竞争性商业摧毁。

在下对这种艺术抱有希望的理由，是建立在在下认为是真理的基础上，一个重要的事实，即所有艺术，甚至是最高艺术，都受到人民群众的劳动条件的影响，以及任何自命不凡的艺术，即使是最高知识分子艺术，觉得可以独立于这些总体情况，都只是徒劳无功的想法；也就是说，任何自称建立在某一有限的群体或阶层的特殊教育或改良基础上的艺术，必然是虚幻和短暂的。艺术是人在劳动中表达快乐的方式。即使这不是拉斯金教授的话，它们也至少体现了他关于这个主题的思想学说。也没有人说过比这更重要的真理；因为如果人在一般情况下都能享受劳动的乐趣，那么人们同意不带乐趣地劳动，那一定是一件多么奇怪的蠢事啊！并且社会强迫大多数人毫无乐趣地劳动，这是多么可怕的不公平啊！因为既然所有诚实的人都必须劳动，问题就变成了要么强迫他们过不幸福的生活，要么让他们过不幸的生活。现在在下要对现代社会状况提出的主要指控是，社会是建立在大多数人缺乏艺术或不愉快劳动之上的；在下所说的国家面貌的所有外在的退化对在下来说都是可恨的，不仅因为是使我等仍然热爱艺术的少数人不满的原因，而且主要因为它是竞争性商业体系迫使大量人口遭受不幸的生活象征。

每一件工艺品的制作所带来的乐趣，其基础是每一个健康的人对健康生活所具有的浓厚兴趣。并且在在下看来，这种兴趣主要由三种因素构成：多样性，创造的希望，以及有用感带来的自尊；除此之外，还必须加上一种神秘的身体快感，这种快感是随着身体力量的熟练运用而产生的。在下认为没必要花费太多的话来证明这些事情，如果劳动中真的完全伴随有这些元素，将会使劳动变得愉快。至于各种各样的乐趣，各位中任何一个曾经做过任何东西的人，不管做什么，都会很清楚地记得制作第一个标本所带来的乐趣。如果各位被迫永远做一模一样的事，那又有什么乐趣呢？至于创造的希望，希望没有工匠就能够创造一些有价值甚至是出色的作品根本就不存在，制作一件只有各位能做、无人能替代的作品——没有人能理解这种乐趣吗？当然，同样容易看到的是，出于有用意识而产生的自尊，必然在很大程度上增加劳动的乐趣。如果各位觉得必须做一件事，不是为了满足一个傻瓜或一群傻瓜的一时兴起，而是因为这件事本身很好，很有用，那肯定会帮助各位挺过一天的工作。至于手工劳动中那种失去理智的、感官上的乐趣，在下相信它有一种很好的安慰作用，那就是，即使按目前的情况来看，它也比大多数人想象的更能使人从事艰苦而繁重的工作。无论如何，愉悦感位于所有艺术作品的底层，没有它，即使是最脆弱、最粗鲁的艺术形式，也无法存在。

在下认为所有工人都有与生俱来的享受手工劳动的乐趣的权利。在下觉得劳动人民如果缺少任何一种构成乐趣的因素到目前为止都会退化，但是如果他们在目前的工作中一点乐趣都完全找不到，在下不会用奴隶这个词来形容他们，因为这个词还不够，而是一些或多或少意识到自己不快乐的机器。在下已经求助于历史，希望能改变制度里的劳动状态。

现在在下想向历史证明，这种以劳动为乐的要求是建立在一个比空想更强大的基础之上的；在商业体系发展之前，所有时期和国家生产出的各种艺术的遗留物，显然足以让那些有审美眼光和理解力的人们在生产过程中伴随着某种程度上的快乐。这样一个事实，即使难以用迂腐的方式来呈现，但都为广泛研究艺术的人所充分认可；在艺术批评中普遍有这样的说法，即这样或那样像是艺术的作品就像是机械完成的，或作品中没有任何情感，这种现象足以准确表达出人们从健康的艺术时代推断出的标准艺术家的普遍意义；因为这种机械的、没有情感的手工艺品直到离人类比较近的时代才出现，正是在财阀统治下的劳动条件，才使它有了存在的空间。

毫无疑问，中世纪的工匠经常遭受严重的物质压迫，但尽管与封建上层之间存在着等级制度的严格分界线，但他们之间的区别是专制强加的而不是真实存在的；在语言、举止和思想上，并没有像今天这样把一个有教养的中产阶级的"绅士"从其受人尊敬的下层阶级同胞之间隔离开的鸿沟；那时，一个艺术家所必需的心理素质，例如智力，幻想和想象力还没有经过激烈的市场竞争的碾磨，那些富人（或成功的竞争者）也没有称自己是精神修养的唯一拥有者。

言及当时手工业之情况，工艺品都拿到行会里评级分类，行会确实将手艺人的职业作了严格区分，并小心翼翼地守卫着通往这些职业的大门；但是行会之外的市场上竞争很少，产品的生产主要是为了家用，只有家用消耗不完且靠近原产地的东西才会进入市场或顾客和消费者来来往往的场所，所以在行会里面才存在极少的生产部门；曾经一个作为学徒的人在学习一门手艺时都得从头学到出师，当然就能成为该行业的大师；在早期手工艺行会里，大师几乎都不是小资本家的时候，除了这个临时的等级之外，就没有别的等级。随后，当师傅变成某种程度上的资本家，而徒弟和师傅一样也拥有了特权时，技工阶层随之产生；但这并不意味着他们与行会贵族之间的区别会超越专制界限。总之，在这整个时期，劳工单位是一个有智慧的人。在这种手工工作制度下，一个手工艺人的工作并没有受效率的压迫，他可以在闲暇时间，在深思熟虑后完成自己的工作；这种制度用一个人的全部精力来生产一件产品，而不是一个人细化分工到某一个步骤；这种制度根据工人的能力开发出其全部智力，而不是让他集中精力在片面地处理一件微不足道的工作上；换句话说，制度没有让工人的手和灵魂屈服于市场激烈竞争的必需品，而是让他们自由地进行适当的人类发展。正是这个系统没有了解到人类为商业所付出的代价，而是简单地认为商业是为人类制造的，这产生了中世纪的艺术，在其中取得了人类目前尚未达到的自由智慧最和谐的合作，那时所有艺术都可以称之为自由。其所产生的自由效果以及广为流传的，或者说放之四海的美感，在意大利文艺复兴期间熠熠生辉和极富天才的表达中展现得十分明显，从而成就了这个时期的一大特色。

毫无疑问，这种辉煌的艺术是在之前五个世纪的自由大众艺术时期产生的成果，而不是与之同时代的商业主义的兴起带来的；因为文艺复兴的辉煌随着商业竞争的发展以一种奇怪的速度消失了，所以在 17 世纪末，无论是在智力上还是装饰艺术上，常见的东西或形式仍然存在，但其浪漫精神或灵魂却消失了。在商业主义的大兴之前，已经逐渐衰弱、病态毕现，而现在商业主义在整个文明中迅速聚集力量。家装或建筑艺术正在成为（或已经成为）竞争市场的玩具，文明人所使用的一切物质产品现在都必须经过这个市场获得。商业主义这个时候几乎摧毁了手工业工艺体系，这个系统如上面提到的，其劳动单位完全是一个唯命是从的工匠，而取代它的，在下将称之为手工作坊体系，其中一旦体系建立完整，手工劳动分工就可能达到最高点，届时生产的单位不再是独立个人，而是一群人，每一个成员的工作都要依赖于他的同伴，单枪匹马将完全是做无用功。在不断扩大的市场需求的刺激下，在制造业各阶层的努力下，这种车间分工制度在 18 世纪得到了完善；

这个制度仍然是一些小型生产及家庭制造采用的系统，在当时车间刚兴起时在大众中间保持着与残余的工艺系统扮演过的一样的地位。正如前面在下说过的，所有的浪漫主义艺术在这种体制下都消失了，但它们的平庸艺术却依旧繁荣；手工业基本目标是产品制造这样一种想法与一个更新的理念斗争，并已经得到完全的胜利，该理念即制造业一方面是为了使制造商继续盈利，另一方面是为了工人阶级的就业。

商业本身是一种目的，而不仅仅是一种手段，在18世纪，也就是手工作坊体系的特殊时期，这种思想发展得趋于成熟。那个时期的资本主义制造商以生产出能给他带来信誉的产品而自豪，这句话是这么说的；他不愿意为了商业上的种种专横的要求而完全牺牲自己的这种乐趣；即使他手下的工人也必须有一门手艺，虽然不再是艺术家但也是一个自由的工人，虽然手艺限制在制造过程中的单一环节，他也必须日复一日地苦干一生。

但贸易仍继续增长，为新市场的开放带来刺激，并推动人的发明，直到他们创造出现在看作是生产环节必需品的机器，机器的出现带来了一个与古代工艺相反的系统；这个系统是固定的，方法是保守的；在普林尼时代和托马斯·莫尔爵士时代，制造一件物品的方法并没有什么真正的不同；相反，在当今时代，生产方法不仅仅每十年在变化，而且每年都在革新；这个事实自然有助于这个机器系统，也就是工厂系统的胜利，在该系统中工作形式类似于机器人的工人为实际机器所取代，其中操作员（现今的叫法）只是系统的一部分，一个重要性和数量都在逐渐减少的部分。这一制度还没有得到充分的发展，因此手工作坊制度在一定程度上是与车间制度并行施用的，但正在被车间制度迅速稳步地挤垮；当该制度完全被车间制度取代时，熟练工人将毫无立足之地，他们的位置将由少许受过高级训练和智商极高的专家来操纵的机器填补，有了这些机器，即使是一大批没有专业技能或智慧的男人、女人和儿童也能操作。

在下再重复一遍，这一体系与意大利文艺复兴时期艺术的辉煌爆发时产生的大众艺术的体系几乎是对立的，即使是有教养的人有时也会屈尊注意到这一点；因此，工厂体系下生产的东西与旧时工艺制度下产生的完全相反，这是艺术的消亡，而不是艺术的诞生；换句话说也就是外部生活环境的退化，或是简单而明显的不快乐。不幸的诅咒在整个社会蔓延开来：从那些可怜的人那里散播出来，我等中产阶级的人听到这个消息，不禁天真地感到惊奇和恐惧；从这些天生就抵抗希望的可怜人那里开始，扩散到那些花尽所有力气却吃得比狗少、住得比狗差的人身上，从他们那里一直扩散到受过教育的高雅的人群里，那些人锦衣玉食华盖，受的是高等教育，只是缺失了生活中的所有兴趣，很可能他们把不幸作为了艺术来培养。

那么，艺术一定出了什么问题，要么就是幸福生活在文明殿堂里患病了。是什么导致了疾病？各位说是机器劳动导致的？好吧，在下曾经看到一位古代西西里诗人引用过一段话，一个人因为造了一个水磨而欢欣不已，因为他把自己从手工劳作中解放了出来；当人预见到节省劳力的机器的发明时有这样的表现，肯定反映了一种人的本能希望；这当然是本能，因为尽管在下曾说过，那种可以构成部分艺术的劳动应该伴随着快乐，所以人们可以否认说有些必要的劳动，本身并不令人愉快，而且有大量不必要的劳动仅仅只是痛苦。如果用机器把这种劳动减少到最低限度，那最大的智慧就不会浪费在上面；但事实果真如此？环顾世界，各位必须同意约翰·斯图亚特·穆勒的观点，他怀疑现代是否所有的机器都减轻了劳动者的日常工作量。为什么人类之本能愿望如此令人失望？毫无疑问，这是因为近日实际上已经发明出了机器，但机器的发明目的决不是为了减轻劳动带来的痛苦。"节省劳力的机器"这个词是隐晦的，指的是节省劳力成本的机器，而不是节省劳力本身，节省下来的劳动力成本将用于维护其他机器。有关一个如在下所言、且还未发展完善之工厂系统，伊始于手工作坊系统的学说现在已被普遍接受。简而言之，该学说指出制造业的基本目标是赚取利润；根据这一目标，在产品生产时去考虑它们在世界上的使用价值是大还是小完全是无聊之举，只要有人愿意支付一定金额去购买它们，只要工人能从生产中赚取生活必需品以及少许的安慰，都将会给雇佣他的资本家留下利润。在下认为，几乎每个人都信奉这样一种信条，即视生产（或生活）的唯一目的为资本家的利润和工人的职业；其推论是，劳动必然是无限的，而试图限制劳动与其说是愚蠢的，还不如说是邪恶的，不管生产和销售所生产的商品会给社会带来什么样的痛苦。

　　认为商业本身就是目的，认为人是为商业而生，而不是人利用商业，这是一种迷信，这种想法使艺术染疾；而不是在实施迷信时偶然将其视为有用的工具；如果当时没有下定决心，以建立一个假借社会之名的腐败的和有辱人格的无政府状态为代价，去谋求利益和职业，那么现在实实在在控制着所有人类的机器、铁路及类似的东西，本来是可以为人类所控制的。今晚在这里，在任何地方，在下要做的，就是要激起各位对这种无政府状态及其明显后果的不满；因为在下的确认为，如果各位对事情发展的现状感到满意，那将是对各位的侮辱；比方说，目睹所有的美都从美丽的城市里消失还感到心满意足；心满意足于肮脏国家里的大声争吵，满足于伦敦的丑陋，正如科贝特所称的，简直就是肿瘤中的肿瘤；心满意足于文明人生活中无处不在的丑陋和卑劣；最后，满足于生活在那种难以言表和令人作呕的苦难之上，其中一些细节再次传递给大众，仿佛这些细节来自遥远而又不幸的国度，这个国度人们也许闻所未闻，但在下告诉各位，这就是人类的社会、人类的无政府状态建立所需之必要基石。

　　在下也不怀疑在座每一位对人类文明中的这些缺陷形成了某种补救的想法，此处委婉地称之为弥补，尽管这些想法还是模糊的；在下也知道各位对经济体制的戒律不陌生，可以说，这个宗教已经在给予穷人责任和祝福上取代了旧宗教的戒律；各位当然明白，虽然一个朋友可以馈赠另一个朋友，而双方皆会因为此等馈赠而境况更好，但是富人却无法做到馈赠穷人之后，双方可以避免变得更糟；在下以为可能是因为他们就不是朋友。在下确定，在这一切之中，在下得说，各位抱有某种理想，优于现在生活中所经历的一切，在下要表达的是，这种理想不仅仅是对人类文明的持久缺陷所采取的暂时性缓和措施。

　　现在依在下看来，在座诸位所属之阶级中，也包括在下，想法越先进的人，越有可能具有希望形成美好时代的理想。有一大群勤勉之人，他们不是特别高雅（或是他们没法做自己应做的粗活），他们生活得很舒适（然而也不是中产阶级指的舒适），他们接受过某一类教育（如果有条件的话），而且不用过度工作；也就是说，对于劳动者来说，不用劳累过度；对于上流社会的人来说，他白天的工作是相当繁重的。这个阶级将成为社会的基础，并且它的存在将为上流社会的良心留得一片相当自由和安宁之地。从这个高雅的阶层中将会出现一些管理者或工头（换句话说就是高利贷者）、人类意识宗教和文学的管理者（神职人员、哲学家、新闻记者），最后，如果要考虑到这一点的话，还会出现一些艺术主管：不管有没有作用不明之第三类阶级，这两个阶级都将怀着最大的善意并存，上层帮助下层，一方不感到屈尊俯就，另一方不感到屈辱；下层阶级要完全满足于他们的地位，各阶级之间不能有丝毫的对立；虽然（即使乌托邦这种主义也无法摆脱个人之间必须竞争的观念）会受到祝福和尊重，下层阶级还会希望得到额外的祝福；每个人都希望爬到上层社会，把劳动的茧留在身后；如果这一点很重要，下层社会也不会缺乏应有的政治或议会权力；所有的人（或几乎所有的人）在投票箱前都是平等的，除非他们能像其他东西一样被收买。依在下看来，这似乎是社会改革的中产阶级自由主义理想；整个世界都变成了资本家，无论大小，在商业竞争统治下的和平中，人人都心安理得和问心无愧地生活在"落后者遭殃"规则的统治下。

好吧，如果可以提出什么的话，在下并无反对意见，这并非说反话。在下知道，所有宗教、道德、艺术、文学、科学，都可能在这个世界下蓬勃发展，使世界成为一个天堂。但人类不是已经尝试过了吗？在这个美好时光快速到来之际，每当人们站在大众平台上时，不是很多人都兴高采烈吗？在下认为，政治人物就一般问题向听众发表演说且将政党政治抛之脑后时，工人阶级队伍持续进步与不断的繁荣几乎总能受到关注；对此不给予最大关注的时候几乎没有。在下也不愿在应得荣誉的地方剥夺荣誉；在下认为，有许多人深信这一理想将会实现，尽管他们并不知道，目前的情况离这一理想还有多么遥远。在下知道有些人牺牲他们的时间、金钱、快乐、甚至是他们自己的偏见来实现这一理想；这些人憎恨争斗，热爱和平，工作努力，心地善良，没有野心。他们又做了什么？与改革法案或废除《谷物法》时相比，他们离资产阶级联邦的理想又有多近？好吧，这也许与下一个更大的变化相比是要近一些，但在自我满足的盔甲上还有一个裂缝；有人怀疑，必须废除的或许不是竞争性商业体系的偶然意外，而是该体系本身；但是要达成这个将制度改造成符合人性和体面的理想，他们离理想的距离就与站在干草堆上的人与月亮的距离一样远。除了富人和穷人之间可怕的贫富差距外，在下不想过多地讨论货币工资问题，这是制度的本质；但是请记住，贫困低于一定限度就意味着堕落和奴役。现在在下看到一位来自富有中产阶级、大有前途的人发表了一份声明，他说英国工人家庭的平均年收入是 100 英镑。在下并不相信这些数字，因为在下敢肯定这些工资数额是在通货膨胀时期抬高的，忽略了大多数劳动者不稳定的工资收入；但除此之外，在下恳求各位不要躲在平均值后面；因为平均工资因在特殊地方支付给特殊工人的高工资而拉高，以及家庭里母亲也要去工厂的制造区工作，依在下看来，这种习俗最令人厌恶，还有其他类似的事情，提出平均工资的人不会自己告诉各位。但即便如此，也不是问题的关键。从本人角度来说，数百万辛勤工作年均收入一百英镑巨款的人也没有让在下觉得心里舒服，同时还有成千上万不工作就拿着他们十倍收入还觉得自己穷的人，因为还存在这样一个现象，数以千计的壮汉等在林荫道尽头的码头渡口，花大部分的时间等待工作机会，其中一些得到工作机会的人工资也少得可怜，在英格兰大部分拿普通工资的一个农场工人一周工资也就十先令，农民还觉得给得超出他们的承担能力范围：如果这样的事情继续存在，平均工资水平也能让大众满意，那为什么要止步于工人阶级呢？为什么不把威斯敏斯特公爵以下的人都吸收到本阶级里，然后为英国人民的收入高唱赞美诗呢？

在下想说的是，接受平凡，正视生活和苦难，并努力做到：需要注意到，虽然各位可能实现了一部分资产阶级或激进主义的理想，但在竞争制度下，永远有一个不可告人的秘密。不，人类可能已经成功地创造了大量中等富裕的人，他们徘徊在中产阶级，繁荣的工匠，小商人等的边缘；在下必须插一句说，尽管这个阶级具有与生俱来的优秀品质，但它对人类的文明贡献甚微；因为，即使就食物而言他们生活在一种奢侈舒适的环境中，但他们却住得不好，受教育程度低，被卑躬屈膝的迷信压垮，缺乏合理的乐趣，生活中完全没有美感。但还是翻过这篇吧。也许人类在没有为系统带来重大改革的同时，却也在很大程度上扩大了阶级的队伍，但只要让人类堕入深渊之邪恶暴政尚在，就依然存在并永远存在一个无法摆脱的阶级，这个阶级就是受害者阶级。现在最重要的是，在下希望，各位不要忘记他们（至少在未来几个星期内不太可能会忘记），也不要用平均值来安慰自己，因为富人的财富和福利的舒适性确实是建立在这种可怕的、无耻的、无果的及无用的苦难之上，我等最近所认识到的现实只是九牛一毛。毕竟人人皆知，这是事实，我等只能安慰自己，希望可以大大减少苦难，如果我等保持警惕勤奋（可是我等很少这样做）。在下问各位，我等所吹嘘的，有完美信条、高尚道德和听起来冠冕堂皇的政治格言的文明，配得上这样的希望吗？各位会因为有人怀有另一种希望，即看到他们面前有一个理想的社会，在这个社会里不应该有为了公益而永远堕落的阶级，而感到害怕吗？有一件事不可遗忘，赤贫阶层就像是整个工人阶级面前的鸿沟，平均线上的每个人都过着朝不保夕、岌岌可危的生活；人生游戏的失败，只会让富人未展报复就退休，让小康水平的人历经波折无法独立，却能将一个工人拖入不可挽回的堕落地狱。在下希望至少在这里，不会有人摸着自己的良心说，工人阶级的堕落是由于他们自己的不节俭和鲁莽造成的。毫无疑问有些人是这样认为的，富人中的斯多葛学派哲学家不会比劳动阶层中的更高级到哪去；但是诸位很清楚，大多数穷人是怎样艰苦奋斗的，他们过着节俭的生活，而节俭对人来说，本身就是一种堕落，尽管他们都掉进了赤贫的深渊，但他们的本性就是热爱欢乐和欢声笑语。什么！难道当各位看到自己的阶级里周遭生活失败的人时，还要说这是他们自己的错造成的；不，许多失败的人比那些成功的还更有价值，更有用：在称之为无限竞争制度的战争状态中，一个人所能携带的最好的竞选行李就是一颗铁石心肠和毫无顾忌的心态。因为要将现行制度改革的自由主义理想的实现变为以温和阶级为主的状态是不可能的，因为这个体制毕竟只是一场持续不断的不可调和的战争；战争一旦结束，商业，现在人类已经理解这个词的含义，也即将结束，那些无论是自身无用处还是仅对奴隶和奴隶主有用的堆成山的商品都不会再生产，艺术将决定生产什么是有用的，什么是没用的；因为不能给制造者和使用者带来快乐的东西都不应该再生产，而且这种快乐必须在工人手中产生艺术。因此，艺术将用来区分什么是浪费，什么是无用劳作；然而，正如在下此前所说，劳动力的浪费是目前一个从未考虑过的问题；只要一个人努力工作，他就应该是有用的，不管他努力做什么。

在下以为，竞争商业之本质就是浪费；浪费来自战争下的无政府状态。

不要被富豪社会秩序的外表所欺骗。它和以前的战争形式没有区别，都有一种平静而奇妙的外部秩序；兵团稳步前进的步伐多么整齐，多么令人欣慰啊；士官们看上去多么安静，多么可敬啊；炮管擦得多么干净啊；存有杀人武器的仓库整齐得如同新别针一样；副官和军士的书看上去也许是那么天真无邪；不仅如此，毁灭和掠夺最初的命令都是悄无声息地精确下达的，这些命令看似是良知的象征；这就是那被毁坏的玉米地、失火的农舍，残缺不全的尸体，有价值的人英年早逝，荒凉的家园前的面具。所有这一切，都是文明的军人在面对我等待在家里的人时，所表现出的秩序和冷静的结果。我等所看的，是战争荣耀的反面，并且不会次数太多，也不会印象太深。然而，即使是这样的面具，也是由竞争性的商业，其可敬的原始秩序，和平的谈话以及国家间相互通信的祝福等所穿戴；一直以来它的全部精力、全部有序的精确性，都用在一件事上，那就是损害他人生活；而面具之外，一切都要尽可能伪装，无论谁更糟或更好，就像在火与钢的战争中一样，所有其他的目标都必须在这个目标之前被粉碎。至少它在一个方面比旧的战争还要糟糕，过去的战争是断断续续的，而这场战争这却是连续动荡的，战争之领袖与舵手永远会不厌其烦地宣布，战争应与世界共持续，武运须长久，战争既可以终结一切，也可以创造人类所有家园。

　　伴随如此之言说
　　成千上万人煎熬
　　黑暗中血流成河
　　无知中轻启战车
　　利器将人皮剥夺

　　有什么能推翻这个可怕的组织，它本身是如此强大，如此根植于自私、愚蠢和狭隘怯懦的人身上；它本身如此强大，如此坚固，足以抵御周围它所孕育出的无政府状态的攻击？除了对这种无政府状态的不满，以及由此而产生的秩序之外，什么也没有。曾经是内部组织的一部分的秩序，注定要摧毁组织。从古老手工业发展至手工作坊系统，再到工厂机器系统，工业化实现了全面的发展，同时带走了工人们劳动中所有的乐趣，也带走了劳动中消亡和灭绝的希望，把工人焊接成一个庞大的阶级，其单调生活的压迫和冲动驱使他们感知到团结的益处，这些用来对抗资产阶级的益处；他们都是通过文明来感受作为一个阶级崛起的必要性。在下曾谈及，他们不可能同中产阶级联合起来创造出温和资产阶级社会的普遍统治的梦想，有些人已经有过这样的想法；因为，不管他们当中有多少人可能脱离阶级，他们都将立即成为中产阶级的一部分，成为资本的所有者（尽管资本规模很小），成为劳动力的剥削者；还有一个较低的阶级，它自己也把斗争中不成功的人拉下去；由于大工厂和大商店的迅速发展，这一进程在最近一段时间内正在加速，这些工厂和商店正在消灭残余的小作坊及那些商人行业更小的人物，这些小作坊的主人还寄希望于有一天会成为小有名气的大师。因此，他们觉得自己不可能爬到上一个阶级，自然竞争作为阶级存在的必要条件使他们地位愈加下降，于是他们开始把协会看作是自然选择，正如资本家把竞争看作是他们的自然选择一样；如果不是在其他地方，那么就在他们中间，最终阶级退化终止的希望已经出现。

本人之所以能站在诸位面前，就是相信此信念能于中产阶级中得以传播，由诸位给此信念的接受保驾护航；就是确信他人对艺术之新生的希望、中产阶级获得真正的高雅唯有赖此信念之实现。如今之中产阶级匮乏真正的高雅，生命中之外部环境之卑鄙与平庸、甚至人之富有就是证明，这实在可悲。在下知道，有人可能会摆脱阶级堕落，但不是满怀希望，而心生恐惧。这些人也许会安慰自己说，至少在英国，社会主义问题只是一种缺乏实际根据的恐慌；无产阶级在这个国家没有希望，因此终将安静地躺着。在这个国家里，迅速发展的、几近完善的商业主义已经把下层阶级的联合力量压垮了；在这个国家里，当初为促进工人阶级作为一个阶级而成立的贸易工会，已成为由中产阶级政治家为政党目的而操纵的保守派和阻挠者的团体；在这个国家里城镇和工业区占的比重过大，以至于征兵的主要对象不再是农民，而是由居民抚养长大的城镇居民，他们的体质在逐年下降；最后在这个国家里教育是如此的落后。

也许在英格兰，希望不存在于广大的工人阶级中；想要再压制他们一段时间也不是那么难，很可能时间还会很长。在下要坦率地说，这种希望是懦夫的希望，因为它建立在他们堕落的可能性之上。依在下看来，这是奴隶主或奉承奴隶主的人的期望。然而在下还相信，即使在英国，工人阶级的希望也在增长。无论如何有一件事是可以肯定的，那就是不满的情绪至少是有的。既然有不公正的苦难，谁又能怀疑这一点呢？抑或谁又会满足于每周十先令的生活费，给着高昂的住宿费却住在难以形容的污秽中？各位是否怀疑过，如果在为生存而奋斗的过程中还有时间，应该去审视一下那些置大众于艰苦生活中那些人的头衔，他们自己生活富足舒适，还借口说这是社会的必要？在下告诉各位，不满有很多，在下呼吁所有那些认为有比为赚钱而赚钱更好的东西的人，通过教育把不满转换成希望，转换成对社会新生的需求；在下这样做不是因为害怕，而是因为在下自身的不满，渴望得到公正。

然而，如果各位当中有谁害怕目前这种普遍存在的不满情绪，在下不能安慰各位说没必要害怕。在各位面前在下代表的是重建社会主义；但也有称自己为社会主义者的人，他们的目标不是社会主义的重建，而是毁灭；有些人认为，事情目前的状态可怕得无法忍受（正如事实确实如此），除了不断地以任何牺牲的形式来动摇社会，使它最终摇摇欲坠之外，别无他法。各位认为，为了反对这样一种学说，对包括重建在内的变革的希望表示不满不值得？与此同时，要确信，尽管变革的日子可能会被耽搁很久，但它终将会到来。中产阶级总有一天会意识到无产阶级的不满；在此之前，有些人会因为对正义的热爱或对事实的洞察而放弃他们的阶级，与工人阶级同甘共苦。至于其余人，当他们的良知觉醒时，他们将有两种选择摆在他们面前；他们的道德观中虽然有三个部分有些伪善，另一个部分却是充满忠诚，他们要么必须抛弃这种道德观，要么作出让步。无论是哪种情况，在下确实相信变化终会到来，没有什么能严重阻碍艺术的新生；然而本人亦深知中产阶级在变革之前会采取多种措施赋予此类不满的教育或和平或暴力的特征。谁知道各位会被逼到什么地步，甚至会放弃中产阶级引以为傲的道德；推进它，一心一意地为真理而奋斗，各位还怕什么呢？至少不是各位自己的暴力，不是各位自己的暴政。

在下还得说，我们已经走得太远，至少假装正义太常见了，中产阶级试图保持其在资本中的奴隶地位，中产阶级除了自己完全退化的代价外还会引发其他严重的问题，不论是什么问题。在下不禁希望，在座的有些人已经害怕自觉地承受不公的堕落的阴影，渴望摆脱济慈所说的那种半无知的暴政，也就是说，摆脱富人的普遍处境。对于那些人，在下还有最后一两句话要对他们说，请他们放弃阶级的自命不凡，加入工人阶级的行列。也许有些人一直无法积极推进事业的原因是出于对组织的恐惧，用一个词来说就是不切实际，在英国高级知识分子中间，在人类古老的大学中很常见，如果各位能原谅在下使用这个词。既然在下是社会主义宣传的一员，在下诚恳地请求在场诸位有赞同在下的能积极伸出援手，如果可能的话，献出各位的时间和才能，如果不行，至少可以尽各位所能伸出援手。既然同意我等之意见，就不要疏远我等，因为我等还未获得文雅之举止，风雅之语言，哦不，甚至连谨言慎行的智慧，也因为激烈商业竞争的长期压迫而被碾压。

生命短暂，而艺术长盛不衰；就让我等在生命消失前做点什么吧。追求完美，却找不到完美的方法来实现；如果能与那些目标正确、手段诚实可行的人团结起来，那就够了。在下告诉各位，如果在这战争的日子里等待完美的结合，那直到死的那天也一事无成。请伸出援手吧，因为各位生来的幸运使各位变得聪明和文雅；当各位在我等之日常工作中帮助我等走向事业的成功时，请献出诸位非凡的智慧、卓越的优雅，反过来，那些不那么完全智慧和优雅的人的勇气和希望也会帮助各位。记住，对付可怕的、自私的团体，只有一个武器，那就是团结。是的，是明确的团结，在与那些对吾辈之事业怀有敌意或漠不关心的人在一起时，我等就能意识到这一点；有组织的兄弟会必须打破无政府富豪统治的魔咒。一个有头脑的人被认为是危险的疯子；两个有着相同想法的人可能被看作是愚蠢，但不会被看成疯子；十个志同道合的人在一起就会采取行动，一百个人在一起就会作为狂热分子引起关注，一千个人团结在一起时社会就开始颤抖，十万个人聚在一起就能与外敌作战，事业就有形，胜利变得真实可及；十万人以上又会如何？可以肯定的是，正是在座的诸位，必须去回答这个问题。

编后记

  《英国研究》（第16辑）有英国政治史研究、英国文化史研究、英国海洋史研究、英国社会史研究、英国史学史研究和经典文献译介六个栏目。作者们以自己深厚的学术功底，为英国史研究作出了许多创新性贡献。

  英国政治史研究栏目刊登了哈里·狄金森（Harry T. Dickinson）教授的《英国的公共舆论、议会与非洲奴隶贸易的废除》、梁跃天的《18世纪末英国的启蒙、反启蒙与保守主义》和朱啸风的《失控的卫士——20世纪初英国警察工会与罢工运动研究》三篇文章。这三篇文章从不同的时段和角度增进了学界对英国政治史的研究深度。

  英国文化史研究栏目登载了傅广生教授的《莎士比亚故乡朝圣之旅》、袁梨梨的《沃尔特·莱利公民人文主义的思想来源》和梁珉源的《都铎-斯图亚特王朝时期英格兰的占星术与政治表达》三篇文章。这些文章探讨了英国的思想、文化，为我们能够更加深入地了解英国历史增添了新的角度。

  英国海洋史研究栏目刊载了陈剑的《"我们即将进攻一座铁山"：1603—1660年英国的海军舰队建设》。这篇文章讨论了近代早期英国海军的建设历程，使我们能够更加清晰地了解英国海军的形成过程。

  英国社会史研究栏目收集了唐军博士的《当代英国住房福利的政策演进》和王本立教授与任莹雪合作的《1815年英国〈药剂师法案〉的颁布及其影响》两篇文章。这两篇文章分别讨论了二战后英国住房福利政策的演变过程和19世纪初期英国的相关立法对医疗界的影响。这两篇文章富有新意，从独到的角度解释了英国社会不同层面的历史演变，有助于我们更加全面地认识英国社会及其历史。

　　英国史学史栏目和经典文献译介栏目有张小忠副教授的《未竟的史学现代性：约翰·普拉姆论英国史学变迁》和王庆奖教授与严嘉翻译，于文杰教授校对的《富豪治下之艺术》两篇文章。张小忠副教授的文章以史学家本人为切入点，探讨了英国史学的变迁历程。而王庆奖教授和严嘉翻译，于文杰教授校对的这篇外文文章译文则增进了我们对外国学术界的认知程度。

　　本辑《英国研究》的编纂和出版得到了许多专家学者的大力帮助和南京大学社科处"人文基金"的资助，在此深表谢意。

《英国研究》编辑部

2022 年 12 月

著作权使用声明

图书在版编目(CIP)数据

英国研究.第16辑/陈晓律主编.—上海:上海
人民出版社,2022
ISBN 978-7-208-18042-0

Ⅰ.①英… Ⅱ.①陈… Ⅲ.①英国-文集 Ⅳ.
①D756.1-53

中国版本图书馆 CIP 数据核字(2022)第 212496 号

责任编辑 黄玉婷 黄妤彦
装帧设计 范昊如 夏 雪 等

英国研究(第16辑)
陈晓律 主编

出　　版　上海人民出版社
　　　　　　(201101 上海市闵行区号景路 159 弄 C 座)
发　　行　上海人民出版社发行中心
印　　刷　上海商务联西印刷有限公司
开　　本　720×1000　1/16
印　　张　14
插　　页　3
字　　数　210,000
版　　次　2022 年 12 月第 1 版
印　　次　2022 年 12 月第 1 次印刷
ISBN 978-7-208-18042-0/K·3253
定　　价　70.00 元